网店运营实务

主　编：黄　黎　刘建珍
副主编：黄　燕　危建珍　熊琴巧
　　　　王瑶华　甘　洁

北京理工大学出版社
BEIJING INSTITUTE OF TECHNOLOGY PRESS

内 容 简 介

本书以通俗易懂的语言、翔实生动的实例，全面介绍了网店运营与管理的相关知识。全书共分 5 个项目，内容为：开店前准备、商品发布、店铺装修、店铺日常运营、产品推广。

本书可作为各类院校电子商务及相关专业学生学习网店运营与管理的实用教材，也可作为网店经营相关工作人员的参考用书。

版权专有　侵权必究

图书在版编目（CIP）数据

网店运营实务 / 黄黎，刘建珍主编 . ‒‒北京：北京理工大学出版社，2022.8

ISBN 978 ‒ 7 ‒ 5763 ‒ 1584 ‒ 4

Ⅰ. ①网… Ⅱ. ①黄… ②刘… Ⅲ. ①网店—运营管理—高等学校—教材 Ⅳ. ①F713. 365. 2

中国版本图书馆 CIP 数据核字（2022）第 142101 号

出版发行 /	北京理工大学出版社有限责任公司	
社　　址 /	北京市海淀区中关村南大街 5 号	
邮　　编 /	100081	
电　　话 /	（010）68914775（总编室）	
	（010）82562903（教材售后服务热线）	
	（010）68944723（其他图书服务热线）	
网　　址 /	http：//www. bitpress. com. cn	
经　　销 /	全国各地新华书店	
印　　刷 /	三河市天利华印刷装订有限公司	
开　　本 /	787 毫米 × 1092 毫米　1/16	
印　　张 /	17	责任编辑 / 孟祥雪
字　　数 /	398 千字	文案编辑 / 孟祥雪
版　　次 /	2022 年 8 月第 1 版　2022 年 8 月第 1 次印刷	责任校对 / 周瑞红
定　　价 /	85.00 元	责任印制 / 施胜娟

图书出现印装质量问题，请拨打售后服务热线，本社负责调换

前　言

电子商务体系中一切与网店的运作管理有关的工作都可以称为网店运营，主要包括网店流量监控分析、目标用户行为研究、网店日常更新及内容编辑、网络营销策划及推广等。而网店运营作为电子商务专业最具竞争力的岗位之一，在电子商务高速发展的今天，越来越受到重视，因此越来越多的企业开始重视网店运营，希冀从运营角度发现问题与机会，为企业发展提供有力的市场决策依据。

目前从中国的互联网发展趋势分析，网站的运营应当融入企业的整体经营体系中，使网络与原有的机制有机结合，这样才能发挥网站及网络营销的商业潜力。

企业的网店运营包括很多内容，如网店营销宣传推广、网店运营网站内容的完善等。其中最重要的就是网站的运营和推广。

为适应互联网的迅速发展和技能需求，我们在日常教学中开展了电子商务运营技能相关课程和比赛，以加强对学生电子商务专业技能的训练，从而让更多院校、教师、学生从比赛中受益。本书整理、总结了参赛优秀案例，将其与企业技能实操要点相结合，使两者互融互通，从而写成本书。

本书共有五个项目，从网上开店筹备工作开始，系统地描述了开店前准备、商品发布、店铺装修、店铺日常运营、产品推广，并用多个案例分析讲解网店运营的过程。本书以项目驱动模式编写，依托企业真实案例，串联每一步的具体操作。在任务实施之后，还设置了"自评自测""课中实训""课后提升"，以更好地帮助学生提升实操能力。

本书特点如下：

（1）按照网店运营的完整流程来组织内容，结构清晰，逻辑性强。本书以网店运营实际操作流程为主线，系统全面地介绍了网店运营过程中的理论与实际操作，内容涵盖了网店运营过程中的所有流程。

（2）以"1＋X"证书制度为引领，对接网店运营推广职业技能等级证书。本书在调研网店运营岗位的工作任务和职业能力的基础上，依据网店运营课程标准，主动对接网店运营推广"1＋X"职业技能等级证书初级和部分中级内容，补充新技术、新工艺、新规范、新要求，强化网店运营推广职业技能、知识和素养，拓展职业领域和职业能力。

（3）以新形态一体化教材建设为引领，打造丰富的配套教学资源。本书为精品在线开放课程配套教材，提供配套的多媒体课件资源、微课资源、视频资源、试题库资源等，资源类型丰富，提高学习的便利性。

（4）校企双元开发教材，及时吸收行业发展新知识、新技术、新方法。

由于作者水平有限，本书还有很多疏漏之处，敬请广大读者批评斧正。

编　者

目　　录

项目一　开店前准备

项目二　商品发布

一、选择合适的商品

二、商品图片拍摄

三、设计商品页面

四、商品发布前的后台设置

五、商品上传

项目三　店铺装修

项目四　店铺日常运营

项目五　产品推广

项目一
开店前准备

 教学目标

知识目标

1. 了解开店前硬件和软件条件。
2. 了解开店流程。
3. 了解店铺开设方式及常见的第三方开店平台。
4. 理解不同进货渠道的优缺点。
5. 了解常见的网店运营工具。

能力目标

1. 能结合自身情况，进行网店条件评估。
2. 能选择合适的第三方开店平台。
3. 能自主选择进货渠道。
4. 能熟练使用网店运营工具。

素质目标

1. 具备网络信息搜集能力，能够在网上进行信息甄别，选择合适的供应商。
2. 具备自主学习能力，能够在网上搜索并学习不同平台的规则和收费要求，结合具体情况选择合适的开店平台。
3. 具备网络应用能力，能够熟练使用网店运营工具。

思政目标

1. 树立正确的价值观，培养积极向上的工作态度。
2. 培养正确的职业道德，熟悉网店选择、进货渠道相关知识。
3. 培养诚信经营意识，在进货过程中培养诚信意识，树立诚信经营理念。
4. 培养遵纪守法意识，学习电子商务法关于经营主体资质要求的相关规定，了解不能在网上销售的产品。

思维导图

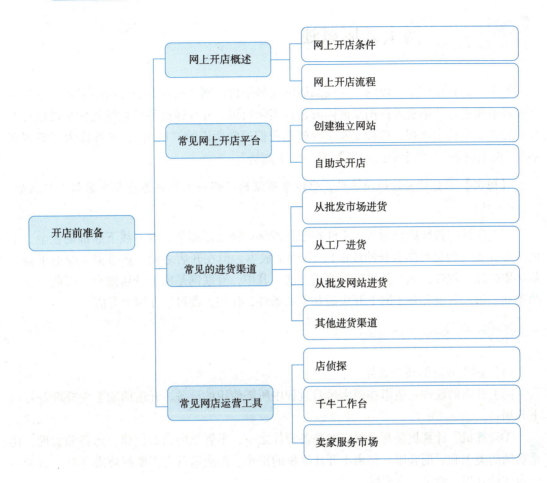

一、 网上开店概述

网上商店是在网上开设的一种商品店铺交易平台，网店运营者通过网络展示、宣传其产品或者服务，让消费者在浏览的同时进行实际购买，并且通过各种在线支付手段进行支付，完成交易的全过程，这种交易平台就是我们通常所说的"网店"，又被称为"虚拟商店""网上商场""电子空间商店"或"电子商场"。

【思考】在你购买过的网店中，你印象最深的是哪一家？它为什么给你留下了深刻的印象呢？

网络店铺与传统店铺的最大不同在于，网络店铺是虚拟的，没有线下店铺的租金、水电费等开支（但是可能有仓储成本），节约了成本，但在开店之初，还是需要提前准备一些必要的软、硬件设施，并掌握其使用方法。其中，互联网是网上开店媒介，因此一定要熟悉和了解。只要具备了网上开店最基本的条件，任何人都可以在网上开店。

 1. 网上开店条件

（1）网上开店的硬件条件。

网上开店的硬件一般指在网店运营过程中所需使用的设备。开店前期至少要准备好以下几项：

①计算机。计算机是开设网店的必备硬件之一，不管是网店的创建、运营和管理，还是店铺的美工和后期客服，都离不开计算机的操作。网店运营者需要提前准备好一台或多台台式计算机或者笔记本电脑。

②手机。使用手机购物已成为当下消费者的主流购物方式，网店在手机端的展现直接影响消费者的购买体验。因此，网店运营者应该更多地利用手机来建立和维护客户关系，时刻关注手机端的店铺情况。

③数码相机。由于网店的商品主要是通过图片展示给消费者的，图片精细与否直接关系着商品的出售率，因此需要拍照效果良好的数码相机。品质好的相机可以还原更多商品细节，减少后期处理工序，节约时间。

④打印机和传真机。根据网店的商品性质，部分网店还需配备打印机和传真机，用于打印和发送合同、文件等。在开店前期，打印机可能并不常用，但当业务发展到一定程度时，可以选择使用打印机打印购物清单、出库单等，这相比于手写的清单更为正规和专业。

除了上述硬件之外，根据网店和商品的性质，网店运营者可能还需一些其他的硬件设施。例如：办公场所、固定电话以及其他与商品相关的设施。

网店的运营是在网络环境下，因此，硬件的使用较为频繁。在配置硬件时，可以适当选择配置较高的硬件，以满足网店美工、网店后台操作等对硬件的高要求。同时，要确保网络的畅通，保证网店正常运营中不会因为硬件问题造成不必要的损失。

（2）网上开店的软件条件。

网上开店的软件条件主要与运营者的操作能力相关，掌握基本的网络操作技术并学习一些相关的软件操作知识，将更有利于开展网上销售。

①网络基础操作能力。网店的运营和操作都是基于互联网、移动网络等平台，作为运营者，能够熟练进行网络的基础操作，知悉网店运营工具的使用是最基本的能力。

②即时通信工具的使用。网店中，买卖双方是在虚拟网络中不谋面进行交易的，因此，买卖双方的沟通交流大部分是通过即时通信工具进行的。在即时通信工具中的对话有一些常用语和技巧，运营者需要提前了解，以便更好地与消费者沟通。目前使用较多的是阿里旺旺、QQ 等聊工具，需要操作者具备一定的打字速度。在淘宝、天猫等平台中使用的聊天软件是阿里旺旺。

③图形图像处理软件的操作。网店中的商品，大部分是通过图片和文字向消费者展示的，所以网店运营者需要具有良好的图形图像处理技术。目前的图形图像处理软件主要以 Photoshop、光影魔术手等为主，主要用于处理商品图片、美化商品效果等。

 2. 网上开店流程

开店流程

在网店中，买家无法直接接触商品，只能通过卖家发布的商品描述、商品图片及其他买家的评价等来了解商品。买家下单并支付货款后，卖家通过邮寄等方式将商品寄给买家。一般来说，卖家可以通过在电商平台上自助注册店铺的形式来开设网店，网店开设基本流程如图 1-1 所示。

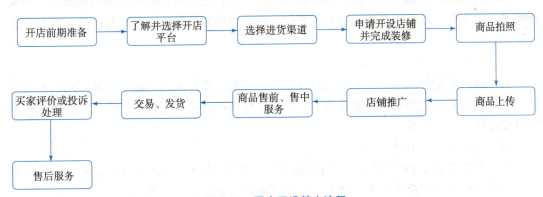

图 1-1　网店开设基本流程

（1）开店前期准备。

开店前期准备主要包括两个方面：一是准备开店所必需的硬件设备和软件设备；二是要对网店运营进行科学、合理的规划。卖家要开展市场分析，根据调查分析结果来选择并确定适合自己在网上销售的商品，然后选择合适的供应商，以保证自己有充足的货源。此外，卖家还要选择并确定合适的物流公司，以保证商品配送的快速、准确。

（2）了解并选择开店平台。

卖家可以通过自主创建独立网站和在电商平台上自助注册店铺的形式来开设网店。卖家大都选择在淘宝网、天猫商城、京东商城、唯品会等大型电商平台上注册开店，所以卖家需要对各个平台的入驻要求有所了解，并提前准备好注册店铺需要的相关资料。

淘宝平台规则

（3）选择进货渠道。

控制成本和保证商品品质是关键，要想做好这两点，卖家需要选择较好的进货渠道，并与供应商建立良好的供应合作关系。

（4）申请开设店铺并完成装修。

卖家在电商平台成功申请店铺后，可以拥有自己的网店，随后可以开始对店铺进行装修和管理，包括设置店铺名称、选择商品类目、设置店铺招牌、管理商品图片、设置商品导航、物流管理、网店运营岗位管理等。其中，设置店铺名称和选择商品类目是比较关键的环节。为店铺起一个响亮的名字可以加深买家对店铺的记忆，而商品类目的选择会影响日后店铺的运营效果。

（5）商品拍照。

在网络上购物，由于买家无法直接接触商品，因此可能会对商品存在某些顾虑。为了打消买家对商品的疑虑，卖家需要向买家展示真实、清晰的商品图片。网店中的商品图片必须是商品实拍，且要保证图片清晰，否则容易产生售后问题。

（6）商品上传。

卖家需要将每件商品的详细信息（包括商品的名称、数量、图片、价格、规格、产地、所在地、性质、外观、交易方式、交易时限等信息）填入网店中，并且要设置详细、精美的商品详情页，对商品进行全面的介绍。

在上传商品的过程中，商品名称的设置非常关键，它会对商品和店铺的点击率、转化率带来直接影响。此外，商品详情页的制作及商品价格的设置也会对商品的转化率造成重要影响。

（7）店铺推广。

为了提升店铺的人气，在店铺运营过程中，卖家需要开展营销推广活动。网店的营销推广活动主要是通过网络渠道进行的，如通过平台自身的营销工具进行推广，或者通过网络社交媒体进行推广等。

（8）商品售前、售中服务。

买家在浏览商品和店铺时，会与卖家进行一些必要的沟通，此时卖家要能及时、妥善、耐心地回复买家提出的各种问题，为买家提供高品质的客户服务。

（9）交易、发货。

当买家确认购买并完成支付后，卖家要在自己设定的时间内完成商品的寄送，包括通知快递公司揽件、完成发货、更新物流信息等。物流的快慢也是买家购物时非常关心的问题。在产生订单后，卖家应当尽快发货，及时更新物流信息，选择正规的快递公司，保证商品能够快速、安全地送到买家手中。

（10）买家评价或投诉处理。

当交易完成后，买卖双方需要对对方做出评价。买家对卖家做出的评价是影响网店运营表现的重要因素，同时它还会影响其他买家的购买行为。如果遇到买家差评或投诉，卖家一定要尽快联系买家，帮助其解决问题。如果遭受恶意差评，卖家可以向电商平台进行投诉，以减少自己的损失。

（11）售后服务。

售后服务包括退换货服务、商品使用指导和商品售后保障等。完善、周到的售后服务是网店保持经久不衰的重要筹码，它能为网店吸引更多的回头客，扩大店铺的影响力。

二、常见网上开店平台

目前，网店的形式主要有两种：一种是创建独立网站，即自建网络店铺；另一种是自助式开店，即借助第三方网络零售平台建立店铺。

 1. 创建独立网站

创建独立网站是指网店运营者根据自己商品的经营情况，自行设计或委托于人制作网站。独立网站一般都有独立域名，不依附其他的大型购物商城，独立经营。建立独立网站需要完成域名注册、空间租用、网页设计、程序开发、网站推广、服务器维护等工作。由于网站是自主设计，因此可以体现出独特的设计风格，而自助式开店会受限于第三方网络零售平台的商城模板。

独立网站的运营推广比自助式网站更加困难，最好有团队来维护网站的运作。同时，由于这类网站不挂靠其他平台，虽然不需要交纳保证金，但网站推广维护的费用较高。新创建的独立网站比较难以取得消费者的信任。图1-2所示为华为公司自建的网上商城。

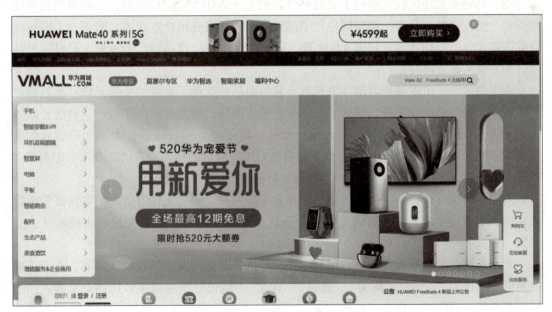

图1-2   华为商城官网

2. 自助式开店

自助式开店是指通过提供网店服务的第三方网络零售平台进行自助开店，如在淘宝网等 C2C 网站，天猫商城、京东商城、当当网等 B2C 网站上开设店铺。自助式开店类似于在商城中租用一个柜台出售商品，其方式比较简单。提供这类服务的平台一般都提供买家自助开店服务，只需支付给平台相应的费用，即可简单快捷地建立自己的店铺。

不同类型的平台在平台定位、人群定位、资源配备、宣传推广等方面有着不同的特点。卖家在选择开店平台时，应当先了解自己所具有的优势和劣势，然后根据自身的资源和竞争力，结合平台优势来选择适合自己的平台。当店铺拥有一定的规模之后，卖家也可以选择同时在多个平台上运营店铺，以拓展商品的销路。目前使用频率较高的平台有淘宝网，天猫、京东、拼多多、当当网、亚马逊、苏宁易购等。这些平台根据操作过程中参与对象的不同，主要分为两种形式：一种以淘宝网为代表，是提供给个体经营者创建店铺进行销售的 C2C 平台，也被称为"C 店"。目前，在 C2C 市场，销售占市场份额最大的还是淘宝交易平台。淘宝 C 店也支持一些具有企业资质的经营者申请开设企业店铺，即淘宝企业店。另一种以天猫为代表，是提供给企业卖家创建店铺进行销售的 B2C 平台，也被称为"B 店"。当然也有一些 B2C 的平台，例如京东、当当等平台除了自营业务，也支持企业在其平台上创建店铺。"B 店"的入驻条件比"C 店"更加严格，花费也比"C 店"多出很多。一般来说，个人卖家适合在淘宝网等 C2C 电商平台开设店铺，企业或商家既可以选择在天猫商城、京东商城等 B2C 平台开设店铺，也可以选择在阿里巴巴网一类的 B2B 平台上开设店铺。

（1）淘宝网。

淘宝网是亚太地区较大的网上交易平台，成立于 2003 年 5 月 10 日，由阿里巴巴集团投资 4.5 亿元创办。目前，淘宝网也是中国规模最大并深受用户欢迎的 C2C 平台，淘宝用户数突破 8 亿，日均访客量超过 6 000 万，每天同时在线的商品数已经超过 8 亿件，平均每分钟售出 4.8 万件商品。

淘宝网帮助了更多消费者享用海量且丰富的商品，获得了更高的生活品质；通过提供网络销售平台等基础性服务，帮助了更多企业开拓市场，建立品牌，实现产业升级；帮助了更多胸怀梦想的人通过网络实现创业、就业。随着淘宝网规模的扩大和用户数量的增加，淘宝网也从单一的 C2C 网络集市变成包括 C2C、分销、拍卖、直供、众筹、定制等多种电子商务模式在内的综合性零售商圈。淘宝网首页如图 1-3 所示。

淘宝网店铺（C 店）分为个人店铺和企业店铺两种。通过支付宝个人实名认证的商家创建的店铺就是个人店铺，通过支付宝企业认证并以工商营业执照开设的店铺就是企业店铺。

企业店铺在子账号数、店铺名设置和直通车报名上会有对应的权益，例如，企业店铺的名称可以使用"企业""集团""公司""官方""经销"等关键字，店铺首页的店招会展示企业店铺的标识。企业店铺的"企"字标和个体工商户的"户"字标在店铺首页不会有展示，而店铺名片区会展示"企"字标和"户"字标，如图 1-4 所示。

图 1 - 3　淘宝网首页

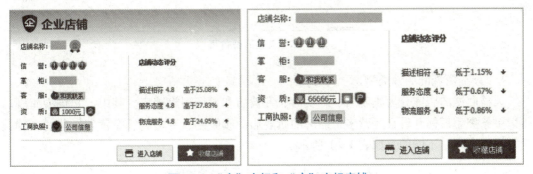

图 1 - 4　"企"字标和"户"字标店铺

"企"字标和"户"字标是根据实际经营店铺的主体性质做出区分的。由于个体工商户与普通企业主体在责任上是有区别的，因此淘宝网针对淘宝店铺类型进行了重新定义。

"企"字标指通过支付宝商家实名认证，并以工商营业执照所登记企业名称开设并经营的企业店铺。"户"字标是指基于支付宝实名认证，同时通过淘宝个体工商户身份认证，并以个体工商户或经营者身份开设并经营的个体工商户店铺。

（2）天猫商城。

天猫商城是由淘宝网打造的 B2C 购物平台，其首页如图 1 - 5 所示，其主要目标客户是在网络购物中追求较高服务、较好商品质量、能够接受较高价格的消费者。天猫商城是大卖家和大品牌的集合，能为买家提供 7 天无理由退换货和正品保障服务。此外，天猫国际还为国内消费者直供海外原装进口商品。与淘宝网集市店铺相比，天猫商城更能让买家产生信任感。

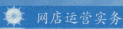

图 1-5　天猫商城首页

1）天猫商城的店铺类型。

天猫商城的店铺分为旗舰店、专卖店、专营店和卖场型旗舰店。其中，卖场型旗舰店是以服务类型商标开设且经营多个品牌的旗舰店。旗舰店、专卖店、专营店经营的品牌数量及授权要求是不同的，如表 1-1 所示。

表 1-1　旗舰店、专卖店、专营店的区别

项目	旗舰店	专卖店	专营店
店铺定义	卖家以自有品牌（商标为 R 或 TM 状态）或由商标权人提供独占授权的品牌入驻天猫商城的店铺	卖家持他人品牌（商标为 R 或 TM 状态）授权文件在天猫商城开设的店铺	经营同一大类下两个及两个以上卖家持他人品牌（商标为 R 或 TM 状态）商品的在天猫商城开设的店铺
品牌数量	一个（多品牌为邀约入驻）	一个（多品牌为邀约入驻）	至少两个
授权要求	品牌商直接授权的独占授权书	品牌商直接授权	以品牌商为源头的授权链条（收取各级数按照各类目的要求）

2）天猫商城的入驻基本资质要求。

卖家入驻天猫商城，需要根据所选店铺类型提供对应的资料，如表 1-2 所示。

表1-2　天猫商家入驻资质标准

店铺类型	旗舰店	专卖店	专营店	天猫店
企业资质	1. 企业营业执照扫描件（需确保未在企业经营异常名录中且所售商品在营业执照经营范围内）； 2. 法定代表人身份证正反面扫描件； 3. 联系人身份证正反面扫描件			
品牌资质	1. 由国家商标总局颁发的商标注册证或商标注册申请受理通知书扫描件； 2. 若由商标权人授权开设旗舰店，且商标权人为境内企业，则需商标权人注册品牌方企业工作台在线完成品牌认领及授权。 若由商标权人授权开设旗舰店，且商标权人为个人或境外企业，需提供商标权人出具的独占授权书（如果商标权人为自然人，则需同时提供其亲笔签名的身份证复印件，如果商标权人为境外自然人，则需同时提供其亲笔签名的护照复印件）。 若经营多个品牌且各品牌归同一实际控制人的旗舰店，另需提供品牌属于同一实际控制人的证明材料。 3. 若为卖场型旗舰店，需提供服务类商标注册证或商标注册申请受理通知书；店铺内经营的品牌资质要求同专营店品牌资质要求	1. 由国家商标总局颁发的商标注册证或商标注册申请受理通知书扫描件； 2. 若商标权人为国内企业，可通过商标权人入驻品牌方企业工作台在线完成品牌认领及授权； 若无法获得在线授权，需提供商标权人出具的品牌授权书（若商标权人为自然人，则需同时提供其亲笔签名的身份证复印件）。 若经营多个品牌且各品牌归同一实际控制人的专卖店，另需提供品牌属于同一实际控制人的证明材料	1. 由国家商标总局颁发的商标注册证或商标注册申请受理通知书扫描件； 2. 若由商标权人直接授权开店公司经营品牌商品，且商标权人为境内企业，可通过商标权人入驻品牌方企业工作台在线完成品牌认领及授权。 若无法获得在线授权，需提供符合各类目授权级数要求的以商标权人为源头的完整授权（若商标权人为自然人，则需同时提供其亲笔签名的身份证扫描件）。 标注"无要求"的，需提供上一级的品牌授权文件	商家需自行做好门店所经营品牌及其授权等重要资质的申请/备案，使之符合法律、法规及行业标准的要求，天猫将会进行不定期抽检。 品牌及其授权资质说明： 1. 由国家商标总局颁发的商标注册证或商标注册申请受理通知书扫描件； 2. 商标权人出具的授权书（若商标权人为自然人，则需同时提供其亲笔签名的身份证/护照扫描件）

3）天猫商城的资费标准。

①保证金。

商家在天猫经营必须缴存保证金，保证金主要用于保证商家按照《天猫服务协议》、天猫规则经营，且在商家有违规行为时根据《天猫服务协议》及相关规则规定用于向天猫及消费者支付违约金。续约商家须在当年续签要求的时间内一次性缴存次年保证金，新签商家在申请入驻审核通过后一次性缴存当年的保证金。

根据店铺性质的不同，店铺保证金的金额也有所不同，如图1-6所示。此外，有些特殊类目的商品，其保证金可能与其他商品不同，卖家在申请店铺之前，可以到天猫商城官网查阅具体的保证金标准。

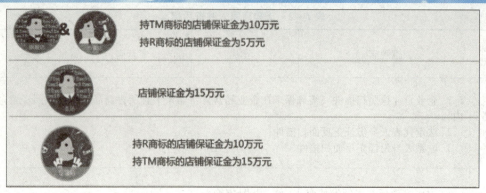

图1-6　天猫商城不同类型店铺保证金标准

②软件服务年费。

商家在天猫商城上经营必须交纳软件服务年费（简称年费）。根据卖家经营类目的不同，年费分为3万元和6万元。若卖家经营多个类目，则参照相对高的类目的年费标准交纳年费，即卖家入驻天猫商城时交纳年费的金额参照卖家选择的经营类目中对应年费金额的最高档。

若卖家在经营过程中增加年费金额相对高的类目，则卖家需要在合同截止日期之后根据实际结算结果补交差额部分。天猫商城每年会根据卖家销售额的完成情况在年初进行折算返回。

③软件服务费。

卖家在天猫商城上经营店铺，需要按照其销售额一定的百分比（简称费率）交纳软件服务费。根据类目的不同，软件服务费会在订单交易完成后进行实时划扣。

（3）京东商城。

京东是自营式电商企业，其首页如图1-7所示，旗下设有京东商城、京东金融、拍

图1-7　京东首页

拍网、京东智能、O2O 及海外事业部等。2014 年 5 月，京东在美国纳斯达克证券交易所正式挂牌上市。京东的自有物流送货速度较快，软、硬件设施和服务条件都比较完善。京东商城是京东集团打造的一站式综合购物平台，不仅有京东自营的店铺，也允许第三方卖家入驻。京东商城现已完成全品类覆盖，消费品、3C 商品、家电等优势品类年交易额已经突破千亿大关。

京东商城拥有自建的物流中心，为商家提供包括仓储、运输、配送、客服、售后一体化供应链解决方案。京东物流在全国范围内拥有超过 500 个大型仓库，运营 14 个大型智能化物流中心"亚洲一号"，物流基础设施面积超过 1 200 万平方米。京东物流大件和中小件网络已实现内地行政区县 100% 覆盖，自营配送服务覆盖全国 99% 的人口，90% 以上的订单可以 24 小时内送达。

京东开放平台的店铺分为旗舰店、专卖店和专营店，店铺类型不同，其入驻的资质要求有所不同，如表 1 - 3 所示。

表 1 - 3　京东开放平台店铺的基本资质要求

店铺类型	旗舰店	专卖店	专营店
企业资质	1. 加载"统一社会信用代码"的营业执照（根据 2014 年 10 月 1 日生效的《企业经营异常名录管理暂行办法》，需确保未在企业经营异常名录中且所售商品属于经营范围内）； 2. 一般纳税人资格证复印件（选择 FBP 模式或"家电"类目商家必须提供，其他模式尽量提供）； 3. 银行开户许可证复印件（须有中国人民银行盖章，法人代表与营业执照一致，不一致请提供工商局出具的变更证明）； 4. 法定代表人身份证正反面复印件		
品牌资质	质检报告复印件或产品质量合格证明。需提供送检产品的质检报告，或相对应批次产品的质检报告；需有国家质量监督检验中心检验专用章［第三方质检机构（具有 CNAS 及 CMA/CMAF 认证）也可以］；商家每款产品均可以出具质检报告，每个品牌、每个一级类目，均需提交一份质检报告。特殊类目需要单独提供质检报告，详见各类目特殊资质要求		
	由国家商标总局颁发的商标注册证或商标注册申请受理通知书复印件（若办理过变更、转让、续展，请一并提供商标总局颁发的变更、转让、续展证明或受理通知书）		
	＊若由权利人授权开设旗舰店，需提供在京东开设旗舰店的独占授权书。如果商标权人为自然人，则需同时提供其亲笔签名的身份证复印件	＊由商标权利人到入驻商家销售其品牌商品的依次授权（授权链必须完整有效，不得有地域限制），若商标权人为自然人，则需同时提供其亲笔签名的身份证复印件	＊由商标权人到入驻商家销售其品牌商品的依次授权（授权链必须完整有效，不得有地域限制），若商标权人为自然人，则需同时提供其亲笔签名的身份证复印件
	＊若经营出售多个自有品牌的旗舰店，需提供品牌属于同一实际控制人的证明材料	＊若经营出售多个品牌的专卖店，需提供品牌属于同一实际控制人的证明材料	＊专营店命名不得带有商品品牌名称。店铺命名规则链接：rule. jd. com/rule/ruleDetail. action？ ruleId = 2598

续表

店铺类型	旗舰店	专卖店	专营店
品牌资质	*若申请卖场型旗舰店，需提供服务类商标注册证或商标注册申请受理通知书，店铺内经营的品牌资质要求同专营店品牌资质要求	/	/
注：	*为最大程度保障消费者权益，满足消费者对商品的质量要求，商家有义务对其在京东平台销售的每款商品按照国家标准、行业标准及京东平台发布的各品类商品要求进行质量控制（包括且不仅限于商品法律法规符合性、商品安全性、商品功能材质与描述符合性、商品标识、商品外观、商品包装等），并依照国家法律法规提供售后三包服务。京东会根据市场反馈进行不定期商品质量抽检，或要求商家对京东指定商品提供进货凭证、出厂检验报告或者第三方质检机构出具的检测报告。		

（4）拼多多。

拼多多 App 和小程序首页如图 1-8 所示。其是由上海寻梦信息技术有限公司于 2015 年 4 月创办的。目前，该平台已汇聚 7.313 亿年度活跃买家和 510 万活跃商户，平台年交易额达 14 576 亿元，迅速发展成为中国第二大电商平台。拼多多以独创的社交拼团为核心模式，主打百亿补贴、农货上行、产地好货等，致力于服务中国最广大的普通消费者。拼多多平台以"好货不贵"为运营理念，为消费者提供补贴折扣大牌商品、原产地农产品、工厂产品和新品牌商品等。其中，拼多多独创发起的百亿补贴创造了中国电商行业活动规模和持续时长的新纪录。2018 年 7 月，拼多多在美国纳斯达克证券交易所正式挂牌上市。

拼多多店铺分为个人店铺和企业店铺，其中个人店铺适合个人和个体工商入驻，个人店铺只需要提供身份证即可开店，个体工商户提供身份证和个体工商户营业执照即可开店。而企业店因销售商品的区别分为普通入驻和一般贸易入驻，如表 1-4 所示，店铺类型不同，所需要的材料也有所差异，如表 1-5 所示。

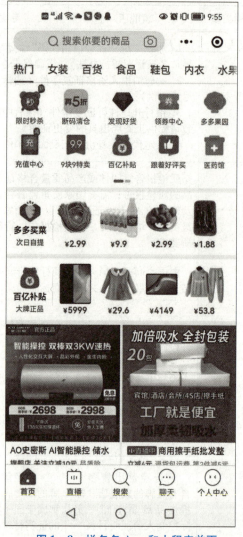

图 1-8　拼多多 App 和小程序首页

表1-4 拼多多企业店类型及特征

模块	普通入驻（企业店）	一般贸易入驻
销售商品类型	普通商品、进口商品	仅进口商品
全球购标识	无	有
不交纳保证金是否可发布商品	是	否

表1-5 拼多多店铺类型和资质证明材料

店铺类型	普通入驻（企业店）	需上传的资质证明			
		企业三证	商标注册证	授权书	身份证
旗舰店	1. 经营1个或多个自有品牌的旗舰店；	√	√		√
	2. 经营1个授权品牌的旗舰店，且授权品牌为一级独占授权；	√	√	√	√
	3. 卖场型品牌（服务类商标）所有者开设的品牌旗舰店（限拼多多商城主动邀请入驻）	√	√		√
专卖店	1. 经营1个或多个自有品牌的专卖店；	√	√		√
	2. 经营1个授权销售品牌商品的专卖店（授权不超过2级）	√	√		√
专营店	1. 经营一个或者多个自有品牌商品的专营店；	√	√		√
	2. 经营1个或多个他人品牌商品的专营店（授权不超过4级）；	√	√		√
	3. 既经营他人品牌商品又经营自有品牌商品的专营店（授权不超过4级）	√	√		√
普通店	普通企业店铺	√			√

（5）其他网上开店平台。

与淘宝、天猫、京东、拼多多等电子商务网站类似的平台很多，如当当网、苏宁易购、唯品会、小红书微店等。

1）当当网。

当当网是知名的综合性网上购物商城，由国内著名出版机构科文公司、美国老虎基金、美国IDG集团、卢森堡剑桥集团、亚洲创业投资基金共同投资成立，其首页如图1-9所示。当当网早期主要销售书籍，后逐渐将商品品类扩展至图书音像、美妆、家居、母婴、服装和3C数码等几十个大类。当当网能在全国625个城市实现次日达，物流条件十分完善。

一般情况下，入驻当当网为商家企业（不含图书），其要求是50万元注册资金，一年以上注册时间。入驻时需要提供以下材料：

①工商营业执照——通过最新年检；

②税务登记证——国税＋地税；

③组织机构代码证；

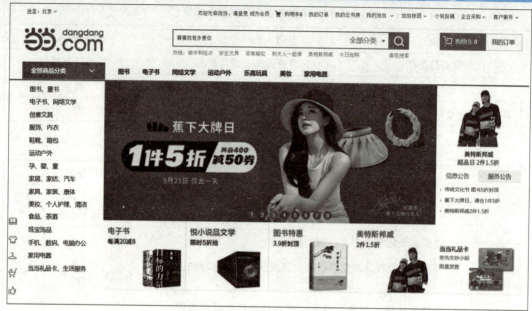

图1-9　当当网首页

④商标注册证——商标正在申请品牌提供《商标注册申请书》；

⑤品牌销售授权证明——注册人与授权人的关系证明；

⑥出版物需提供——出版物经营许可证。

2）苏宁易购。

苏宁易购是中国领先的O2O智慧零售商，坚持线上线下业务同步发展，不断升级线下各种商品，实现线上线下O2O融合运营，形成了苏宁智慧零售模式，并逐步将线上线下多渠道、多业态统一为全场景互联网零售"苏宁易购"，总部位于南京，现已覆盖传统家电、3C电器、日用百货等品类，其官网首页如图1-10所示。

图1-10　苏宁易购官网首页

在互联网零售时代，苏宁持续推进智慧零售、场景互联战略，并通过开放供应云、用户云、物流云、金融云、营销云，实现从线上到线下，从城市到县镇，从购物中心到社区，为消费者提供无处不在的1小时场鲜品活圈解决方案，全方位覆盖消费者的生活所需。截至2019年，全场景苏宁易购线下网络覆盖全国，拥有苏宁广场、苏宁易购广场、家乐福社区中心、苏宁百货，苏宁小店、苏宁零售云、苏宁极物、苏宁红孩子、苏宁体育、苏宁影城、苏宁汽车超市等"一大两小多专"各类创新互联网门店13 000多家，稳居国内线下网络前列；苏宁易购线上通过自营、开放和跨平台运营，跻身中国B2C行业前列。

根据卖家入驻开设店铺类型不同，卖家需要按照表1-6所示要求提供店铺经营资质。

表1-6　苏宁易购店铺类型及资质要求

内涵	旗舰店	专卖店	专营店
含义	旗舰店，是指商户以自有品牌（商标含R或TM状态），或由权利人出具在苏宁易购开设旗舰店的独占性授权文件，入驻苏宁易购（"苏宁云台"，即苏宁易购开放平台）开设的店铺	专卖店，是指商户以自有品牌（商标含R或TM状态），或由权利人出具在苏宁易购开设专卖店的授权文件，入驻苏宁易购（"苏宁云台"，即苏宁易购开放平台）开设的店铺	专营店，是指同一苏宁经营大类下经营自有品牌（商标含R或TM状态）或他人授权品牌的店铺
情形	苏宁易购旗舰店，可以有以下情形： （1）经营一个品牌商品的旗舰店； （2）经营多个品牌商品且各品牌为同一实际控制人的旗舰店（自有品牌的子品牌可以放入主品牌旗舰店，但主/子品牌的商标权人应为同一实际控制人）； （3）卖场型品牌（服务类商标）商标权人开设的旗舰店，卖场型旗舰店由苏宁邀约入驻； （4）外国公司注册的品牌，在中国无下属子（分）公司，由中国总代理（或大陆地区总代理）开设的旗舰店	苏宁易购专卖店，可以有以下情形： （1）经营一个授权品牌的商品，获得品牌（商标）权人普通授权的商家专卖店； （2）经营多个授权品牌的商品，且各品牌归同一实际控制人，商家获得该实际控制人授权的商家专卖店	苏宁易购专营店，可以有以下情形： （1）同一经营大类下经营自有品牌或他人授权品牌商品的专营店； （2）同一经营大类下既经营他人授权品牌商品又经营自有品牌商品的专营店
分类	旗舰店分单品牌旗舰店、多品牌旗舰店及卖场型旗舰店： （1）单品牌旗舰店有且仅能经营一个品牌； （2）多品牌旗舰店可以经营两个及以上品牌，但所经营品牌应当属于同一实际控制人； （3）卖场型旗舰店申请入驻时必须提供服务类商标，品牌资质要求同专营店资质要求	专卖店分单品牌专卖店、多品牌专卖店： （1）单品牌专卖店有且仅能经营一个品牌； （2）多品牌专卖店可以经营两个及以上品牌，但所经营品牌应当属于同一实际控制人	／

续表

内涵	旗舰店	专卖店	专营店
注意事项	（1）若商户以自有品牌开设旗舰店，如商标状态为 TM 标，"商标注册申请受理通知书"需满三个月； （2）以代理品牌入驻的，商户需要提供权利人出具的独占性授权文件，若商标权人为自然人，同时还需要提供境内权利人亲笔签名的身份证复印件，境外自然人则需提供其亲笔签名的护照复印件； （3）若商户经营出售多个自有品牌的旗舰店，需提供品牌属于同一实际控制人的证明材料； （4）若商户经营卖场型旗舰店，需提供服务类商标注册证或商标注册申请受理通知书； （5）以自有品牌入驻的，需要提供"商标注册证"或"商标注册受理通知书"；以代理品牌入驻的，除需要提供"商标注册证"或"商标注册受理通知书"外，还需要提供以商标权人授权的独占性授权书	（1）商户入驻需提供"商标注册证"，及以商标权人为源头的完整授权文件，若商标权人为自然人，同时还需要提供境内权利人亲笔签名的身份证复印件，境外自然人则需提供其亲笔签名的护照复印件； （2）若商户经营出售多个品牌的专卖店，仍需提供品牌属于同一实际控制人的证明材料； （3）专卖店命名中，若企业字号与品牌名一致，则启用以下规则：品牌名＋企业行业词/区域＋专卖店。 （4）如商标状态为 TM 标，商标局颁发"商标注册申请受理通知书"，需满三个月，且商标需为入驻商户自有品牌； （5）品牌（商标）权利人出具的授权文件不得有地域限制	（1）以自有品牌入驻，需要提供"商标注册证"或"商标注册受理通知书"； （2）以代理品牌入驻，除需要提供"商标注册证"或"商标注册受理通知书"外，还需要提供以商标权人为源头的完整授权文件，若商标权人为自然人，同时还需要提供境内权利人亲笔签名的身份证复印件，境外自然人则需提供其亲笔签名的护照复印件

3）唯品会。

与其他网购平台不同，唯品会是一家专门做特卖的网站，其业务范围涵盖名品服饰、鞋包、美妆、母婴、居家等各大品类。唯品会在中国开创了"名牌折扣＋限时抢购＋正品保障"的创新电子商务模式，并持续深化为"精选品牌＋深度折扣＋限时抢购"的正品特卖模式。卖家可以通过唯品会开放平台（MarketPlace，MP）入驻唯品会，相关介绍如表 1−7 所示。

表 1−7　唯品会 MP 相关介绍

项目	具体介绍
招商重点	①暂不接受个体工商户的入驻申请，卖家必须为正式注册企业，也暂时不接受境外注册企业的入驻申请； ②招商重点包括三个方面：国际国内知名品牌；能够满足唯品会用户群体需求的优质、有特色的商品；专业的垂直电商企业
开放品类	家电数码 3C、母婴家具、运动户外、车品图书、箱包保健、大家居、食品生鲜等
入驻形式	唯品会为卖家设置了三种入驻形式——旗舰店、专卖店和专营店。入驻的卖家店铺将同时存在于唯品会主站的 PC 端、App 端及微信小程序，同时支持卖家店铺一键生成小程序

续表

项目	具体介绍
入驻资质	卖家需要向 MP 提供企业营业执照副本复印件、银行开户许可证复印件、法定代表人身份证复印件、质检报告复印件或商品质量合格证明、商标注册证或商标注册申请受理通知书复印件，还需要提供相关授权书等
资费标准	由保证金、平台使用费及平台扣点构成，针对不同品类，平台扣点中将平台广告返点（1% ~ 2%）存放在卖家的唯品会广告投放账户中
营销方式	为卖家提供了引流、转化、互动的闭环营销路径，包括优惠券、预售、免费试用等营销工具；占据频道活动、大促/日常活动重要位置的营销活动；内容直播、商品详情等内容营销；针对店铺会员营销、提供店铺用户模型的粉丝用户营销，以及为卖家提供的定制化的联合营销服务支持。此外，唯品会以广告投放、搜索流量、频道曝光、渠道合作等多种方式为卖家同时在站内、站外引流，并通过店铺页、商品详情页商品推荐、抽奖、新人有礼等方式帮助卖家进行有效的流量转化和访客留存

4）小红书。

小红书是年轻人的生活方式平台，由毛文超和瞿芳于 2013 年在上海创立。小红书以"Inspire Lives 分享和发现世界的精彩"为使命，用户可以通过短视频、图文等形式记录生活点滴，分享生活方式，并基于兴趣形成互动。截至 2019 年 10 月，小红书月活跃用户数已经过亿，其中 70% 用户是"90 后"，并持续快速增长。在小红书社区，用户通过文字、图片、视频笔记的分享，记录了这个时代年轻人的正能量和美好生活，小红书通过机器学习对海量信息和人进行精准、高效匹配。2014 年 12 月，小红书正式上线电商平台"福利社"，用户可以一键购买来自全世界的优质美妆、时尚、家电、零食商品等产品。根据卖家入驻开设店铺类型不同，卖家需要按照表 1-8 所示要求提供店铺经营资质。

表 1-8　小红书店铺类型及资质要求

店铺类型	旗舰店	专卖店	集合店（仅限邀约入驻）	卖场型旗舰店（仅限邀约入驻）
店铺说明	指以自有品牌或以商标权人提供独占授权的品牌入驻小红书开设的店铺	指以商标权人提供普通授权的品牌入驻小红书开设的店铺。授权链路不超过 3 级（美妆品牌不超过 2 级）	指以商标权人提供普通授权（非自有品牌）的品牌入驻小红书开设且经营多个品牌的店铺	指以零售商资质开设且经营多个品牌的旗舰店

店铺类型	旗舰店	专卖店	集合店（仅限邀约入驻）	卖场型旗舰店（仅限邀约入驻）
	单品牌	单品牌	多品牌	多品牌零售商
品牌资质	品牌自营：商标权人签署的入驻申请书（加盖入驻公司公章）、由国家商标总局颁发的商标注册证或商标受理通知书 品牌一级独家授权：商标权人提供的一级品牌授权书，并限定在小红书或全网独家授权（加盖品牌方公章）、由国家商标总局颁发的商标注册证或商标受理通知书	普通代理：以商标权人为源头的普通品牌授权书（加盖品牌方公章），授权链路须完整，且不超过3级（美妆品牌不超过2级）、由国家商标总局颁发的商标注册证或商标受理通知书	每个品牌须有对应品牌方开具的授权书且品牌授权链路须完整、由国家商标总局颁发的商标注册证或商标受理通知书。若售卖商品无授权，提供所售卖全部商品的采购凭证，同时平台会在商家入驻后不定期抽查采购凭证	品牌自营：商标权人签署的入驻申请书（加盖入驻公司公章）、由国家商标总局颁发的35类服务类商标注册证或商标受理通知书 品牌一级独家授权：商标权人提供的一级品牌授权书，并限定在小红书或全网独家授权（加盖品牌方公章）、由国家商标总局颁发的入驻公司企业字号的商标注册证或商标受理通知书
	注：若商标持有者为个人且与公司法人相同，无须提供授权证明；若商标权人为自然人，申请开设旗舰店与品牌店，需提供身份信息原件或者复印件（身份证/护照）及商标使用独占授权书；若商标权人为自然人，申请开设专卖店，需提供身份信息原件或者复印件（身份证/护照）及商标使用授权书			
企业资质	境内企业：营业执照、组织机构代码证（如果已经三证合一，则须提供带有统一信用代码的营业执照），并加盖企业公章。境外企业（包含港澳台）：Business registration、Certificate of incorporation（简称"BR""CR"），并加盖企业公章。境外企业委托的境内企业： 1. 营业执照、组织机构代码证（如果已经三证合一，则须提供带有统一信用代码的营业执照），并加盖企业公章； 2. 海关报关单位注册登记证书/海关报关单位备案回执； 3. 境外企业授权书（签署平台出具的授权书模板）； 4. 境内企业承诺书（签署平台出具的承诺书模板）。 上述四份材料的境内企业签署主体应为同一个主体，暂不支持多个主体			
类目资质	具体请参考《小红书经营类目资质要求》			

⑤微店。

微店创立于2011年5月。2014年1月"微店"App正式上线。微店平台拥有近9 000万小微店主，通过微店和微店店长版两个App，微店已经从小微店主首选的开店工具转型为助力创业者发展兴趣、创立品牌、完成事业的平台及系统。

目前微店旗下包括微店社区，微店店长版，微店商城版，微店分销，微店park等多个帮助商家成功的流量渠道及软件服务，在多个行业里，微店的店主正在打造新品类、新品牌和新产品。如今微店已经成为棉花娃娃、汉服、史莱姆、精品咖啡、烘焙美食、地方特产等众多领域玩家消费者的首选平台。

三、常见的进货渠道

经营一家网店，拥有物美价廉的货源是首要条件。找到一个好的进货渠道，店铺的销售和后续服务才能得到保证，才能有好的销售业绩和长远发展前景。因此，选择货源对于所有卖家来说都是非常重要的。

货源的选择

 1. 从批发市场进货

各地的批发市场不少，这里是寻找货源的"大仓库"。在开设网店的最初阶段，如果商品销售量达不到一定的数量，在本地市场进货就能满足需求，这样离货源地近，完成更新快、品种多，可以实地检验货品，节省沟通、运输的成本。所以，批发市场是网店新手的一大选择。虽然同地进货方便，但局限于一地进行批发，容易断货，且品质不易控制。随着业务量扩大，在本地固定货源之外，网店运营者还应开拓货源渠道，保证业务持续进行。在业务量达到一定规模时，也可向工厂进货方向考虑。

（1）选择批发市场进货的原因。

批发市场的商品价格一般比较适宜，批发市场也是网店运营者选择最多的货源地。从批发市场进货一般进货时间相对集中、数量自由度大，品种繁多、数量充足，便于网店运营者挑选，价格低，有利于薄利多销。

（2）适合批发市场进货的网店运营者。

批发市场产品多样、能够小额批发，更加适合以零售为主的小店。较之一般渠道，批发市场价格相对较低，进货时间和进货量都比较自由，对于网店来说容易实现薄利多销，也非常适合兼职的网店运营者和网店冲量运营者。

（3）批发市场进货的特点。

①在货源低价的同时，还可以节省一部分运输、存储费用；②选择的范围变大，品种更丰富，商品的数量也有所增加；③进货、补货更加方便。

（4）批发市场进货的注意事项。

①着装得体，轻装上阵。

进货是一件辛苦的事情，在批发市场，要穿得让自己轻松舒服。进货的人在观察货源及货源商的同时，货主也在伺机观察。商人有着自己敏锐的商业嗅觉，所以进货人绝不能在一开始就给别人留下不专业的印象，着装得体则是这第一印象的关键。

着装建议：休闲的深色套装配上方便行走的鞋子，少佩戴贵重饰品，以免遗失造成不必要的损失。

②问问题要专业。

到了批发市场可以先多看看，少问少说，看好了、想好了再开始进一步了解商品批发的情况。要进一步了解商品情况，就需要和批发商打交道，说话时表现出一种坚定果敢的性格，不要表现得犹犹豫豫、很容易动摇的样子。另外，提问问题不可以让对方发现自己的不专业。平时我们买东西一般问："这东西多少钱一件？"在批发市场就要问："这货怎么拿？"这样就不会被当作外行人了。

③进货要合理。

如果一开始不清楚市场的喜好，应尽量进多种商品，且每种的数量不宜过多，这样可以保证店铺商品的丰富性，同时不易造成商品积压。进货时要考虑的因素包括店铺的定位、商品自身的吸引力和品质、时令因素等。在时令因素方面要注意的是，一些商品并不是应季批发最好。例如：衣物这种商品就要提前两三个月批发上架，这是行情，是需要在进货前就了解到的知识。

④货比三家，防止拿到"炒货"。

即使表现得专业仍不可避免有投机商抬高价格售货，如果没有对市场的充分了解，就容易吃亏上当。除了价钱，在商品选择方面也要精挑细选，所以要多走几家，或者把市场相关的批发店面全部逛完、问完后，再决定批发方案（可用纸笔草拟方案并进行分析），这样既可以保证自己进到最满意的商品，又可以防范个别商人哄抬价格、炒作商品的情况。只有做到心中有数，进货时才能游刃有余。

⑤与批发商交谈要有自己的原则。

不要被批发商的话带着走，坚持自己的想法和方案，冷静地思考、分析，这样才能谈出自己满意的价格。

⑥钱、货当面点清。

为了避免不必要的麻烦。双方都应该把钱、货当面点清，公平诚信地进行交易。清点钱比较容易，只要注意不要误收假币，不要多给批发商钱等问题。作为进货方要特别注意的是对货物的清点，除了清点数量是否足够外，还要对品质进行把关，谨防次品、假冒的情况损害自身利益。对于颜色较浅的商品更要仔细检查，是否有污痕，是否有其他质量问题。如今，消费者对于商品的质量要求越来越高，货品就更加不能在未上架出售之前就有瑕疵。

一旦与批发商搞好关系，网店运营者就可以拿到货好价低的商品。甚至可以先售出再取货，占用的资源变少了，也没有了商品积压。在一定程度上，网店运营者还可以了解到一些厂家的信息，为自己开辟一条新渠道。

⑦留下中意商店的联系方式。

合作，有的是临时的，有的是长期的。当发现某批发商的商品正是自己想要的风格、感到某家商店的批发模式很受自己认可、对某家商店十分中意时，长期的合作就有可能形成。网店运营者可以留下对方的联系方式，这样在需要仔细检查后更容易找到对方。增进与对方的沟通还可以压低进货价，创造更为灵活变通的买卖渠道，减少商品积压的可能性，为长久的进货带来更多的实惠。

批发商品一定要多跑地区性的批发市场，这样不但可以熟悉行情，还可以拿到很便宜的批发价格。找到货源后，可先进少量的货试卖，如果销量好再考虑增加进货量。有些网店和供货商关系很好，往往是商品走出后才去进货，这样既不会占用资金又不会造成商品的积压。

总体而言，批发市场进货可以实地沟通，看货验货，价格低廉，品种丰富，交通运输成本低，是大受欢迎的一种进货渠道。专业进货、合理进货，在进货过程中做到仔细认真、独立思考、冷静分析，就可以购得满意的货物，甚至可以收获理想的长期合作伙伴。长期合作一旦建立，就可以为自己网店的稳定性发展奠定一定基础，这将成为一家网店不断开拓发展的动力。寻找货源，找对渠道，找对货品，找对进货商家，这是一个网店成长的开端，也是一个网店长久良性发展的关键。

【思考】
1. 你知道批发市场的进货流程吗？
2. 你知道批发市场适合哪些网店运营者吗？

 ## 2. 从工厂进货

一般而言，商品经过市场流通到消费者手里，会经过诸多环节：从工厂到批发商，再到零售商，最终到消费者的手里。网店运营者在了解这个流程后，就能够很好地寻找到货源。

正规的工厂货源充足，也能确保货源的质量，并且在货物的调换上方便许多。网店运营者如果能够选择正规工厂进货，且能保证稳定的进货量，就拥有了性价比较高的优质货源。但是，一般能从工厂拿到货的并不多，因为大多数工厂不愿花费太多的时间和精力同小规模的网店打交道。不过，有些线下店铺不太热销的产品还是可以从工厂进货。工厂进货的最大特点就是起订量大，价格优惠较为明显。然而，起订量太大会增加网店运营的风险，网店运营者一般会通过两种方法减少起订量：一是与工厂进行谈判；二是找在工厂工作的朋友帮忙。

（1）工厂进货的规则。

一般而言，工厂比较愿意和大型网店合作，但一些工厂为了提高销量与知名度，也会与小网店合作，并根据拿货量来利用批发价格。

工厂进货需要注意的问题包括：

①确认起订量，即最小订单额度。找到好的工厂，进行了解，比较，最终确定需要的产品、数量，以及结算的方式。

②先看款，再拿货。看过样品再进行交易，比较有保障。

③关注网络信息，比较网络价格与工厂、批发商的价格，因为工厂有可能为提高效益而不给出最低价。

④事先做好市场调查，不要漫无目的地乱闯。要清楚网店的定位，并根据定位选择比较发达的城市厂家，或是不发达的城镇厂家。

（2）进货流程。

①收集产品相关信息。例如：最新产品的信息，产品的价格还有产品的风格等，要考虑这些产品是否符合自己网店的定位。

②询问价格，比较价格，商议价格。网店运营者在工厂进货的时候，一定不要一刀切，要进行多家的比较，从中选择最优。

③评估产品。首先要查看产品的质量是否与合同的要求完全一致，要避免厂家出现以

次充好的情况；其次要考虑产品的包装，即包装是否坚硬，是否容易运输，是否容易计数；最后要看厂家的售后服务能否做到为客户着想。这些都是在对产品进行评估时要考虑的因素。

④索取样品。要与工厂联系沟通，说明索要样品的目的，表明自己的诚意。面谈可以提高成功的概率。如果对方有所顾虑，可以签署合同，网店运营者需要向对方做出承诺，保证不会将其提供的样品用到不正当的地方。

⑤做出决定。综合比较后，选择出适合自己网店的产品。

⑥订购。网店运营者需要考虑进货的数量，这个决定要基于对网店的定位。

⑦与工厂协调沟通相关事宜，探讨产品的质量、运输等相关内容。

⑧催货和进货验收。在产品到货后，对产品的数量和质量进行验收。

（3）合理降低成本。

①事先制订计划，选择合适的工厂。

②调查市场行情，做到心中有数。

③制定底价以及预算，注意议价技巧。

④优化进货物流，降低成本。

（4）具体实施

①评估订单量，制订相关计划。

②对工厂进行评估，确认初选名单，分步实验，确认最终名单。

③根据订单，选择合适的供应商，签订合同，并且监督实施。

（5）工厂进货的注意事项。

①不要和组邻同行一起进货，这样容易增加自己的潜在标识对手，也有可能改变自己的风格走向等。

②在行为举止上要表现得专业，尤其是提问内容应专业。

③第一次进货不宜太多，容易压货。

④多家问价，避免高价购买。

⑤钱货当面清点，避免不必要的损失。

思考：

1. 工厂进货实施的基本步骤是什么？

2. 根据你的实际情况，说说你准备去哪里以及如何开展工厂进货工作。

 3. 从批发网站进货

不同的商家会选择不同的进货方式，选择批发网站进货也是商家进货的重要渠道，阿里巴巴、行业批发网站等批发网站就是其中重要的选择。其中，阿里巴巴采购批发网（http://www.1688.com）（见图1-11）是一个各渠道、各批发商汇集的平台，该网站有成千上万的批发商和琳琅满目的货品，是开店者进货的一大选择。阿里巴巴采购批发网是我国领先的综合型批发交易市场，其业务范围涵盖了原材料、工业品、家居百货、服装服饰、小商品等多个行业大类，业务内容从提供原料采购，到生产加工，再到现货批发等，大大方便了各大渠道的进货商。同时，阿里巴巴集团已和全国百强产业带达成了合作，目标是带动各大产业、各个领域实现电商化，提高线上采购的效率。网店运营者可在阿里巴巴采购批发网选择自己想要的货物集中批发，方便和快捷。另外，阿里巴巴集团也为全球交易市场设立了一个全球批发交易平台，为需要小批量进货的网店提供服务。

图1-11　阿里巴巴官网首页

（1）批发网站相对于传统进货渠道的优势。

①成本优势。

网上批发可以节省大量来回批发市场的时间成本、交通成本等。

②选购时间更自由。

批发市场有上下班时间，不可能长时间地挑选，有些商品也许并不满意，但由于时间限制也不得不选购，而网上批发可以二十四小时进行对比采购。

③批发数量优势。

大部分网上批发是10件起批，有的甚至是一件起批，并且对于花色和品种还支持混批，大大增加了选购的自由度。

④商品上架优势。

网上批发商通常可以提供精美的、多样的、没有水印的图，即使摄影和PS技术不好，也能做出漂亮的产品详情页。

除此之外，网络进货比较方便，轻点鼠标就能完成大部分进货环节，价格透明，商品更新较快。

（2）网上批发要注意的问题。

①注意正规网站和钓鱼网站的区别。

网络上有一些钓鱼网站，名称和页面都与正规网站很相近，网店店主一定要仔细辨认，以免上当受骗。

②对供应商的选择。

要注意选择的供应商是否正规，公司有没有注册，其信誉度是否较好，其产品更新速度是否快。一般来说，只有厂家和大批发商才有能力拿到最新、最潮流的商品，这些商家一般实力雄厚，能够保证持续供货。

③商品的选择。

查看图片和实物是否存在差别，因为网店运营者并没有到厂家实地调研，仅仅是通过照片来查看产品，这就需要网店运营者在收到货后认真核对。如果产品与照片之间存在差别，应立刻与厂家联系。网店运营者在选择产品的时候，要尽量选择实物拍照的产品，降低进货的风险。

事先了解滞销货物是否可以退货，以阿里巴巴采购批发网为例，首次与平台上的厂家合作，网店运营者需要在第三方支付的基础上进行操作，彼此应该诚信合作，在收到货之后单击确认收货。网店运营者对于首次合作的厂家，要避免发生汇款的情况。防止财产损失。此外，网店运营者一定要与厂家沟通好关于退换货等方面的细节问题。例如：退货运费谁承担，或者是各承担多少，这些问题需沟通清楚，避免今后产生不必要的纠纷。新手为了防止压货，可以在阿里巴巴采购批发网上查找一件代发的产品，单击"传淘宝"，可以一键将产品信息上传至淘宝后台的仓库、对产品的价格等信息重新编辑后即可发布，简单又实用。

随着电子商务的发展，网上进货已成为一种主流的方式。对于一个新手来说，这是进货的首选途径，因为门槛比较低，不需要与厂家联系，也无须花太多的时间和精力跑批发市场就可以送货到家，非常方便、快捷。

 4. 其他进货渠道

（1）获取各大品牌的积压库存。

品牌商品在网上是最受欢迎的，大多数消费者都喜欢用搜索的方式寻找自己想要的品牌商品。大品牌积压的库存优点是商品品种多，因为市场需求瞬息万变，各大企业也形成很大的竞争压力，它们只能不断改进、不断创新，从而赢得更大的市场空间，这样不断迭代更新就导致了企业库存商品的积压。

积压库存一般是指当季未售完的品牌商品，一些品牌商由于库存压力会直接将库存商品转卖给其他渠道，其中就包括专门做网络销售的店铺，这是因为品牌的商品过多积压会导致商品的保质期缩短，质量下降，或受到区域的影响，一些商品可能在某地并不畅销，但是在其他地区销量却大得惊人。网络销售的渠道可以直接覆盖全国，这一方式直接可以减少区域性的影响。因此。品牌商在当季的商品没有售完时，为了减少库存商品就会选择降价促销，或者选择一些代理商进行代销。如果运营者有更多的销售途径和销售条件，也可以选择可靠的品牌积压商品进行网店促销。

寻找积压库存的品牌商品需要注意很多事项，如果没有处理好则容易造成滞销。库存商品到了自己手里就成了二次库存，所以，为了降低风险一定要注意以下几种情况：

①找准消费者的需求。有需求才有供应，所以一定要把消费者的需求放在第一位。从消费者的角度出发，调查需求的款式、偏重的格调、喜爱的品牌等。

②跟踪销售及市场动态。将注意力转移到市场需求，挖掘并分析市场情况。

③根据数据分析判断市场需求方向与内容。预测市场需求方向及市场需求量时，应根据变化见机行事。消费者的需求会不断变化，某个流行风向的高频存活周期会因此大大缩短。

（2）寻找具有民族特色的商品。

民族工艺品的价值不仅限于工艺质量的价值，还是一种文化象征。各种工艺品精致美观，足以在琳琅满目的商品中脱颖而出。很多的网店都愿意售卖这些商品，是因为这些商品直接提升了店铺的形象，可以引来大量的消费者。这些工艺品不可替代是因为它具有丰富的文化底蕴，具有造型奇特的特点，富有民族特色和地域特色。

（3）寻找清仓品、换季品、转让品。

一般情况下，很多线下门店在某个节气过后，或者清仓和换季处理时，都会选择大幅降价售卖积压的库存商品，这类商品通常品类繁多，而且价格低廉。这对网店运营者来说，是一个进货的最好时机，但应该注意的是，这些换季或者清理库存的商品保质期、出厂日期和质量都是参差不齐的，要认真辨别其是否足以成为一个促销手段，以争取获得更大的销售空间。

保质期是商品的命脉，如果某款商品的保质期已经很短，那一定要把控好进货量。这类商品如果大量入手，有可能在没有二次销售完时就过期了，所以一定要谨慎。日常必需品如服装类、装饰品、背包、鞋子等可长期储存的商品，可以考虑多入手一些。

由于清仓品、换季品、转让品都有一定的缺点，因此只要网店运营者见机行事，最大限度地找到市场需求，还是能赚到钱并赢得信誉的。

（4）获取外贸尾单货。

外贸尾单货一般是指正式的外贸订单外多生产一些预备产品。一般工厂会在实际下单量的基础上多生产6% ~ 10%的产品。多出来的产品是为了不时之需，因为在工厂正常的生产中并不能保证产品百分百为合格品，所以需要多生产一些作为替补产品。如果替补过后还能剩下一部分，那这部分产品就被称为"外贸尾单货"。外贸尾单货的性价比不容小觑，它的质量和正常订单的质量是一样的，但是价格却非常低，一般能低至市场价的3 ~ 4折，且做工和品质都是有保障的。如果能拿到一批尾单货，再以合理的价格售出，可以很容易地小赚一笔。但是外贸尾单货也有一定的缺点，如产品的款式、颜色、尺码等可能不齐全，所以在定价时一定要注意。外贸尾单货在进货时价格比较好谈，但是厂家比较喜欢一次性清空，所以进货者需要有一定的经济实力，不然不容易达成订单。

四、 常见网店运营工具

 1. 店侦探（https://www.dianzhentan.com/）

店侦探是一款能全面跟踪天猫淘宝店铺的运营数据工具，提供爆款关注、标题改动跟踪、改价跟踪、淘宝活动跟踪、自然搜索排名跟踪、直通车关键词排名跟踪等功能。其官网首页如图1-12所示，与其相关的一些页面信息如图1-13 ~ 图1-17所示。

店侦探下载和
功能示例

图 1 – 12　店侦探官网首页

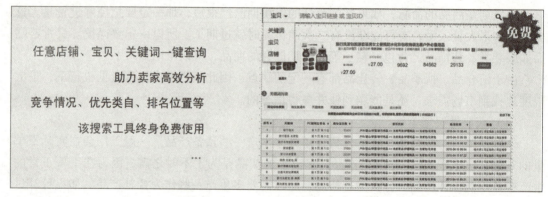

图 1 – 13　店侦探页面信息 1

任意店铺、宝贝、关键词一键查询

助力卖家高效分析

竞争情况、优先类自、排名位置等

该搜索工具终身免费使用

哪些宝贝正在开直通车

有哪些宝贝是免邮的

哪些宝贝参加了聚划算

参加了哪些站外活动

……

图 1 – 14　店侦探页面信息 2

宝贝卖的怎样

爆款宝贝何时卖的最好

宝贝引流关键词是什么

爆款宝贝改标题、调价、改主图等变动记录

参加了哪些营销活动

......

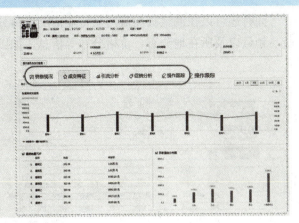

图 1 – 15　店侦探页面信息 3

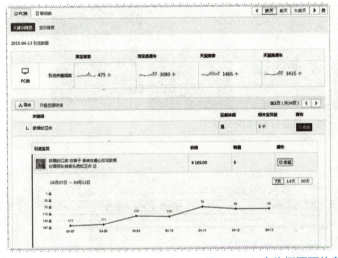

PC端、移动端引流情况如何

有多少 TOP3 关键词

直通车词有哪些

天猫搜索关键词有哪些

......

图 1 – 16　店侦探页面信息 4

销量突然升高

上新宝贝

宝贝改标题

参加了站外活动

......

日销量、日销售额

宝贝调价及时发现

有新宝贝抢到 TOP3 词

直通车词新增减少

正在参加聚划算

......

图 1 – 17　店侦探页面信息 5

同时还可以在淘宝页面对产品行业情况进行分析，在搜索栏搜索产品——查看产品均价、销量以及所在地分布、价格分布等信息，如图1-18～图1-21所示。

图1-18　产品行业情况分析1

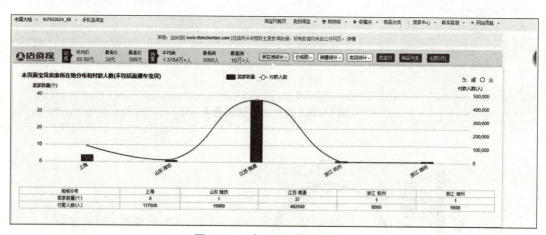

图1-19　产品行业情况分析2

 2. 千牛工作台（**https://cts.alibaba.com/product/qianniu.htm**）

千牛PC版的常用功能包括宝贝管理、店铺管理、货源中心、营销中心、其他五部分。其中，宝贝管理可以显示已被购买的宝贝，并能直接发布宝贝；店铺管理包括"我的店铺"、店铺装修、图片空间、子账号管理几个功能；货源中心则可以直达阿里供销平台和1688采购批发平台进行采购；营销中心集成了量子统计、数据中心和会员关系管理系统；"其他"则主要有支付宝、阿里学院、淘宝贷款三个入口。

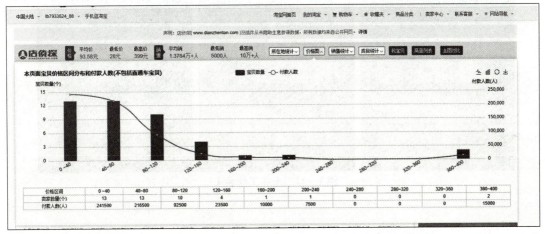

图 1 – 20　产品行业情况分析 3

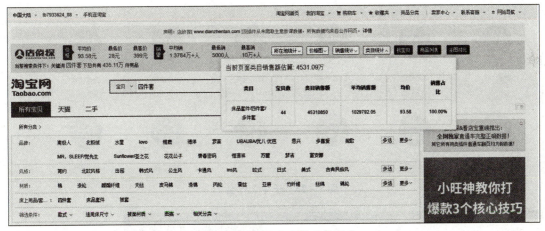

图 1 – 21　产品行业情况分析 4

软件功能：

①和电脑端互相同步聊天记录。

②显示最近联系人。

③编辑快捷短语，支持导入电脑端的短语。

④发送商品，当买家询问宝贝时，可直接查询店铺内商品，向买家推荐。

⑤发送订单，买家收货地址、姓名、联系方式等信息，推送过去进行核对。

⑥照片/拍摄，现场拍摄宝贝照片，供买家进一步确认购买意向。

⑦更多客户信息展示：展现客户好评率、历史成交和优惠券，方便营销。

⑧旺旺窗口直接搜索店内商品，热销商品搭配套餐及时推荐。

⑨更多订单信息展示：订单状态一目了然，便捷操作。

⑩性能优化更稳定。插件中心功能丰富，处理订单，查看店铺数据等。

千牛工作台相关页面展开如图 1 – 22 ～图 1 – 28 所示。

图 1-22　千牛工作台 1

图 1-23　千牛工作台 2

图 1-24　千牛工作台 3

图 1-25　千牛工作台 4

图 1-26　千牛工作台 5

图 1-27　千牛工作台 6

图 1-28　千牛工作台 7

3. 卖家服务市场（https://fuwu.taobao.com/）

"淘宝卖家服务"是淘宝网提供给淘宝卖家各种服务的平台，服务内容涵盖网店运营各种需要。提供的服务主要以软件（工具）的形式来满足淘宝卖家店铺运营的需要，也包括一些网店运营技巧知识和新手开网店等流程讲解。可以说，这个平台是专门服务于淘宝卖家的，也是新手卖家成长的地方，卖家服务市场首页如图1-29所示。

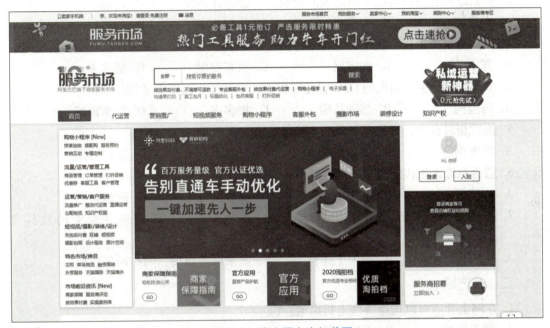

图1-29　卖家服务市场首页

"淘宝卖家服务"包括店铺装修、运营推广、系统管理等类型的上百款工具产品支持在线订购，更有百余家服务商提供个性化定制的服务展示。主要涵盖了数据软件、营销工具、管理工具和装修市场等。

作为一站式的卖家服务体验，淘宝数据软件为淘宝卖家提供了提升运营效率、降低销售成本和帮助经营决策的数据类在线软件产品的应用。同样地，淘宝营销工具则帮助淘宝卖家提高店铺流量、购买转化率和客单价的营销类在线软件产品的应用。

随着电子商务的不断发展，覆盖面的持续扩大，许多卖家出现经营中管理和效率的问题。而卖家管理工具通过提供订单管理、库存管理、客户资源管理、供应链管理、员工管理及工作效率方面提升的工具有效地解决了这些问题。

与此同时，淘宝还提供装修市场平台，制定一系列的规则和体制，推广装修市场品牌。设计师入驻装修市场发布整点模块，卖家可根据风格、行业挑选适合自己店铺的模块，一键安装到店铺，实现完全自主替换图文。

质检服务也是淘宝卖家服务的一块重要内容，需要质检的卖家可以在品控质检频道中找到相应的质检服务，进行在线订购、线下送检。并且淘宝还提供第三方质检，卖家在承诺消费者保障服务的基础上，自愿选择向买家提供该质检服务。

自评自测

一、单选题

1. 个人卖家适合在（   ）电商平台开设店铺。

A. 淘宝　　　　　　B. 天猫　　　　　　C. 京东　　　　　　D. 唯品会

2. 卖家以自有品牌入驻天猫商城的店铺，一般适合开设（   ）店铺。

A. 专卖店　　　　　B. 专营店　　　　　C. 旗舰店　　　　　D. 都可以

3. 以社交拼团为核心模式的电商平台是（   ）。

A. 苏宁易购　　　　B. 淘宝网　　　　　C. 京东商城　　　　D. 拼多多

4. （   ）是中国领先的O2O智慧零售商，坚持线上线下业务同步发展。

A. 淘宝网　　　　　B. 苏宁易购　　　　C. 拼多多　　　　　D. 京东商城

5. 选货相对自由，货品多样且成本较低的进货渠道是（   ）。

A. 批发网站　　　　B. 批发市场　　　　C. 产品原产地　　　D. 工厂货源

6. 适合跟踪天猫淘宝店铺的运营数据工具是（   ）。

A. 店侦探　　　　　B. 千牛工作台　　　C. 卖家服务市场　　D. 阿里指数

7. 以下属于为淘宝卖家提供店铺装修、运营推广、系统管理等服务的软件是（   ）。

A. 店侦探　　　　　B. 千牛工作台　　　C. 卖家服务市场　　D. 阿里妈妈

二、多选题

1. 在网上开店可以选择哪些进货渠道？（   ）

A. 批发网站　　　　B. 批发市场　　　　C. 产品原产地　　　D. 工厂货源

2. 网店开业前应准备的物品包括（   ）。

A. 店面　　　　　　B. 手机　　　　　　C. 照相机　　　　　D. 银行卡

3. 国内常见的网上开店平台有（   ）。

A. 苏宁易购　　　　B. 淘宝网　　　　　C. 京东商城　　　　D. 拼多多

4. 以下适合网上销售的商品包括（   ）。

A. 电子书籍　　　　B. 烟草　　　　　　C. 中草药　　　　　D. 手机

课中实训

实训一 评估自己的开店条件

任务描述：

1. 3~5 位同学为一组，准备自主创业开设网店，请小组从硬件条件和软件条件两个方面进行评估，并填写表1。

表 1 开店现有条件评估

项目	硬件条件	软件条件
1		
2		
3		
4		
5		

2. 找出小组缺少的硬件和软件条件，并提出解决方案，并填写表2。

表 2 开店现有条件评估

项目	硬件条件	软件条件
缺少项目		
解决方案		

任务要求：

至少列举 5 项小组所拥有的硬件和软件条件，客观评估小组开店的条件，并针对缺少的条件提出解决方案。

实训二 选择不同的网上开店方式

任务1 企业常选的网上开店方式

任务描述：

江西亮朵电子商务有限公司是校企合作企业之一，在学院开设了订单班。该企业成立于 2017 年 11 月 27 日，主要经营日用百货、家用电器、日用木制品、卫生陶瓷制品、农副产品等商品的网络销售。通过对该公司的网上开店平台进行分析，了解企业经常选择的平台，并分析平台的优缺点，具体任务步骤如下：

1. 江西亮朵电子商务有限公司旗下品牌有哪些？将这些品牌在百度进行搜索，查看该公司是否自建网站进行网上销售。尝试分析原因。

2. 从淘宝、天猫、京东、拼多多等平台上搜索江西亮朵电子商务有限公司旗下店铺，列举店铺名称及类型，列举该类型店铺的资质要求及收费标准，并填写表3。

表3　亮朵旗下开店平台及其店铺类型

项目	店铺类型	店铺名称	店铺资质要求及收费标准
淘宝店铺			
天猫店铺			
京东店铺			
拼多多店铺			
其他			

任务要求：

列举不同平台的店铺类型，学会辨别不同类型店铺，并熟悉不同类型店铺的资质要求及收费标准。

任务2　个人常选的网上开店方式

任务描述：

3~5位同学组成团队，分别选择服装、日用百货、电子类产品等产品，在无经营执照的情况下，列举团队可以选择的开店平台有哪些？分析不同平台的优缺点，并做出选择，填写表4。

表4　不同类型产品的开店选择及优缺点对比

_____产品	店铺类型	优点	缺点
淘宝			
微店			
其他			

任务要求：

列举个人开店常选的网上开店方式，评估不同平台、不同类型店铺的优缺点，并做出合理的选择。

实训三　进货渠道选择

任务1　网上开店产品选择

任务描述：

3-5位同学一组，准备合伙在网上开店，分析哪些产品适合在网上销售，并使用网店运营工具对所选行业进行分析，具体步骤如下：

1. 小组讨论，选择适合网上销售的产品有哪些，并最终确定小组销售的产品，填写表5。

表5　适合网上销售的产品分类

项目	熟悉的产品	新奇特产品	有价格优势的产品
1			
2			
3			

2. 结合小组选择的产品，分析该产品的目标客户群体的特点和行为特征，填写表6。

表6　目标消费者分析

消费者分析	基本描述	消费行为分析	消费心理分析
1			
2			
3			

3. 竞争对手分析，从实训2所得到的平台结果寻找竞争对手，并对竞争对手店铺进行分析，包括竞争对手基本情况（如商品构成、价格、销售额）、优缺点分析，填写表7。

表7　竞争对手分析

竞争对手店铺名称	基本情况分析	优势分析	劣势分析
1			
2			
3			
4			
5			

4. 完成小组产品选择方案，组长进行汇报。

任务2　选择进货渠道

任务描述：

1. 打开阿里巴巴批发网站，搜索任务1所选择商品的供货情况，并选择3~5家供货商，查看其基本情况、产品价格、采购数量要求、付款方式等，填写表8。

表8　线上供应商情况分析

供应商店铺名称	基本情况分析	产品情况	付款方式	其他
1				
2				
3				
4				
5				

2. 利用课余时间，走访当地批发市场，例如南昌的洪城大市场，查看当地任务1所选择商品的供货情况，并选择 3~5 家供货商，查看其基本情况、产品价格、采购数量要求、付款方式等，填写表9。

表9　线下供应商情况分析

供应商店铺名称	基本情况分析	产品情况	付款方式	其他
1				
2				
3				

3. 选择合适的供货渠道，组长进行汇报。

实训项目评价

学生自评表

序号	技能点自评	佐证	达标	未达标
1	了解开店前准备	能够客观评价开店硬件和软件条件		
2	了解开店平台	能够选择合适的电商平台		
3	了解开店平台规则	能够找到平台规则并对重要规则进行整理		
4	了解货源渠道	能够通过货源渠道找到经营品类和具体产品		
5	了解店铺辅助工具	能够利用辅助工具进行简要分析		
序号	素质点评表	佐证	达标	未达标
1	网络资源利用能力	能够利用网上找到平台规则、消费者及竞争对手情况		
2	协作精神	能够和团队成员协商，共同完成实训任务		
3	自我学习能力	能够借助网络资源自主学习更多开设网店前的一些准备工作		
4	诚信经营、合法经营意识	能够在选择商品和与供应商谈判过程中出现诚信经营和合法经营的行为		

教师评价表

序号	技能点评价	佐证	达标	未达标
1	了解网店商品特点	能够选择合适的商品		
2	了解货源渠道	能够通过货源渠道找到经营品类和具体产品		
3	了解开店平台	能够对顶部电商平台进行简要分析		
4	了解开店平台规则	能够找到平台规则并对重要规则进行整理		
5	了解店铺入驻平台流程	能够选择平台并完成入驻流程		
6	了解店铺辅助工具	能够利用辅助工具进行简要分析		
序号	素质点评表	佐证	达标	未达标
1	创新意识	能够在产品选择上找到除了课本之外的其他方法		
2	协作精神	能够和团队成员协商，共同完成实训任务		
3	自我学习能力	能够借助网络资源自主学习更多开设网店前的一些准备工作		

 课后提升

案例一 我是淘宝"仪式感制造师"：留住美好只要25元

编辑导读：生活需要一些仪式感来帮我们区分今天和以往的每一天都不一样。而淘宝上也出现了各种"仪式感制造师"，帮助人们把美好留在记忆中。本文作者对此进行了分析，与你分享。

仪式感是人们表达内心情感最直接的方式。

法国童话《小王子》里说，仪式感就是使某一天与其他日子不同，使某一时刻与其他时刻不同。

而对于生活在城市的人们来说，"仪式感"除了能让某一瞬间镌刻于记忆中，也在提醒着我们：生活除了眼前的苟且，还有诗和远方。

本期显微故事讲述了一群在淘宝上开店的"仪式感制造师"，他们之中：

有的人专门为买家美化PPT，帮助那些有上进心、对工作有追求的年轻人，通过呈现一份高质量的PPT迎来职场高光时刻；

有的人辞掉了中学老师的工作，用气球、装饰板、彩灯、彩条等材料，组合定制成高性价比、小而精美的派对布置套餐，并见证了数万人的幸福瞬间；

有的人将照片手绘为卡通画，为买家提供更可爱、更有心意的方式，留住生命里的重要瞬间，定格欢笑或弥补缺憾；

还有的人眼看着影楼将照片按价格分等级、变成流水线产品后，决定去淘宝开店修图，让买家只需支付25元就能够留存美好，也使得"人生之美"不再拘泥于一种标准。

以下是关于他们的真实故事：

一、追求美的权利，不应该被价格限制

"无论明星、网红或洗碗小妹，修图统统25元/张。"

梁友亮，33岁，福建厦门。

我曾是一个影楼的修图师，但那十几年修图生涯，我过得很"煎熬"，看不到自己的未来。

影楼总对客户说，"一生只拍一次婚纱照，要留住美好"，但实际上，这种美好是很昂贵的，他们以80~150元/张收取后期费用，令很多人望而却步。而我们修图、调色、加特效可能要花半小时，最终却只有1~5元的收入。

我们最好的青春年华都在影楼黯淡无光的房子里度过（因为怕自然光影响照片现实效果，往往房间要拉小窗帘），但未来出路在哪儿呢？

有一天，几个好朋友一合计，"现在很多人不满意流水线出来的图，都在找人重修，要不去淘宝上试试帮大家修图吧？"

抱着怀疑的态度，我开设了"艺心修图"淘宝店。我不做拍摄、冲洗、打印、画册，毕竟除修图外，其他产品的质量我都没办法保证。

图1所示为梁友亮修图。

图1　梁友亮在淘宝修图，一张只收25元

我把修图视作真正热爱的东西。我希望大家可以花更少的钱，拿到更满意的照片——受到拍照环境、角度、光线的影响，很多人会对原照片不满意，但人生的美好瞬间，值得被精心雕琢后留存。

我还记得，第一个订单来源于一对即将举办婚礼的新人。他们在影楼拍摄的婚纱照，被修饰得全然看不出是自己，才找我们帮忙"返修"："不要影楼风，一定要自然，要有幸福的感觉"。

在影楼，修图师会给新娘调五官轮廓、上层滤镜，像个完美无缺的假人。透过原片，我从这对新人眼中看到了爱情，于是保留两个人有辨识度的面部小瑕疵，同时在光影上下功夫，将照片处理得更有质感。

交付婚纱照后，对方一连用了几个感叹号表示满意，"天呀！太棒了!! 要是影楼都用你们这样的后期师傅，大家肯定幸福不少!!!"

这句话也让我相信自己的选择是对的——美是多样性的，"完美面孔"不是当下大家唯一的修图追求。

图2所示为梁友亮修饰过后的婚纱照。

当然，也有买家想修补图片来弥补缺憾。我们曾经接到过一个特殊的婚纱照订单，新娘是很少见的披发造型，头发严严实实地盖住了脸部，而她"希望图片能修得轻盈一些，自己看上去自信一些"。

在姑娘不小心多发来的几张盘发照片里，我们知道了，她左边耳垂有些残缺。

经过多轮对比，我们一致认为盘发照里的姑娘更精神、好看，便主动跟她沟通："是否需要帮你把耳朵补上？"最后她答应补一张试试看。

点击发送修好的照片后，我们看着对话框里几次出现的"对方正在输入…"，紧张极了，生怕对方不满意。

幸好，姑娘发来一个开心的表情："我二十多年都没看过自己两边耳垂对称是什么样子了，没想到在结婚照上完成了心愿。"

从那以后，我们遇到一些残障人士的婚纱照时，也会有意无意地帮他们多修几张——身体的缺陷，不应当成为美好瞬间的缺憾。

最有成就感的是，现在我们不再为美设定消费等级，因为每个人都有追求美的平等权利。

图 2　梁友亮修饰后的婚纱照

我们淘宝店的定价是 25 元一张图，无论是明星、网红还是普通人都是这个价格。

有时候可能就是一个洗碗小妹在公园里用手机拍了张图发给我们，想修成写真拿去相亲，也会让我觉得很美好，工作很有价值。

二、我见证了 7 000 个家庭的圆满

"手绘卡通画，比拍照更有仪式感、更能弥补遗憾。"

阚闯，32 岁，辽宁丹东人。

创业前，我过得并不快乐。

我曾在日本东京工艺大学学习多媒体影像，在异国生活，孤独时常包裹着我。毕业后，为了离父母近一点，我留在老家辽宁丹东，娶妻生子，做着自己并不擅长的儿童摄影。

东北冬天漫长，生意不温不火，淡季 5 000 元，旺季 8 000 元，生活时常捉襟见肘。我也尝试过购入大量设备，做周边产品，比如把儿童照片印到衣服上，放在朋友圈卖，可丹东的市场太小了，没人买单，还投入了不少设备费用。

那时我时常觉得自己陷入了苦闷，不知道自己做什么有出路。

在笃定了本地市场有限后，我将目光投至淘宝——这是全国的市场，充满了机会，最重要的是，不需要太多门槛。

2020 年 2 月，「KANSHINYA」店铺正式开张，主营卡通画定制。我把自己给家人拍摄的照片，画成了卡通画放在店铺首页上。而且，我还能把卡通画做成 T 恤、手机壳、帆布包、挂画等，作为日常用品或者家庭装饰品。

图 3 所示为阚闯为自己家手绘的全家福卡通画。

没想到，我的小家庭的卡通画成了金字招牌，店铺一周内就有了订单，复购率还很高。

我的画是基于照片留住人物的神韵，再用艺术化的笔触呈现，以此定格日常生活里的

图3　阚闯为自己家手绘的全家福卡通画

温馨、美好瞬间。最初的客人，就是因为觉得我们淘宝店铺特别温暖、和谐，才会在没什么销量及评价的时候信任我。

来定制卡通画的人，虽然想留住的瞬间不同，但是内心都有一块柔软的地方。

我的买家中，有位刚带出第一届毕业班的小学老师。她给了我几十张自己学生的单人照片，让我画成卡通画后，再排版做成一张班级全家福。每个学生的单人卡通画，她都准备了独一无二的祝福语。

我记得有一句祝福是，"我们兵分两路，山顶见"，这让我特别感动。

虽然她只购买了电子版，但是我还是免费为她加印了拍立得相片及相框。我想，当学生们长大了，看到这张班级全家福，一定会想起小时候一起捣过的乱、夏天喝的冰凉汽水、老师又无奈又宠溺的目光。

图4所示为阚闯店铺的买家秀。

买家中还有一名收货地址在上海的小姑娘。她最开始旺旺找我的时候，只发来一张示意照片，问了一下价格，得知价格后说，"有些贵，等发了工资来"。

过了几天，她又出现了，发给了我一张全家福照片，告诉我这是她和父母最后一张合影。她的父母已不在人世，只留下她一人在大城市打拼。

我画完照片后，还特意送了她一个小相框，我希望通过这种方式，帮她把这张特殊的全家福保存得久一点。

到目前为止，我累计画了1万多张卡通画，至少70%是全家福题材。全家福这么受欢迎，我想有可能是因为经历了疫情，让人们对生活更加热爱，对家人也愈发珍视——不仅要有合影，而且愿意付费画卡通版全家福。

这是普通人用自己的方式来追求幸福感，毕竟能有一张全家福，一家人团团圆圆在一起，就是最大的幸福。

淘宝店的稳步发展，使我们一家也过上了更好的生活。我把临街老房子改成了工作室，在小院里种满了妻子最爱的绣球花。接单、画画、发货之余，我有足够的时间陪伴孩子、父母和姥爷。

到了周末，我们一大家子开车去露营，去海边，学滑板，做手工……

图 4　阚闯店铺的买家秀

我姥爷今年 93 岁了，时不时会来工作室转转，老人家很感慨："你们两个人，靠着一台电脑、一根网线，没想到能在家乡创造出这样大的价值。"

三、策划气球派对的前中学老师

"买气球 DIY，是当代年轻人负担得起的小浪漫。"

周思全，27 岁，山东。

2019 年，25 岁的我决定从山东某公立中学辞职，转行开淘宝店卖气球。

这个决定最初遭到全家人反对，大家都觉得我不务正业。我爸尤其生气："卖气球能给你养老吗？这份工作能比教书育人体面吗？"

但我仍然决定离开学校，想着自己还年轻，应该多去做尝试。

这源于我的兼职经历：我曾在朋友卖气球的淘宝店帮忙，一个小小的店铺，一年能卖出数百万只气球。

这些气球从山东启程，顺着发达的物流网络流向全国各地，为每个人的纪念时刻增光添彩：或许是装扮结婚典礼，或许是为毕业合照增加氛围，或许是现身开业庆典……

这数百万只气球后面，是数百万人的难忘回忆。

淘宝店"锦缘记喜品"开张后，很多买家拿着从国外网站找的派对布置图，在旺旺上问我们："有没有类似的背景板和布置套装？"我意识到，如果能做好类似的产品，便有机会引领整个市场。

于是我们在店铺里上架"订婚现场套装"气球产品，定价 300 元左右，因刚好契合当时的审美流行，仅在"双 12"一天我们就卖 150 套，销售额是往常的 10 倍。

图 5 所示为周思全团队布置现场。

图5　开店2年，周思全团队销售了1亿只气球

后来我俩分析，套餐销售红火，原因在于年轻消费者的生活方式和态度都有很大变化：

他们比上一代人更追求个性和仪式感，却很难承受礼仪公司动辄几千元的布置费用；但从淘宝购买材料DIY，只需要几百元，而且亲手参与布置更有心意和仪式感。

我们又针对宝宝百日宴、周岁宴、婚礼等现场推出了不同套装，2019年至今，已总计卖出近1亿只气球。

每一只气球背后，都有一个动人的故事。

2020年4月，我们接到了一位男士的订单，他想给等待了自己15年的女朋友制造一场惊喜。

他和未婚妻20世纪90年代相识于大学校园，毕业后因为家人反对而分手。男生为了等她，一直没有结婚，直到在老师葬礼上才重逢，恰好女孩已离婚单身。这时，这对恋人才鼓起勇气，再度牵手。

男士很珍惜这次重逢，光确定求婚场布设计图就花了2个多月，把一个个方案推翻重来，仅KT板颜色就换了10种红色，字体更改40多版，还把两人大学时代的老照片融入背景墙。

这本来不符合我们的工作节奏，但我们一次次修改，希望能帮他收获一份圆满。

后来男士传来求婚成功的消息，并说，"今年结婚现场的布置，还找你们！"

这也是我喜欢这份工作的原因。我们有很多回头客，一路见证他们穿上婚纱时的甜蜜、初为父母时的喜悦，有幸参与了他们人生的不同阶段，也曾为他们的珍贵时刻做出过一点点努力。

教师是我很喜欢的一份职业，毕竟它确实能影响一个人的未来。但我也非常热爱在淘宝设计气球派对，虽然更辛苦，更充满不确定性，但这份小事业能为每个普通人制造惊喜和快乐，留下一份难忘的回忆。

这也十分有意义，不是吗？

四、世界 500 强里锻炼出来的"PPT 专家"

"摸鱼的人才不会花钱美化 PPT。"

森野，32 岁，成都。

现实生活中，我是一家世界 500 强公司的中层，日常经常需要做 PPT，被同事们称为"PPT 专家"。2020 年，我决定在淘宝开店，为有需要的人提供美化 PPT 服务，即将逻辑、拎要点、优化样式与视觉。

决定做这份副业，源于 2 年前我看到的一则新闻。

当时在某互联网大厂的线下论坛上，主讲人员的 PPT 做得"太初级"，他阐述的内容没人记得，反倒是对他 PPT 的吐槽"出了圈"。

而在众多吐槽中，一条评论让我触动，"PPT 不仅是工具，也是职场生活中很重要的一张名片，有时候完美的 PPT 就是比埋头努力重要。"

这条评论，让我想到了职场生活：职场中大家都是普通人、都在努力奔跑，决定前途的机会，可能只有 1~2 次。而拥有一份好的 PPT，或许能帮大家抓住转瞬而逝的机会。

"时差设计"淘宝店开了不久，我迎来了第一名客户——一家美容创业公司，希望为新产品定制路演 PPT，这将直接决定新产品首次面市销售成绩的好坏，甚至影响这家公司的存亡。

"PPT 不仅要美观，还要能凸显公司品牌、文化、战略，让代理商看了有信心。"

对方告诉我，创业并不是一件容易的事情，新公司往往更需要各个方面尽善尽美，才能获得机会，如果公司高管都不能清晰讲述公司规划，展示方案也不美观，别人又怎么有耐心听你分享、相信你呢？

那天我和客户从 4 点聊到晚上 11 点。我搜索梳理美容行业已有的产品，再结合该公司的市场推广策略、盈利模式画出思维导图，最后做出了成品。

客户拿到，很快发来一个"感谢"表情，并迅速单击了确定收货。

没过两天，对方就告诉我，新品上市推广很顺利，自己的团队可以在云谲波诡的商海中再坚持一阵了。

图 6 所示为森野的工作图。

图 6　每次美化 PPT，森野都会先拎逻辑框架

找我们美化 PPT 的客户中，除了需要和时间、市场赛跑的公司，也有不少在职场跋涉的年轻人。

我记忆最深的是，有个刚入职场的年轻人即将转正答辩，希望购买一份足够好的 PPT 增色。但在旺旺咨询后，他依旧犹豫，担心同事指责自己摸鱼，花钱走捷径。

得知他的苦恼后，我是这样回复的：我不是替你做 PPT，而是需要和你充分交流你的工作内容、你对业务的思考沉淀，而这些都来自你的独立思考。

而且，我从不觉得付费美化 PPT 的人是想偷懒，反而是对自己有高的要求，才会对 PPT 精益求精。

也许是对方被我的观点打动，当晚便在我的协助下完成了 PPT。他担心的事情并没有发生，反而因为充分细致的准备，让原本害怕不顺利的转正答辩，变成了职场生涯里难忘的美好回忆。

后来我们还为因为内向、不知如何给员工介绍公司战略的老板优化战略 PPT；给担心毕不了业整夜失眠、咨询都带着哭泣表情包的学生美化过答辩 PPT……

这些客户说感谢的时候，也是我最快乐的时候——在帮助他人的同时，我也在充盈自己的人生，吸收各行各业的知识经验。

其实我没有特别伟大的志向，能陪伴在客户的人生不同阶段，能互相都有所收获、提升，就很好了。

五、后记

开店 3 年来，梁友亮团队每年要修 5 万张脸，其中包含 1 万对新人。许多买家会和他讲述照片背后的故事，听着那些甜蜜的回忆，梁友亮的小日子也闪着光。

作为一名气球派对布置师，周思全为许多人搭建了人生中重要时刻的场景。

"精致派对宴会不是只能活在电视剧、电影的剧情中，它应该走进每个人的生活里。目睹了这么多人的幸福，我感觉自己的生活也更加幸福了。"

这些"让他人感觉到愉快"的事情，也让阚闯、森野找到了自己的人生意义。

人生就是由很多瞬间构成的。很多时候，一两个高光的瞬间，足以让人生不同。但对大多数人来说，日常生活是枯燥的、重复的、两点一线的，没有太多的惊喜，没有太多的期待。

而这群淘宝仪式感制造师，就像生活方式的美容师，用专业技能营造仪式感，装点了普通人的琐碎日常，帮助普通人留住了生命中的愉悦瞬间。

更为重要的是，他们让那些曾经看上去很高级的东西，最终都能以亲民的价格供大多数人享用。

美从来都不平等，但追求美的权利，是平等的。每个普通人对生活的热爱与讲究，都值得用心刻画和记录。

文章作者：杨佳，编辑：石宁宇。来源：人人都是产品经理网站

案例二　淘宝卖家如何通过竞品分析，快速抓住对手痛点，从而实现弯道超车

对于电商行业来说，非标品卖款式，标品卖功能，无论产品多独特、多新颖，都会有更多的相似竞品抢流量，如何在众多产品脱颖而出，是每个运营人员都需要考虑的问题。临近大促，需要做的准备工作，其实是非常多的，我们做竞品分析，不光是要发挥自身产品的优势，也要借鉴同行优秀店铺的运营经验，还可以从竞品快速了解市场竞争。

竞品真的好分析吗？不能直接看对方后台数据的情况下，又该从哪些方向着手。我们

直接进入正题，从竞品链接分析，到竞店的数据分析，带大家深入了解竞品到底用了什么优化方法。

一、竞品链接分析

1. 竞品创意图全面分解

首先自己要对产品有明确的认知，对创意图有基础判断，主打卖点的变化，会改变产品的消费人群优秀的创意图，可以更好地表述产品，引起买家共鸣，通过以下几个维度做好产品定位，做好图片摆拍计划和场景营销方案，解决点击率低的难题。

①产品主要受众人群的基础标签，包括性别、年龄、消费层级等。

②消费人群对产品的关注点，做好场景营销方案，选择适合色系和使用场景。

③买家的主要顾虑是什么？通过模特的摆设角度，产品的局部特写，提供主次分明的产品卖点区分，在配合颜色搭配合理的文字文案，打消消费人群顾虑。

④先对自身产品有一个基本的定位，再去做竞品的创意图分析表格，做竞品营销时，考虑与主打卖点是否相符，功能和款式可以有略微变化。

⑤后期小幅调整创意图时，参考客服咨询较多的问题，或者是评价中的主要描述问题做相应的优化方案。

图 7 所示为竞品创意图全面分解。

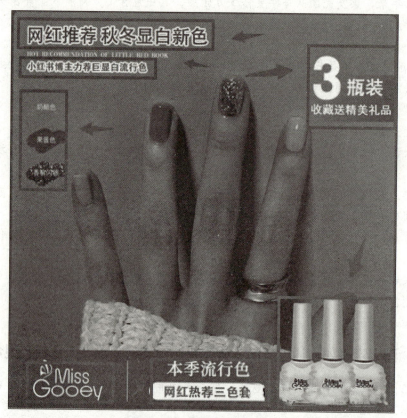

图7　竞品创意图全面分解

关于搜索量较大、买家复购率高、需求度高的竞品，分析计划做得越详细，竞品的创意图分析也越准确，通过这些行业优秀产品的创意图借鉴，很容易做出适合自身产品的优秀构图。

2. 竞店 SKU 数据分析

SKU 的呈现方式非常有限，局限于一张产品图，能否快速描述产品，引起买家共鸣，从感兴趣点击进店，再到详细了解产品，观察评价，询问，通过详情页深层次地浏览产品细节，到最后筛选 SKU，形成的收藏加购，都会有不同的购物结果。

图 8 所示为竞店 SKU 数据分析。

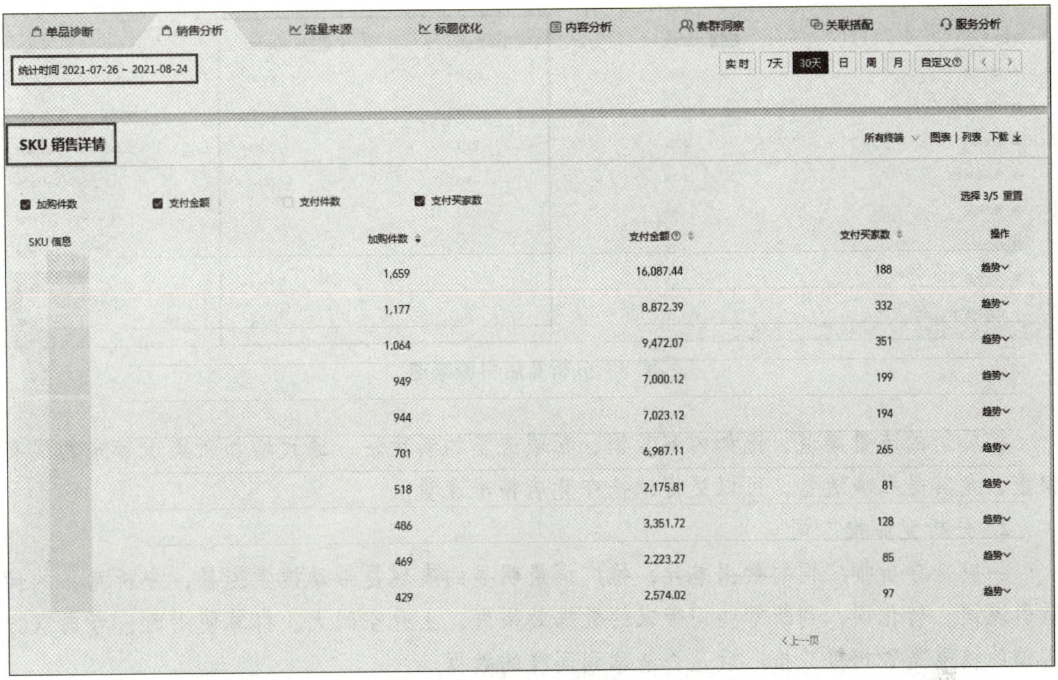

SKU 信息	加购件数	支付金额	支付买家数	操作
	1,659	16,087.44	188	趋势
	1,177	8,872.39	332	趋势
	1,064	9,472.07	351	趋势
	949	7,000.12	199	趋势
	944	7,023.12	194	趋势
	701	6,987.11	265	趋势
	518	2,175.81	81	趋势
	486	3,351.72	128	趋势
	469	2,223.27	85	趋势
	429	2,574.02	97	趋势

图 8　竞店 SKU 数据分析

①通过 SKU 的颜色、尺码、规格、功能描述等指标，观察哪个销量更高，我们店铺中有没有该款型号，以及竞店的描述方式，测试 SKU 找到买家对产品的了解规律。

②对于价格关注度较高的产品，很多买家对比后，一般不会购买低价 SKU，SKU 的组合其实是让买家觉得更有利的，换个思路来说，既能提高客单价，又可以满足买家的价格需求，都属于 SKU 提升转化的推广设置。继续分析竞店的主推 SKU，借鉴对方的推广优劣势，以及分析自己店铺销量高的连带产品，也可以尝试推广，测试后找到数据更好的 SKU 做产品的重点曝光。

③详情页要根据 SKU 的销量变化适当调整，重点观察竞店详情页调整方式，保证符合买家逻辑的同时，借鉴替换调整的方法，以及关联产品的组合方向，减少详情页跳失率提升权重，还有助于拉高转化。

二、竞店的数据分析

从链接已经可以基本判断出竞店的基础推广模式，判断出自己产品的优劣势，以及基础优化方向，通过上述优化后，如果数据还是有偏差，还能从哪些方向，重点去分析竞店的产品？既然是分析，肯定是要从竞品的引流渠道、推广词做整体的数据分析，通过差异化的数据，了解店铺和行业优秀店铺间的差距，尤其是差距较大的数据，重点分析是哪些原因导致的，针对性优化，快速提高数据带来的权重指标。

1. 分析竞店引流渠道

根据生意参谋竞争，分析竞店的整体引流渠道，以及流量占比最高的引流渠道，搜索流量、手淘推荐流量、付费流量、站外流量的访客数量相差多少，什么原因导致流量占比低于竞店，从而进一步优化引流渠道，如图9所示。

入店来源					无线端 ∨
流量来源	本店 流量指数	竞店1 流量指数	竞店2 流量指数	本店访客数	操作
● 淘内免费	99,071	149,879	180,449	389,570	趋势
● 付费流量 ⓘ	60,922	113,089	110,687	164,696	趋势
● 自主访问	32,750	70,914	75,260	55,343	趋势
● 淘外媒体	2,008	2,514	3,260	479	趋势
● 淘外网站	438	831	545	42	趋势
● 淘外App	0	0	0	0	趋势
● 其它来源	0	76	0	0	趋势
大促会场 ⓘ	0	0	0	0	趋势

图9　分析竞店引流渠道

扩展新的流量渠道，比如内容营销、私域流量的新玩法，通过增加新渠道带来的成交权重，尤其是私域流量，可以更好地抢夺竞店精准流量。

2. 分析竞品推广词

一般是分析推广词的数据差异，推广词最明显的表现是带动搜索流量，分析竞品的优质引流词、转化词，判断哪些词带来的数据效果好，上升空间大。打算使用时，考虑双方店铺的权重是否相符，推广后是否能拿到同样的数据。

3. 分析竞品标题变化

竞店的各项数据突然提升，是否因为短时间内调整过标题，还是因为之前积累的收藏加购，因为活动大面积转化。搜索流量是关键词和标题主动和被动的展示结果。店铺的流量上限除了和层级有关，还和进店流量精准度、产品能拿到多少流量、拥有多少转化有关，而这些都和标题有关系，所以要通过生意参谋品类，随时关注竞店标题，并进行竞店推广词统一分析，如图10所示。

通过上面三项的重点分析后，积累不少高点击、高收藏加购、高转化的关键词数据，这一系列的数据表现，并不会局限于一个关键词，可能大部分的词都会有差距，包括类目词、产品属性词、主打关键词。这些都是我们可以重点借鉴以及优化的方向，把合适的关键词拆分成词根，再把优秀词根替换到标题中。

4. TOP 商品榜

TOP 商品榜上可以看到本店和竞店的商品交易指数（见图11）。我们应重点关注竞店的产品，有没有爆发很快，并且流量很多产品。如果店铺的整体流量都集中在几个产品上，那么我们在发现竞店上新后，应及时追款或者是开发类似的产品去抢流量，为下一批的产品布局、尽量让店铺上新给出更好的数据结果，以减少产品的直接差距，避免因为产

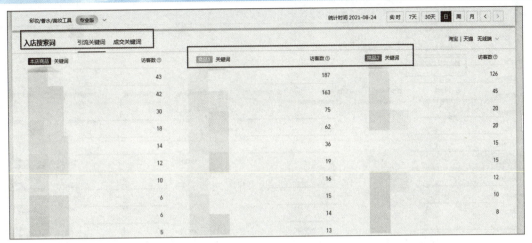

图 10　分析竞品标题变化

品跟不上，造成访客丢失。

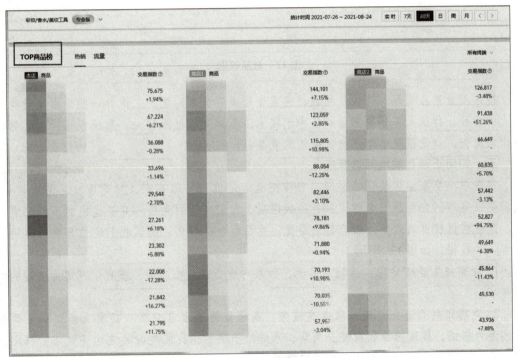

图 11　TOP 商品榜

5. 竞品识别

竞品识别主要是根据两大板块识别。

分析竞品推荐，顾客流失竞品以分析一个月的数据为主，分析的是所有进店访客的流失，分析流失多少销售额，又流失到哪个竞品。通过上面的分析找到跟竞品间的差距，确定具体流失方向，然后进行对方店铺分析，做好调整计划。数据在改变，调整计划也要随时调整，优化方法有很多，不要局限于一种，如图 12 所示。

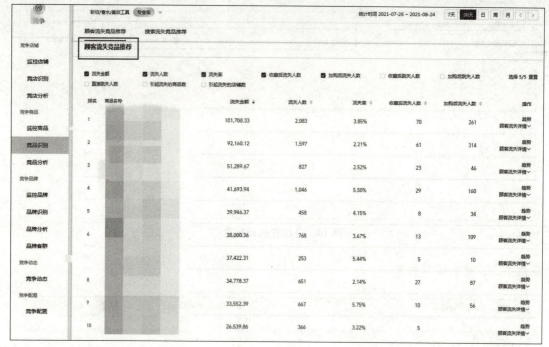

图12　竞品识别

搜索流量竞品推荐，这里是指通过搜索流量进店访客的流失，比如一些搜索流量竞争较大的标品，行业大部分的流量都集中于搜索流量，竞争也比较大，系统根据店铺数据计算出的流失，也是需要重点分析、关注的竞品。

三、如何正确有效地筛选竞店？

很多中小卖家，店铺基础很低，直接把竞店定位到头部商家，对竞店缺乏基本认知。我们定位竞店，主要是权重相似且各项数据高于我们店铺的竞店。竞店也绝对不会只有一家，随着店铺权重的改变，新店铺的爆发，竞品也会有变化，所以我们定位竞店时也需要参考一些数据，如图13所示。

1. 观察流失竞店发现，指数1最大，如果一直是这几个店铺，就可以判定为店铺的主要竞店。

2. 竞店识别的流失竞店，靠近高流失、高销量的要重点分析。高潜竞店识别主要是一些潜力店铺，最近店铺数据提升明显，系统给予提示，我们及时关注这些竞店的推广运营方式，以便及时改变我们店铺的推广策略。

店铺的经营效果，取决于市场竞争因素。多样化的电商平台，产品的主打优势也不同，能否长期生存，考验的核心点有很多，比如产品因素、运营能力、推广资金，三者都是开店必备选项，在符合这些基础条件后，我们能做到的就是适应平台规则，从中找到规律，争取甩开80%的竞争者，做到20%的头部商家。

文章作者：电商前言君　来源：腾讯新闻

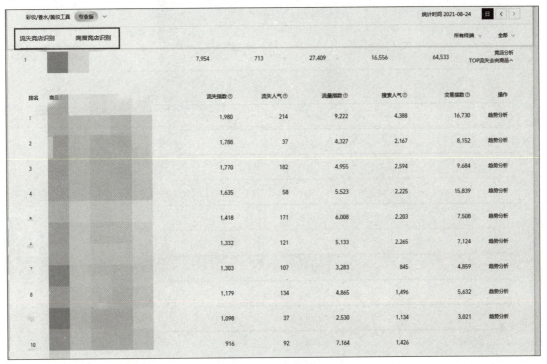

图 13　竞店筛选

项目二
商品发布

 **教学目标**

知识目标

1. 了解网店商品的共同特征。
2. 掌握选择商品的技巧。
3. 了解商品拍摄的技巧。
4. 掌握商品主图和详情设计的尺寸和设计技巧。
5. 了解商品上架前需要的后台操作。
6. 掌握商品上传的步骤。
7. 了解商品上传中的注意事项。

能力目标

1. 能够根据实际情况选择合适的商品。
2. 能够进行基本的商品拍摄。
3. 能够设置店铺后台。
4. 能够根据主图和详情设计的要求进行商品主图和详情的设计和制作。

素质目标

1. 培养学生的团队协作精神。
2. 培养学生、学习的主动性。
3. 培养学生的创新意识和创新精神。
4. 培养学生的团队协作精神。

思政目标

1. 树立正确的价值观，具有积极向上的工作态度。
2. 培养正确的职业道德，熟悉商品上架的各项工作。
3. 了解店铺上传需要遵循的法律法规。

 思维导图

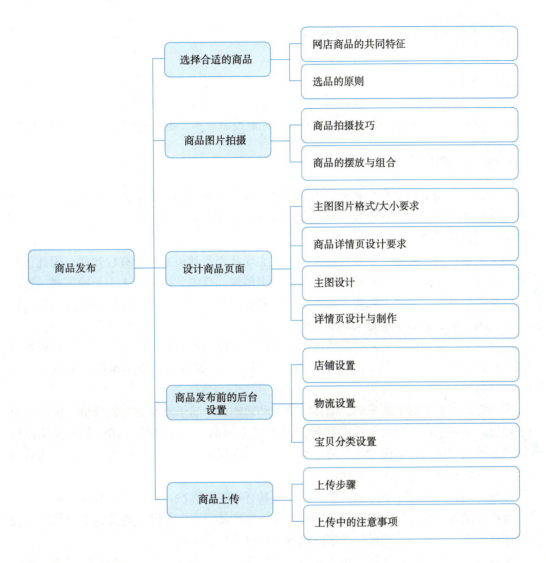

商品发布
- 选择合适的商品
  - 网店商品的共同特征
  - 选品的原则
- 商品图片拍摄
  - 商品拍摄技巧
  - 商品的摆放与组合
- 设计商品页面
  - 主图图片格式/大小要求
  - 商品详情页设计要求
  - 主图设计
  - 详情页设计与制作
- 商品发布前的后台设置
  - 店铺设置
  - 物流设置
  - 宝贝分类设置
- 商品上传
  - 上传步骤
  - 上传中的注意事项

 课前学习

一、选择合适的商品

选择合适的商品是非常重要的一个步骤。对于店主而言，选择合适的商品不仅是选择适合在网上销售的商品，还需选择自己熟悉且感兴趣的商品。网上商品的促销很多时候会采取"价格战"，因此选择合适的商品可以更好地控制成本，更好地满足客户的各种需求。

1. 网店商品的共同特征

由于买家在购买网上商品时无法直接接触商品，在购买部分商品时会心存顾虑，质疑商品的质量或价格等，因此不是所有的商品都能适应网上销售的模式。一般来说，适合网上销售的商品都具有以下特点：

便于运输：网上商品一般通过物流的方式实现从卖家到买家的所有权转移，因此体积合适、重量适中且运输成本不高的商品适合网上销售。首先，体积庞大、运输困难、运输成本过高的商品不适合网上销售，如大型体育器械。其次，易碎品、液体非标准瓶装的产品，如玻璃器皿、瓷器等不建议网上销售。

价格优惠：由于网店商品的总体成本一般低于实体店商品的总体成本，因此在价格方面具有一定的优势，可以低于实体店的价格进行销售。如果网上商品在价格上不具备优势，则难以吸引买家进行购买。

利润空间：如果商品的采购、储存、管理和运输成本高于商品本身的价值，则不适合网上销售。一般来说，应优先考虑毛利在 30% 以上的商品，毛利低于 10% 的商品不足以支撑网店的初期运营，如保健品、药品等。针对日常用品等利润空间不大的商品，可以采取组合、满减包邮等方式进行促销。

标准商品：标准商品指产品质量、性能等具有一定可靠性，售后服务容易开展，不容易出现产品质量纠纷，即使出现也比较容易解决的产品。买家在网上购买这类产品时信任程度相对较高，会少一些顾虑，卖家的销售过程也会比较顺利。

实体店不方便销售：外贸订单产品、国外代购产品、个性化设计、DIY 产品等，相较于实体店而言，网上销售的方式更方便。

根据国家法律的相关规定，以下商品不能用于网上销售：

国家法律法规禁止销售的商品，如管制刀具、武器弹药、淫秽物品、毒品、保护文物、走私物品、偷盗品、假冒伪劣产品和其他来源非法的物品等。

其他不适合网上销售的商品，如部分医疗器械和药品、股票、债券、抵押品等，以及不具备所有权或支配权的物品。

2. 选品的原则

完成网上商店的客户群体与市场行情的分析后，即可考虑网店需要销

确定上架商品

售的商品。一般来说，商品选择包含两个主要阶段：第一阶段是选择商店所经营的产品；第二阶段是从已有商品中继续选择商品，将其打造为爆款。

（1）按照产品本身选款。

第一阶段的商品选择，一般是指选择具有一定市场潜力的商品。在众多商品类型中，有些商品的总成交量非常大，但是销售这类商品的商家也非常多，竞争非常激烈，需要具备成熟的营销推广手段。有些商品成交量不算很高，但是市场前景好，竞争小，所以部分商家开始另辟蹊径，选择一些竞争较小但销量也比较可观的商品。如果具备一定的资源，也可选择一些经典款或者品牌产品，打造中高端店铺。总之，需要结合市场竞争性进行分析，选择适合自己的产品或服务。

第二阶段是在第一阶段的基础上，为了赚取更多的利润，有选择性地打造商品爆款。爆款是指在商品销售中供不应求，销售量高、人气高的商品。当商品有了一定的基础销量后，可以自己转化为爆款，即使短时间没有转化，也会增多加购和收藏，对商品本身的权重十分有利。选择爆款的方法很多，常用方法主要包括以下几种：

销量选款：该选择方式是一种比较简单的选款方式，按照销量选择出来的商品，通常都是热销款式，受大众欢迎，竞争力比其他商品更强。但是这类产品同款也会比较多，竞争环境会比较激烈。

搜索选款：搜索选款指根据消费者搜索的热门关键词来分析和判定商品，并选择爆款。搜索选款和销量选款区别较大，销量选款注重产品之前的销售数据，而搜索选款则着眼于产品未来的数据。

直通车选款：与销量选款类似，直通车选款首先需要选定一个主要关键词，便于在淘宝首页搜索。直通车选款需要分析直通车产品。找出直通车前100的产品，分析并筛选上架时间短但收藏数高于200的产品，这些商品既是受大众喜欢的商品，也会是一些大型店铺的主推款式，具有爆款潜力。

活动选款：活动选款指根据活动的销售数据来选款。进行活动选款时，首先需关注各个活动中本类目的产品，并找出销量达1 000的商品，然后使用数据分析工具查看竞争对手的销量，最后选择出适合且销量可观的产品。

从商品选择到打造爆款有一个过程，在选定产品后，首先，需对该产品的访问量、收藏量和购买量等进行分析，观察其是否可以成为爆款。其次，还需对产品的总成交率、点击转化率等进行观测，对产品的实际销售状态进行测试。最后，将销量表现良好、转化率理想以及评价不错的产品确定为主推款。

商品不同，其盈利效果就不同，针对的人群不同，适于销售的产品类型也不同，如对于女性而言，美妆、减肥、美白、祛痘等商品市场比较可观；对于老人而言，各种保健品、保健器具则更具市场。

（2）根据地理优势选择商品。

淘宝卖家在选择网店的主营商品时，应该考虑地理环境这一因素，针对所在不同地区不同的地理优势，采取"因地制宜"的方法。例如，淘宝卖家所在的区域是全国著名的"鱼米之乡"，网店的主营产品可首选鱼类制品或稻米制品。"因地制宜"主要体现在以下两方面：

①地方特产。

我国地大物博，物产种类极其丰富。每个地区的特产各有千秋。例如，洛川苹果、北京烤鸭、新疆吐鲁番葡萄、江西景德镇瓷器等都具有地方特色。

淘宝卖家可以把所在地区的地方特产作为网店的主营商品，因为地方特产独具特色，市场竞争力相对较小；而且便于卖家熟悉货源市场，可以直接从供应商进货，减少进货成本。淘宝卖家尤其是新手卖家只要把握好市场的供求关系，就很容易在众多的淘宝卖家中脱颖而出。

②地域文化特色。

许多极具地域特色的商品，如服饰、鞋帽、乐器、手工制作的工艺品等，往往因为色彩艳丽、纹饰讲究而深受买家的青睐，大部分买家会选择服饰、帽子、手链作为装饰品或赠送亲朋好友的礼物。因此，具有地域文化特色的商品既可以作为艺术品收藏，又可以作为普通商品出售。淘宝卖家必须看准商机，抓住不同买家的不同需求，打造具有独具地域特色的商品。

（3）根据自身条件选择商品。

淘宝卖家应客观地根据自身的经济情况、喜好等因素选择网店的主营商品。经济情况决定网店的经营程度，自身的喜好决定自己感兴趣的领域。

（4）选择注意事项。

为了保持较好的利润空间和发展空间，在选择商品时还需分析以下问题：

①出售的商品是否为消费者必需品或准必需品，是不是大众商品，持续购买和持续生产能力如何。

②与线下商品相比，其价格优势和利润优势如何，运输是否便利。

③是否容易被仿制，是否容易贬值。

④是阶段性商品还是非阶段性商品。

⑤售后服务难度如何。

商品的性质不同，营销和推广策略就不一样。对于从事电子商务的商家而言，商品的选择，销售策略的制定，对商品的规模、风险和利润等都会产生非常大的影响。

二、商品图片拍摄

 1. 商品拍摄技巧

保存图片

随着手机拍摄功能的不断完善，在自身经费不足的情况下，可以采用手机进行拍摄，那么如何才能拍出好的宝贝图片呢？

（1）突出宝贝特色。

淘宝宝贝图片一般需要展示什么？

以食品为例：新鲜度、色泽、产品本身具有的特点都是需要展示的，具体因产品而定。以绿茶为例（见图2-1），干茶的色泽，汤色的清澈，茶底的嫩度都是需要逐步展示的。了解你所拍摄的产品特点是什么是第一步。

图 2-1　突出宝贝特色

（2）拍照分全景和细节。

拍照分全景图和细节图。全景图要能够看到商品的整体面貌，细节图要能看到商品的一些特别的细节，如图 2-2 和图 2-3 所示。

图 2-2　全景　　　　　　　　　　　　　图 2-3　细节

（3）构图。

如图 2-4 所示，左边和右边 2 张图对比看看，右边的是运用了井字格的构图技巧，图片里的焦点在交叉点上，看着比较和谐。一般的手机上都有井字格这个功能。如果用手机拍照，注意把产品放在 4 个点的其中一个。

（4）虚实（景深）。

拍的产品图如果只有一个产品，显得比较单调，这时候需要搭配背景，但是背景比较多，就会喧宾夺主。拍照片时要有实。专业相机可以通过调整参数来突出景深，手机没有那么专业，可以通过移动产品和背景的距离来完成。也就是产品靠近镜头一点，背景远一点。对焦的时候对着产品就可以了，如图 2-5 所示。

（5）光线。

光线对图片的影响比较大。在没有摄影棚的情况下，最合适的方法是运用自然光。拍照的时间以晴天的上午为宜，下午的阳光是偏黄色的，影响图片的效果。上午的光比较

图2-4 构图

图2-5 虚实（景深）

亮。中午的光过于刺眼。要注意的是，不要让阳光直接照射在产品上面。下面是对几种光线的解读：

顺光：光线的方向跟摄影机拍摄方向一致。顺光时，被摄体受到均匀的照明，景物的阴影被自身遮挡，影调比较柔和，能隐没被摄体表面凹凸及褶皱，但处理不当会比较平淡。

侧光：光线投射方向与拍摄方向成90°左右照明，受侧光照明的物体，有明显的阴暗面和投影，对景物的立体形状和质感有较强的表现力。缺点是，往往形成一半明一半暗的过于折中的影调和层次，在大场面的景色中往往形成不均衡。这就要求在构图上考虑受光面景物和阴影在构图上的比例关系。

逆光：来自被摄体后面的光线照明，由于从背面照明，只能照亮被摄体的轮廓，所以又称作轮廓光。

 2. 商品的摆放与组合

为了展现出更好的拍摄效果，在拍摄商品之前，需对商品进行合理的摆放和组合，设计最佳的拍摄角度，从而刺激消费者的视觉感受和购买欲。

（1）摆放。

对于网上商品而言，拍摄时商品摆放的方式即是该商品照片的基本构图方式，也是商品表现的陈列效果。商品的摆放方式和角度不同，呈现的商品重点就不一样，为了让消费者更多地了解商品细节，拍摄者应该在拍摄前设计出最佳的摆放角度，对拍摄的构图和取景做好准备，如图2-6所示。

多角度摆放商品，完整拍摄商品的正面、背面、45°角、内部结构、细节局部、标识、说明书、防伪标签等。

多角度摆放商品包装，完整拍摄包装正面、背面、45°角以及商品和包装的组合。

多件商品的组合摆放，商品的摆放组合符合逻辑、搭配效果好，则照片的美观度也会相应提升。原则上来讲，在拍摄时应尽量做到完善，以减少后期处理工作。

（2）商品的二次设计。

商品的二次设计即在商品原有形态的基础上，美化商品的外形、线条、组合等，使商品更具有美感，如图2-7所示。二次设计需要充分发挥拍摄者的创造力和想象力，尽可能展现出商品的特点。

图2-6　摆放

图2-7　商品的二次设计

商品的二次设计很多时候涉及商品的摆放问题。特别是小商品的摆放，更应该注意摆放的疏密感和序列感。在摆放多件商品时，需同时考虑构图的合理性和摆放的美观性，这样不仅可以使画面显得饱满丰富，具有节奏感与韵律感，而且还能避免画面内容无序导致的杂乱。

（3）商品搭配。

为了提高商品图片的美观性，在进行商品拍摄时，可添加一些饰品，对主体商品进行点缀和烘托，以增强视觉感染力，商品搭配不仅是商品的二次包装，在很多时候也能侧面体现商品的使用环境，更多地展示出商品的实用性，如图2-8所示。

图 2-8　商品搭配

三、设计商品页面

 1. 主图图片格式/大小要求

主图分为四类，具体要求如表 2-1 所示（兼容问题不支持 gif 展示）。

详情页介绍和服务市场

表 2-1　主图的分类

类型	图片要求	备注
主图（即发布页"电脑端宝贝图片"）	大小≤3 MB	1. 若图片宽高为 700×700 或以上，详情页会自动提供放大镜功能； 2. 图片空间支持上传 gif 格式，但发布页、详情页均不支持使用和展示
	宽高无强制要求，展示效果自己把控。例如：700×700 可以，750×1 000 也可以	
	建议"正方形"图片（即 1:1 的宽高）	
	上限 5 张（部分类目第 5 张的位置要求传白底图）	
3:4 主图	宽度≥750 px	1. 设置 3:4 主图的前提是需要设置 3:4 主图视频； 2. 设置后宝贝详情页将不显示 1:1 的主图
	高度≥1 000 px	
	宽高强制比例 3:4	
	上限 5 张	
白底图（第五张主图）	38 kB<大小<300 kB	部分类目开放上传入口
	背景为白底（白色）	
	宽高建议 800×800	
长图（第 6 张主图）	宽度≥480 px	1. 部分类目开放上传入口； 2. 单击上传后提供剪裁工具，不用自己剪裁
	宽高强制比例 2:3	
	宽高建议 800×1 200	

2. 商品详情页设计要求

①图片宽度≤750 px，图片高度未限制（不建议太长，容易导致消费者打开页面卡顿）；

②图片大小≤3 MB，支持 jpg、jpeg、png 格式；

③文字字数≤25 000 字；

④源代码≤200 000 字符。

> **温馨提示**
>
> 需要使用的图片，务必在编辑页进行"上传图片"或选择已上传图片空间的图片，否则会拦截发布，提示您"引用了他人图片"，您不要进行复制他人图片或是他人图片源代码编辑。

 3. 主图设计

想要打造好一张主图，就要清楚主图中包含哪些因素，以图 2 –9 所示主图设计为例。

图 2 –9　主图设计

在主图中，我们可以看到的元素有产品、文案、场景以及优惠信息，这四个部分中的每一块，都是可供我们优化的内容。但是在优化前，我们先要清楚一个问题，即主图是用在什么位置，是用在搜索位置还是推荐位置。位置不同，对于主图的要求自然也不相同，因为不同位置的竞争对象是不同的。

比如在搜索流量下，你的产品是用户搜索某一关键词后获得的展现，与你一同展现的，都是基于该关键词下的产品。如果我们的产品想要在这一块突出，就需要明确，和同行们相比，我们产品的优势在哪里。

在推荐式流量下，你的产品是随机和其他不同产品获得的展现，你主图需要面对的竞争对手，就是随机展现的其他产品。主图需要实现的目的，就是如何在这些产品中吸引到用户，获取点击。

通常来说，在搜索流量下，主图所要突出的是产品的功效、价格优惠；而在推荐式流量下，所要突出的则是产品功效、品牌调性，故在打造主图时，要有所侧重。

接下来针对主图中的每一个元素进行分析，如图2-10所示。

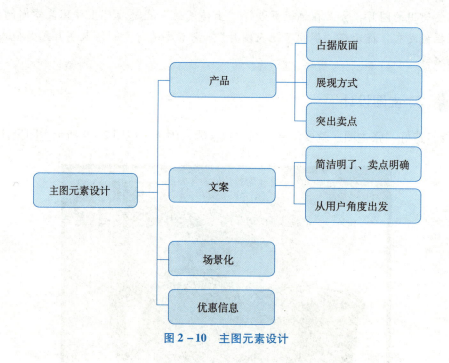

图2-10　主图元素设计

（1）产品。

产品是主图中最核心的点，毕竟产品才是吸引用户购买的主要动力，所以我们在设计主图时，要针对产品做好以下几点：

①占据版面。

对于主图而言，产品一定要突出，至少要占据整个页面1/3的视觉焦点；否则，容易导致产品不够突出，而被用户忽略。

②展现方式。

不同的产品，需使用不同展示方式。在主图中，最好以产品的使用场景来设计。再根据产品的特点，加一些产品元素进去，使人能够充分感受到产品的特点。

比如我们提到酸辣粉，脑海中所想象的画面肯定是煮好的酸辣粉，而不会是只有包装袋的酸辣粉。图2-11所示的这张主图，就采用已经煮好的酸辣粉，再搭配升腾着的热气，一下子就抓住了消费者的味蕾。

图 2-11　酸辣粉主图展示方式

③突出卖点。

产品想要在诸多同质化产品中，抓住用户的眼球，就要有一个突出的卖点，而这一卖点，可以通过产品去更好地体现出来。

比如我们卖猫砂盆，想要突出猫砂盆的大空间，就可以选择搭配一只小猫咪，通过猫咪的大小来衬托出猫砂盆的大空间比单纯通过文案来表达会形象得多，如图 2-12 所示。

（2）文案。

有的时候，产品不能够突出卖点，就需要搭配文案来辅助了。

①文案简洁、卖点明确。

我们来观察下面两张主图的文案，如图 2-13 和图 2-14 所示。

自然是第二款，因为相比第一款，第二款的文案简洁、卖点也很明确，就是突出"速干"。左边的图虽然也有关于速干的文案，但卖点过多，不知道它最想满足什么需求。这就是信息过量，导致用户无法抓住重点。

无论是对于搜索位还是推荐位的主图来说，文案都忌过多，尤其是推荐位。原本浏览推荐位置的用户对于产品就没有很强烈的购买意向，如果再以这种"牛皮癣"式的主图来展现，对于用户来说就更没有点击的动力了。

单一卖点足够突出，但要确定其能够切实抓住用户的需求。我们可以通过竞品的评价、问大家等板块，去了解用户对于我们产品的需求。

②从用户角度出发。

文案的设计，要记得从用户角度出发，不要放一些让消费者不知所云的内容。

图 2-12　突出卖点

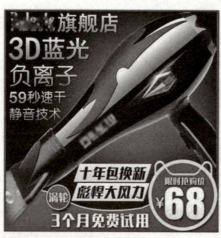

图 2-13　主图1

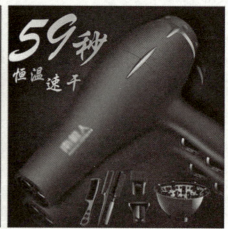

图 2-14　主图2

　　如图 2-15 所示,电吹风主图上的"负离子"三个字,对于一般的消费者来说,是不理解负离子对于电吹风而言所代表的含义的。所以负离子这一文案就显得不是很有必要。

　　负离子所带来的功效是能够防止电吹风在使用时造成头发静电,导致头发翘起。采取了负离子的电吹风,能够不伤头发,使其更好地贴合柔顺。我们用"消除静电、头发更柔顺"代替"负离子",是不是更能让用户接受呢?

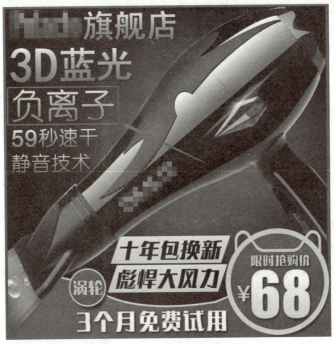

图 2-15　文案细节分析

（3）场景化。

很多商家不理解场景化，认为将产品展现，文案突出就可以了，但我们做主图的目的是让用户认可我们的产品。单一产品展现，用户所收到的信息就是这个产品而已。如果我们添加上场景，用户则会联想到自己在这一场景中使用该产品。乍一看没什么区别，但实际上，用户在脑海中联想产品与自己，会在某种程度上降低用户对我们产品的接受门槛，提高用户点击的动力。

举个例子，如图 2-16 和图 2-17 所示的两张图。

图 2-16　场景化 1

图 2-17　场景化 2

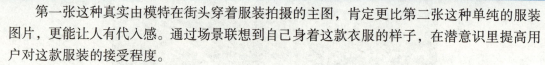

第一张这种真实由模特在街头穿着服装拍摄的主图，肯定更比第二张这种单纯的服装图片，更能让人有代入感。通过场景联想到自己身着这款衣服的样子，在潜意识里提高用户对这款服装的接受程度。

（4）优惠信息。

优惠信息这一块，主要用在搜索位置。在推荐位置下，产品与之竞争的，并不是与我们相同的款式产品，因此不存在比价、优惠的情况。所以我们在推荐式流量下，不是很有必要在主图中添加优惠信息。

优惠一般有两种形式，一是价格，二是赠品。

价格方面的话，不建议商家直接降价，可以采用优惠券来临时降价，后续能够根据店铺情况来实时调整价格信息，不会影响产品权重。当然，并不建议商家们一味地以低价来抢占市场，最好还是要以切实的产品卖点、质量以及口碑来吸引用户。

赠品的话，在赠品的挑选方面，也是需要我们下一番功夫的，简单来说，就是赠品要与我们产品相关。比如服装类目，赠送袜子；护肤产品就赠送一份小样等，确保我们赠送的产品，是用户切实需要的。

 4. 详情页设计与制作

一个好的详情页，可以有效提升单品的转化率，能够直观地提升店铺的销售额，对于盈利有直接的帮助。一个优质的详情页不但可以让客户看到产品的性能、优点，还能体现店铺的专业性，给客户留下一个好印象。

详情页包括店铺活动、产品概述、产品海报、工艺细节、产品实拍、功能供销、换位发现问题、产品包装和运输、产品保障和售后、车间工厂、取得的相关证书和认证等内容。

这里通过一个销售法则——FABE 法对以上内容进行讲解。

在找出顾客最感兴趣的各种特征后，分析这一特征所产生的优点，找出这一优点能够带给顾客的利益，最后提出证据，证实该产品确实能给顾客带来这些利益。

（1）F 特征（Features）。

产品的特质、特性等最基本功能以及它是如何用来满足我们的各种需要的。例如从产品名称、产地、材料、工艺定位、特性等方面深刻去挖掘这个产品的内在属性，找到差异点。特性，毫无疑问就是要自己品牌所独有的。

（2）A 优点（Advantages）。

优点即（F）所列的商品特性究竟发挥了什么功能，是要向顾客说明"购买的理由"。同类产品相比较，列出比较优势；或者列出这个产品独特的地方。可以直接或间接去阐述。

（3）B 利益（Benefits）。

利益即商品的优势（A）带给顾客的好处。利益推销已成为推销的主流理念，一切以顾客利益为中心，通过强调顾客得到的利益、好处激发顾客的购买欲望。这个实际上是右脑销售法则特别强调的，用众多的形象词语来帮助消费者虚拟体验这个产品。

（4）E 证据（Evidence）。

证据包括技术报告、顾客来信、报刊文章、照片、示范等。通过现场演示相关证明文件、品牌效应来印证刚才的一系列介绍。所有作为"证据"的材料都应该具有足够的客观性、权威性、可靠性和可见证性。

以冬天的羊毛衫为例：

商品特征：产地，材料，做工，品牌；

商品特征带来的优势：产地，例如嘉兴皮草，赣州脐橙，泰国香米，安溪铁观音等。

带给客户的利益好处：羊毛衫保暖，另外，抗起球、防静电等都可以成为产品的好处。

拿出证据：官方检测，营业执照，生产证明，好评如潮，厂房照片，仓储，设计等。

接下来我们来讲讲如何设计一张详情页，具体分为以下步骤：

（1）确定并分析竞店。

淘宝是一个公开的电商平台，买家会对比，我们在策划之前，就要明白谁是我们的对手，才能研究和制定针对性的策略应对。不需要习惯性地去突出自己商品的优势，如果我们的对手优势比我们更加明显，即使我们再突出，也没有说服力。明白这个道理之后我们就对看下同行的详情页，在大量观察之后，就能看到别人的不足，对手的薄弱点就是我们潜在的突破点。

如何找同行有四个维度：①通过产品主打关键词在淘宝上进行搜索，主要看价格段和产品页面；②找到和你产品类似或相同的同行店铺；③分析不同价格段的同行店铺销量；④价格相近、产品类似、销量比你略多的同行就是主要竞争对手。

（2）了解客户的需求和特点。

了解客户，把握他们的需求和特点是让顾客下单的前提，弄清楚顾客的需求后才能结合产品去做设计，让客户下单购买，比如客户的年龄段、性别、浏览喜好、消费水平。

调研方法：①通过客服聊天记录进行寻找；②通过客户评价和询问来挖掘；③基于自己在行业内的经验积累，把握客户的需求。

（3）列出产品优势，提炼购买理由。

产品购买理由的提炼，都是建立在产品和事实之上的，可以略微夸张，但是绝对不能过分夸张，甚至虚假宣传，要把握好度。不然产品跟不上，后期运营销售会遇到很多问题，详情页对于产品的介绍要求实事求是。在产品优势梳理的基础上，要对购买理由进行排序和归纳。避免详情页东拼西凑，没有条理。

（4）详情页布局设计。

利用PS初步做好详情页布局，布局要求包括店铺活动、产品概述、产品海报、工艺细节、产品实拍、功能供销、换位发现问题、产品包装和运输、产品保障和售后、车间工厂、取得的相关证书和认证等内容。具体根据自己的类目和产品决定展示哪些板块内容。

（5）寻找相关的图片素材。

在素材网站上寻找合适的模板下载，例如花瓣网、站酷。注意手机端详情页的浏览习惯是按照屏幕来计算的，通常用户在一个屏幕的停留时间很短，同一屏幕内不适合放置多个内容，需要做到以下几点：

①图文并茂，清晰明了，一屏一个内容；

②一个标题能说明白的事情，不需要用一大堆文字进行叙述；

③能用图片表达的意思尽量不要用文字；

④每一屏的尺寸建议在 750 像素 × 1 000 像素，具体以实际情况为准。

四、 商品发布前的后台设置

 1. 店铺设置

在申请了淘宝店铺后，店铺的名字、基本信息、店标都是默认未设置状态，需要卖家自行设置。下面介绍店铺设置的方法，操作如下：

进入淘宝卖家中心，在"店铺管理"栏中单击按钮，展开"店铺管理"栏的全部内容，然后单击"店铺设置"超链接，如图 2 – 18 所示。

店铺基本设置和
宝贝分类设置

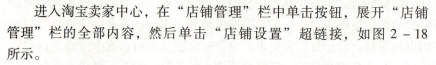

图 2 – 18　店铺设置步骤 1

进入店铺设置页面，在"店铺名称"文本框中输入店铺名称，单击"店铺标志"栏的"上传图片"按钮，如图 2 – 19 所示。

打开"打开"对话框，在其中选择店标图片，然后单击"打开"按钮，如图 2 – 20 所示。

返回店铺设置页面，即可看到店标已成功上传到页面中，如图 2 – 21 所示。

在"联系地址"文本框中选择并输入店铺地址，店铺地址对店铺经营有一定作用，如图 2 – 22 所示。

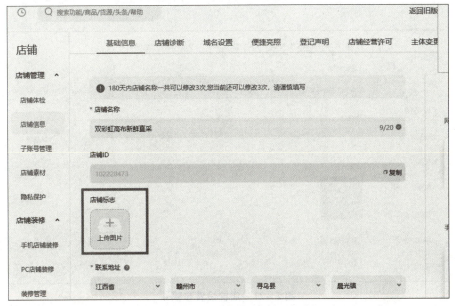

图 2 - 19　店铺设置步骤 2

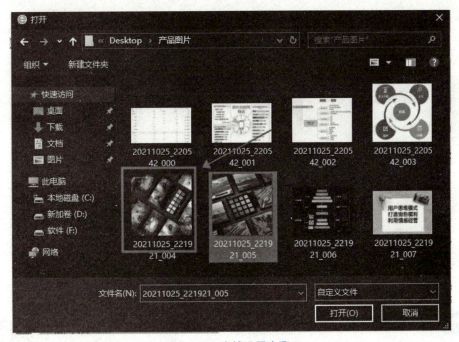

图 2 - 20　店铺设置步骤 3

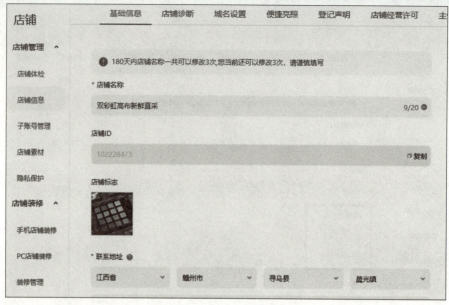

图 2-21　店铺设置步骤 4

图 2-22　店铺设置步骤 5

 2. 物流设置

（1）服务商设置。

在淘宝网店中，卖家需要进行物流设置后才可为买家发货，包括服务商设置、运费模板设置、编辑地址库等，下面分别进行介绍。

物流工具设置

淘宝网店中提供了很多服务商，卖家可以选择自己常用的快递服务商并进行开通，其方法为登录淘宝卖家中心，在"物流管理"栏中单击"物流工具"超链接，进入物流工具管理中心，在该页面中可以查看现在主流的物流服务商，单击选中需要开通的服务商前的单选项，然后单击其后"开通服务商"按钮即可，如图 2 – 23 和图 2 – 24 所示。如果卖家在设置服务商时没有编辑过地址库，则首先要对地址库进行编辑，才可以设置物流服务商。

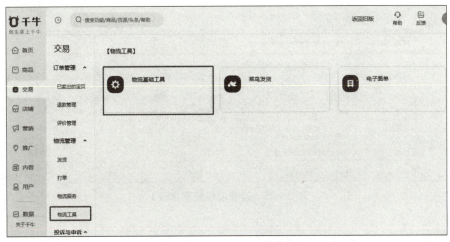

图 2 – 23　服务商设置步骤 1

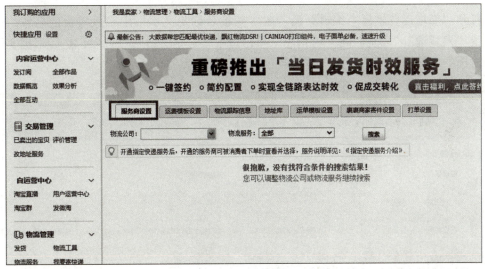

图 2 – 24　服务商设置步骤 2

（2）运费模板设置。

由于网店中的买家来自各个不同的地区，而不同地区的快递服务费用经常也不一样，因此卖家需要对运费模板进行设置从而对不同地区的买家的运费进行区分。下面介绍淘宝网中运费模板的设置方法，其具体操作如下：

登录淘宝卖家中心，在"物流管理"栏中单击"物流工具"超链接，进入物流工具管理中心，在右侧页面中单击"运费模板设置"选项卡，在该页面中单击"新增运费模板"按钮，如图 2 – 25 所示。

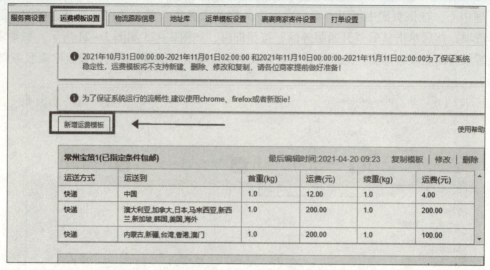

图 2-25　运费模板设置步骤 1

经验之谈：

根据区域的不同，卖家可以设置不同的运费模板，在寄送时，直接根据寄送地址选择相应的模板。

打开"新增运费模板"编辑页面，在"模板名称"文本框中输入模板的名称，并依次设置"发货地""发货时间"等信息，单击选中"自定义运费"选项，然后根据实际情况单击选中"按重量"选项或"按件数"选项，如图 2-26 所示。

图 2-26　运费模板设置步骤 2

经验之谈：

　　在设置计价方式时，可以根据实际情况进行选择，如果店铺经营的是小件商品，可以选择"按件数"或"按重量"计价；如果是体积较大的商品，则可以选择"按体积"计价，在设置价格时，建议根据快递服务商的价格标准进行设置。

　　单击选中"快递""EMS""平邮"复选框，在其下方打开的表格中填写相关运费信息，如图 2–27 所示。

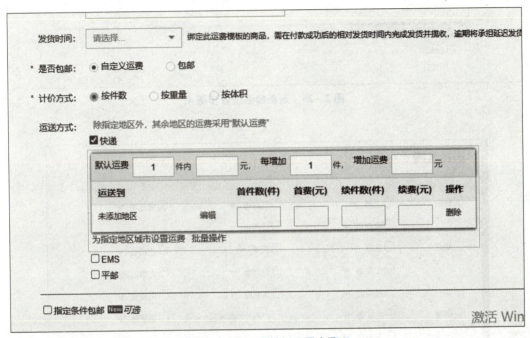

图 2–27　运费模板设置步骤 3

经验之谈：

　　如果网店中商品的运费不随着重量、数量或体积的增加而增加，可将运费都设置为"0"，然后单独设置指定地区的运费模板。

　　单击"为指定地区城市设置运费"超链接，添加一个模板，单击"发送到"栏的"编辑"超链接，在打开的对话框中设置需特别指定运费的区域，单击"确定"按钮，然后设置这些特定区域的价格，如图 2–28 和图 2–29 所示。

　　按照该方法依次设置 EMS 和平邮的指定区域运费模板，单击选中"指定条件包邮"复选框，在打开的表格中可设置满足指定条件后包邮，在"选择地区"栏中可设置包邮地区，在"设置包邮条件"栏中可设置包邮条件，设置完成后单击"保存并返回"按钮，如图 2–30 所示。

　　返回物流工具管理中心，即可查看已经设置完成的运费模板，如图 2–31 所示。在寄送商品时选择该模板名称即可应用。

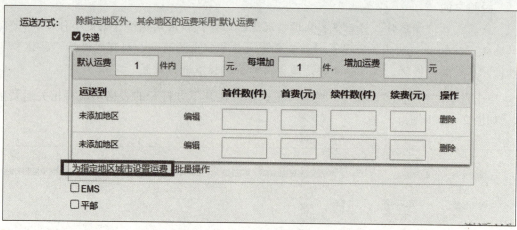

图 2 - 28　运费模板设置步骤 4

图 2 - 29　运费模板设置步骤 5

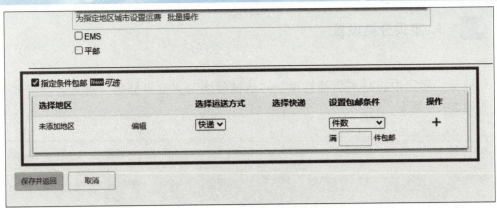

图 2－30　运费模板设置步骤 6

常州宝策1(已指定条件包邮)		最后编辑时间:2021-04-20 09:23　复制模板 | 修改 | 删除			
运送方式	运送到	首重(kg)	运费(元)	续重(kg)	运费(元)
快递	中国	1.0	12.00	1.0	4.00
快递	澳大利亚,加拿大,日本,马来西亚,新西兰,新加坡,韩国,美国,海外	1.0	200.00	1.0	200.00
快递	内蒙古,新疆,台湾,香港,澳门	1.0	200.00	1.0	100.00

图 2－31　运费模板设置步骤 6

经验之谈

在运费模板上方单击"修改"或"删除"超链接可对模板进行重新编辑,或将模板删除。

（3）编辑地址库。

地址库即卖家的地址,当需要发货或买家申请退货时,则需要卖家的地址。编辑地址库的方法为:登录淘宝卖家中心,在"物流管理"栏中单击"物流工具"超链接,进入"物流工具"管理中心,在右侧页面中单击"地址库"保存设置按钮,在打开的页面中填写相关信息,如图 2－32 所示,填写完成后单击"保存设置"按钮即可。

图 2－32　编辑地址库

3. 宝贝分类设置

PC 端：

请登录"卖家中心"—"店铺管理"—"店铺装修"—"宝贝分类"进入装修宝贝分类页，如图 2 – 33 所示。

图 2 – 33　PC 端宝贝分类

在分类管理中新建分类，有两种方式"添加手工分类"或"添加自动分类"，区别是"手工分类"可以自己创建子分类（最多到下一级分类），可以自由选择该分类下的宝贝；"自动分类"是系统提供四个维度（商品类目、商品属性、商品品牌、价格），自动帮店铺进行归类分类和归类下的商品（无须去宝贝管理对宝贝添加分类，会检测非其他类目且上架的商品），但目前品牌、属性、时间价格等自动分类在优化中，暂时无法使用，如图 2 – 34 所示。

图 2 – 34　PC 端宝贝分类操作步骤 1

通过"手工添加分类"创建分类且保存后，请单击"宝贝管理"对店铺中的商品操作"添加分类"（可多选），勾选对应分类后单击，如图 2 – 35 所示。

需要再展示分类，通过单击"添加图片"上传图片封面（必须使用图片空间中的图片），如图 2 – 36 所示。

在设置好宝贝分类后，请通过"卖家中心"—"店铺管理"—"店铺装修"—"PC 端"找到首页进入编辑页面，对导航模块进行编辑，单击"添加"需要展示在首页导航中的分

图 2-35　PC 端宝贝分类操作步骤 2

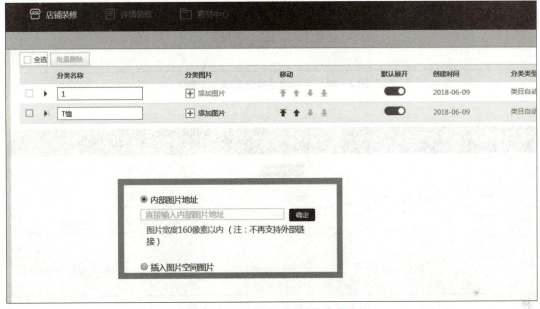

图 2-36　PC 端宝贝分类操作步骤 3

类；若需要在导航栏中展示所有宝贝分类页，您可以添加自定义链接，将您店内搜索页的链接添加进去，命名为所有宝贝即可展示所有宝贝，如图 2-37 所示。

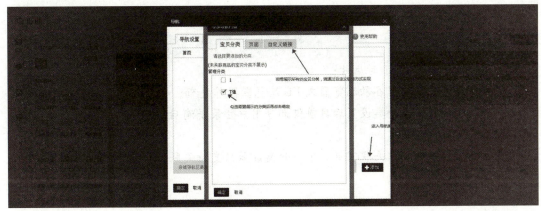

图 2-37　PC 端宝贝分类操作步骤 4

手机端：

登录"卖家中心"—"店铺装修"—"手机端"宝贝分类中设置，目前手机端分类分为新版和旧版分类，新版宝贝分类的链接暂时在链接小工具里面无法提取，如图 2 – 38 和图 2 – 39 所示。

图 2 – 38　手机端宝贝分类操作步骤 1

图 2 – 39　手机端宝贝分类操作步骤 2

旧版分类：若需要创建/修改/删除分类，请通过单击"设置分类"进行设置；如需要设置分类上下移动和封面图，请单击"装修页面"。（建议使用低版本谷歌或 UC 浏览器）

新版分类：支持二级以上的商品分类，只能对三级分类设置封面图。

经验之谈

①发布后请关注 24 小时生效；

②系统兼容，请使用谷歌浏览器或 UC 浏览器操作发布；

③手机端新版宝贝分类设置后目前仅部分用户登录手淘后展示，当前建议旧版和新版都设置；

④新版宝贝分类页中关联宝贝，单个分类最多只支持关联 100 个商品。

五、 商品上传

 1. 上传步骤

宝贝上传示例

第一步：进入"卖家中心"—"发布宝贝"或者"卖家中心"—
"出售中的宝贝"—"智能发布"，如图2－40所示。

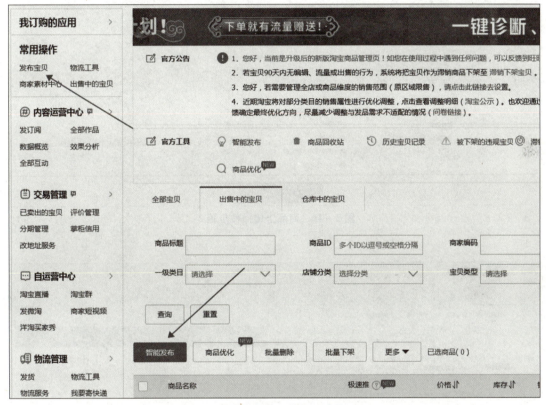

图2－40　商品上传操作步骤1

第二步：上传商品图片或者条形码，系统会进行识别商品类目及相关信息。如推荐的
类目不对，可自行调整，如图2－41所示。

第三步：单击"下一步，完善商品信息"，即可进入商品编辑页。按照页面要求填写
商品属性、标题、库存等信息。页面标"＊"号的，均需要填写。填写商品属性信息后单
击"发布"，商品就成功发布了。（注意：在商品编辑页面若选择了宝贝的一些属性条件，
如服装类的颜色及尺码等，必须填写相对应的数量，且数量之和必须等于宝贝数量。）如
图2－42所示。

图 2-41　商品上传操作步骤 2

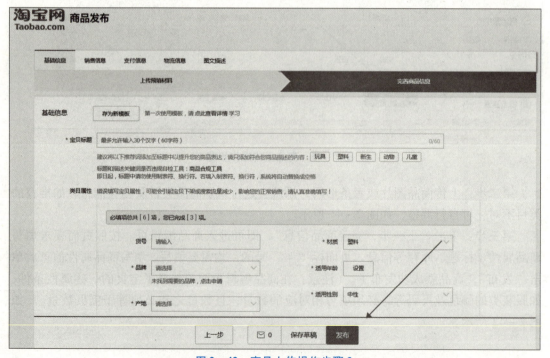

图 2-42　商品上传操作步骤 3

2. 上传中的注意事项

（1）商品类目。

方式一：进入"卖家中心"—"宝贝管理"—"发布宝贝"，在类目选择页面中的类目搜索框内，输入需要发布商品的关键词信息，然后进行类目搜索，如图2-43所示。

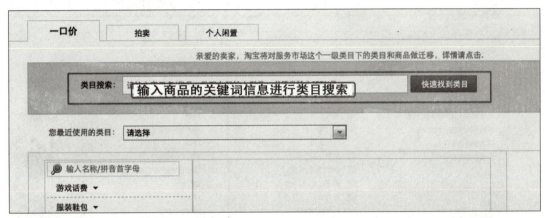

图2-43　商品类目搜索方法1

类目搜索出来之后会匹配到10个类目，再根据商品实际信息，选择与商品一致的类目信息进行发布。

方式二：进入"卖家中心"—"宝贝管理"—"发布宝贝"，在类目选择页面，单击"您最近使用的类目"下拉框中选择以前发布过的10个类目，如图2-44所示。

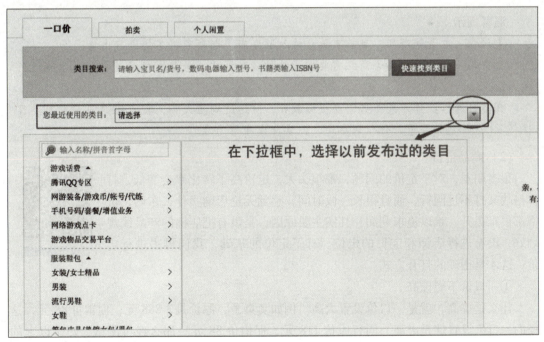

图2-44　商品类目搜索方法2

方式三：进入"卖家中心"—"宝贝管理"—"发布宝贝"，在类目页面中，逐级选择商品所对应的类目，如图 2-45 所示。

图 2-45　商品类目搜索方法 3

温馨提示：

①话费、流量等商品，目前不再允许入驻发布，新商家将不能进行出售；

②书籍、音像、食品等商品需要申请特种经营资质，并且审核通过之后，才能进行发布；

③类目选择操作方式，若需要视频教程，可通过淘宝大学，搜索关键词"发布类目选择"，选择视频查看，但仅供参考，以实际发布页为准。

（2）商品定价。

很多朋友，对于定价的问题，都很头大，定价高了转化率会变低，打价格战又打不过同行，而且很长一段时间，感觉无论店铺卖什么东西，价格都很难提升，难以追求利润！其实主要原因，是没有把店铺的产品线规划好，没有进行店铺和宝贝的定位。有了定位的基础，我们再去进行定价，这才是正确的打开方式。

宝贝价格制定

①一口价不能虚高。

什么是虚高，就是一口价设置太高。例如卖桌子，原价是 3 888 元，促销价 88 元，这样的一口价设置就是虚高。同行原价 118 元，促销价 88 元。那么经过测试，95%以上的客户都会选择同行，因为你的价格虚高了，消费者没办法对你产生信任，从而选择了放弃。

一来虚高影响消费者的判断；二来目前淘宝稽查系统对价格虚高的产品管制得非常严格，容易引起违规或部分无系统提示的降权！

②涉及区间价的问题。

最小库存量单位（Stock Keeping Unit，SKU）价格：递增区间不要超过50%，否则会大大影响转化，SKU简单来说，就是最小库存单位，例如颜色、尺寸、规格等，不同的单位对应着不同的SKU价格。举个例子，卖毛巾，第一个SKU为16元，消费者进来以后，看到你往上的SKU价格为40元，那么你的转化率肯定会低，因为SKU之间跨度太大。

如何预防SKU偏差过大？只要我们把搜索页面显示的价格，与产品第一个SKU保持一致就可以了！

涉及多个SKU价格：最好不要超过6个，如果有更多，建议分开链接。很多客户都选择困难，如果一下子来十几个款式，哪怕款式不错，收藏加购了，最后看着看着却找不到地方去买了；并且款式过多，详情页也摆不下这么展示，必然会损失细节描写，导致转化降低。另外，新宝贝链接，覆盖其他相关的关键词，反而能获得更大的展现机会！

对于有同款的标品产品，并且有着打价格战嫌疑的产品，我们可以在竞争的同时有技巧地提升客单价。例如某些充电宝或者某些手机之家，若款式相同且价格接近就可以设置区间价，搜索等页面显示的是跟同行一样的低价，而我们可以在第二个SKU上写升级款、新款或者店长推荐款、80%顾客选择款等，有目的地让顾客去拍高价SKU。当然在详情页，也可以配上一张升级款和普通款区别的图片，给那些有选择困难症的客户以指引，拉升客单价。

③关于活动价的问题。

一般的官方活动，如天天特价、淘抢购、聚划算等，报名价格最好是目前价格的7~8折，这样通过率也会高一些，转化效果也会好一些。活动结束之后，一定要恢复到现在的价格，但是需要发购物优惠券来维持转化率，保持活动后的转化率平稳过渡！

④关于涨价与降价。

涨价，常见原因是前期递加冲量的产品，当搜索和某些渠道的流量带动起来了，为了盈利，给予涨价。可以涨价的一个重要因素是，产品目前转化率已经高于同行均值，达到优秀或者超越优秀，均值转化率都可以在直通车后台搜索产品关键词查看，或者参考市场大盘的子类目下最近7天的转化率。涨价后，转化率自然会降低一点，但是只要总产出没下降，问题就不大！涨幅一次控制在12%以内，涨价后请先测试一段时间。

降价，常见原因就是价格过高影响了转化率。降价前，先把最近购物优惠券给顾客发送测试一下，如果效果好，随时可以降价！

涨价和降价，都要用好打折软件，避免改一口价，因为一旦流量崩盘，很难再起来。涨价和降价，都需要在可控范围12%以内去试错。

（3）商品SKU设置。

SKU为单品（最小库存量单位）意思，简单地可理解为商品的具体宝贝规格，例如颜色、尺码、文案等信息（比如红色M码是一个SKU；红色L码又是一个SKU）。

不是所有的类目都开放了销售属性（区间价）的设置，也不是所有开放了销售属性的类目，都可以自定义设置SKU。行业会根据类目性质配置，且不定期调整优化（比如早期类目支持设置，后续评估关闭了该功能，那么新发布的宝贝就无法设置），要以实际发布页面为准。

如果确实有多个 SKU，且类目有设置入口，请如实勾选"销售信息"模块中的信息。勾选完整后会弹出"宝贝销售规格"填写入口，必须要确保其中一个 SKU 的价格与一口价是一致的，其余 SKU 可以低于一口价或者高于一口价，但需要结合市场行情注意幅度，如图 2-46 所示。

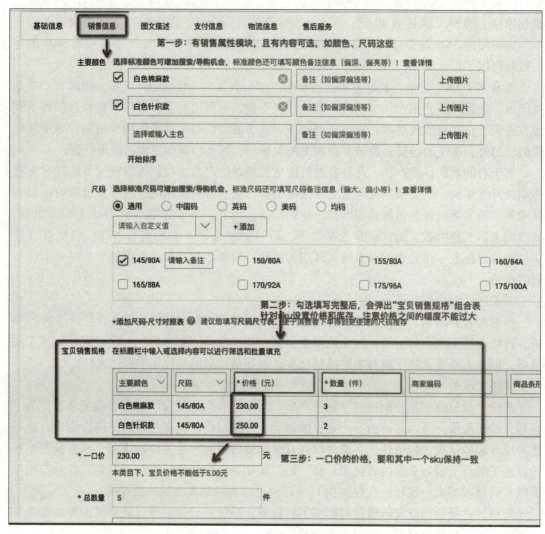

图 2-46　商品 SKU 设置

自评自测

一、单选题

1. 按照企业为关系付出成本的大小变化，可以将企业与客户的关系发展分为培育期、成长期、成熟期和衰退期四个阶段，以下不属于衰退期特点的是（　　　）。

A. 企业和客户相互满意　　　　　　B. 一方或双方正在考虑结束关系

C. 开始交流结束关系的意图　　　　D. 交易量下降

2. 以下哪个宝贝标题属于合格的标题？（　　　）

A. 包邮！2022 春夏装新款女装雪纺衫显瘦甜美雪纺连衣裙夏季

B. 【天猫新风尚】艾夫斯原价 139 女长袖格子短袖衬衫 21122120047

C. 艾夫斯夏新款女蝴蝶结泡泡袖休闲 T 恤

D. 2022 春装新款女装艾夫斯甜美学院风荷叶边猫猫印花雪纺衫连衣裙

3. 买家通过搜索进入商品详情页或店铺首页，首先看到的是（　　　）。

A. logo　　　　　　B. 导航　　　　　　C. 通栏　　　　　　D. 店招

4. 店铺名称的长度限制在（　　　）个汉字。

A. 10　　　　　　B. 20　　　　　　C. 30　　　　　　D. 40

5. 商品的（　　　）信息，主要包括产品的名称、规格、型号、单价、功能、使用方法、注意问题等与产品相关的全方位的文本信息。

A. 文字　　　　　　B. 图片　　　　　　C. 其他　　　　　　D. 电子

6. 下列哪些类目的商品不需要具备特殊资质就能出售？（　　　）

A. 成人类目　　　　　　B. 音像类目　　　　　　C. 服装类目　　　　　　D. 书籍类目

二、多选题

1. 电子商务环境下客户的心理特征主要有（　　　）。

A. 客户需求积极主动

B. 消费行为的盲目化

C. 对购买方便性的需求与对购物乐趣的追求并存

D. 重个性消费

E. 客户忠诚度提高

2. 在出售的宝贝里可以操作的是（　　　）。

A. 宝贝批量更改描述　　　　　　B. 宝贝批量设置促销

C. 宝贝批量更改销售属性　　　　D. 宝贝批量下架

3. 商家不得在店铺发布哪些宣传信息？（　　　）

A. 招商　　　　　　B. 代理　　　　　　C. 批发　　　　　　D. 促销

4. 宝贝描述里可以放哪些内容？（　　　）

A. 型号规格　　　　　　B. 交易说明

C. 配送说明　　　　　　D. 服务保障

5. 以下关于宝贝详情页面的内容和作用的描述正确的有（　　　）。

A. 买家可以在客服中心板块中和卖家进行有效的沟通

B. 宝贝详情页包括官方区域、固定的模块、可自定义编辑的模块

C. 宝贝详情页可以分为三部分：页面头部、页面及宝贝详情内容、页面尾部

D. 自定义模块的位置虽然不可以自由调整，但是可以自由地放置卖家想要放置的信息

课中实训

实训一　选择上架商品

1. 确定经营商品类目的保证金额度

（1）任务背景：上海亮朵家饰用品有限公司，于2009年创立于上海，是一家专注于智能家居百货的创新型科技品牌公司。现在，约有600名高素质员工，年度服务近2 000万个家庭，合作供应商超过1 000家，业务遍布全国及美国、欧洲、澳大利亚、日本、东南亚等地区国家，亮朵家居专营店为其公司在天猫的专营店。小李入职运营天猫分部，从事选品工作，主管要求其先了解店铺内的商品的所属类目对应的保证金，方便日后更快上岗。

（2）任务分析：根据任务背景，先仔细浏览亮朵家居专营店，将店铺内的商品进行分类，并在平台后台找到商品对应的保证金额度。

（3）任务目标：掌握按照商品查找对应商品保证金额度的方法，进一步了解亮朵家居专营店的商品，结果如表1所示。

表1　经营商品类目的保证金额度统计表

序号	商品名称	类目	保证金额度

2. 根据确定的类目选择合适的商品

（1）任务背景：小李在熟悉亮朵家居专营店的情况下，主管要求他尝试选品工作，一天内完成3个产品的产品。

（2）任务分析：明确小李的工作任务，熟悉选品方法，并按照选品的方法找到合适的产品，在选品的过程中要考虑店铺的经营范围，商品的利润，是否为周期性产品等，并学会利用数据化的工具辅助选品。

（3）任务目标：掌握选品方法，完成工作任务，在选品的过程中会灵活运用数据化的辅助工具，结果如表2所示。

表2　商品信息统计表

序号	产品名称	产品照片	保证金额度	利润	选择原因	选择数据依据
1						
2						
3						

复盘反思

（1）知识点盘点：通过对网店选品项目的学习，你掌握了哪些选品知识和技巧？请画出思维导图。

（2）方法反思：在完成本项目学习和实训的过程中，你学会了哪些分析和解决问题的方法？

（3）行动影响：在完成本项目学习和实训的过程中，你认为自己还有哪些地方需要改进？

实训二　商品图片拍摄

1. 商品拍摄准备

（1）任务背景：亮朵家居专营店准备新上架一款门缝门底密封条，需要进行拍摄，在拍摄前需要做一些准备工作。小万是该产品的运营，在拍摄前需要给摄影部门找一些样图。

（2）任务分析：利用商品拍摄的技巧和商品摆放和组合知识，同时从平台上找一些类似商品链接和一些参考图，将产品需要的主图和详情介绍的原图样图进行整理。

（3）任务目的：学会灵活运用商品拍摄技巧和商品摆放和组合知识，为后期商品主图和详情的设计和制作提供合适的原图的参考。

> 通过学习平台上交作业

2. 商品图片拍摄

（1）任务背景：小王为亮朵的图片摄影师，根据运营部小万给的图片参考图进行商品的拍摄工作。

（2）任务分析：小万有提供样图，分析样图的构图、明暗、角度等，并进行拍摄。

（3）任务目的：对商品详情页制作提供原图，方便后期美工制作符合要求的主图和详情描述页。

> 通过学习平台上交作业

实训三　商品主图和详情页设计

（1）任务背景：老李是亮朵美工部门负责完成详情页和主图设计的美工，门缝门底密封条的商品主图和商品详情安排在她名下进行完成。

（2）任务分析：通过主图设计和商品详情设计的要点进行设计。

（3）任务目标：通过拍摄小王提供的拍摄原片和运营小万提供的样图进行主图和设计。

通过学习平台上交作业

实训四　商品上架前的后台设置

（1）任务背景：大俞是一个电子商务专业刚毕业的学生，他找好了货源，也准备好了商品的相关页面内容，想把商品上传到店铺，但是商品上架前后台需要做一些设置。

（2）任务分析：商品上架前需要选择快递方式，同时发货需要先设置地址库，店铺基本设置能正常显示店铺信息，为了正常上架商品，应先进行相关后台设置。

（3）任务目标：完成店铺基本设置；完成物流设置中的物流模板和地址库设置；完成宝贝分类设置。

通过平台进行相关设置，并在学习平台上交相关截图。

实训五　商品上架

（1）任务背景：亮朵专营店的运营小万已经收到了美工老李的产品图片，接下来打算正式上架门缝门底密封条。

（2）任务分析：同学们的店铺和亮朵店铺属于不同的性质，一个是天猫店，一个是 C 店，在上架的过程中上架页面稍有不同；在上架的过程中，需要非常注意商品类目、商品属性、商品价格、商品 SKU 等的选择或者上传。

（3）任务目标：通过在自己开设的店铺中模拟上传门缝门底密封条，学会正确上传商品。

在店铺后台进行商品的上传并将上传链接上交到学习平台的作业中

 **实训项目评价**

学生自评表

序号	技能点自评	佐证	达标	未达标
1	了解商品选品方式	能够运用选款方法选择合适的商品		
2	了解商品图片拍摄技巧和角度	能够根据提供的商品，找到合适的拍摄角度		
3	了解主图设计技巧和详情介绍技巧	能够制作出合适的主图和详情介绍		
4	了解商品上传前的后台设置	能够找到平台对应后台设置入口，并进行设置		
5	了解商品上传的步骤和注意事项	能够正确完成商品的上传工作		
序号	素质点评表	佐证	达标	未达标
1	创新意识	能够在选品上找到除了课本之外的其他方法		
2	协作精神	能够和团队成员协商，共同完成实训任务		
3	自我学习能力	能够借助网络资源自主学习更多商品详情页设计的相关资料		

教师评价表

序号	技能点自评	佐证	达标	未达标
1	了解商品选品方式	能够运用选品方法选择合适的商品		
2	了解商品图片拍摄技巧和角度	能够根据提供的商品，找到合适的拍摄角度		
3	了解主图设计技巧和详情介绍技巧	能够制作出合适的主图和详情介绍		
4	了解商品上传前的后台设置	能够找到平台对应后台设置入口，并进行设置		
5	了解商品上传的步骤和注意事项	能够正确完成商品的上传工作		
序号	素质点评表	佐证	达标	未达标
1	创新意识	能够在选品上找到除了课本之外的其他方法		
2	协作精神	能够和团队成员协商，共同完成实训任务		
3	自我学习能力	能够借助网络资源自主学习更多商品详情页设计的相关资料		

**课后提升**

案例 产品怎么选?

选品说难不难,说简单也不简单,矛盾吗?也不会,关键看你是否掌握了选品的方式方法以及注意事项。

在具体说选品前,我们先来梳理一下,什么样的产品才能作为爆款。选品方式如图1所示。

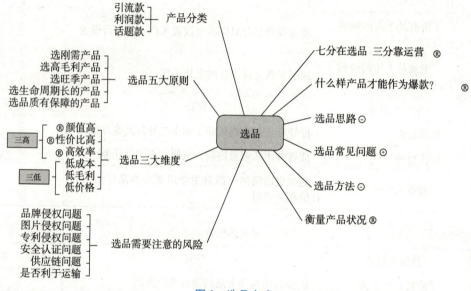

图1 选品方式

想要成为爆款,产品需要具备以下因素:

①受众广;

②刚性需求;

③复购率高。

在确定了这几个因素后,我们再来选品。产品类型不同,选品的角度也会有所不同。一般来说,店铺的产品会分成"引流款""利润款"两种类型。

引流款的特点是利润低、销量高、需求大。在新店阶段或者流量不足的情况下,选品的首选就是引流款的产品。

通过引流款为我们店铺打开流量、销量入口,之后再搭配利润款去为实现盈利,这才是一家店铺合理的产品规划。

相对于引流款来说,在选择利润款的时候,选品的门槛就放宽了许多,此处以引流款该怎么筛选来分析。

一、选品维度

对于引流款,选品时要注意哪些呢?要坚持"三高、三低"这两个维度。

1. 三高

颜值高：颜值决定着用户对产品的第一印象。所以，产品的颜值要有所保证。示例如图 2 所示。

图2 选品"三高"维度示例

颜值方面，我们主要从包装、触摸质感以及整体产品的艺术感三个方面来筛选。

性价比高：由于是引流款，因此产品的性价比一定要高，高性价比的产品才能切实减少用户犹豫时间，提高流量进店后的转化率。

效率高：说到效率就需要看产品的复购率以及需求率了，且要保证产品的生命周期足够长。

2. 三低

三低就是低成本、低毛利、低价格，三低加成下，我们可以通过最低的价格来实现高转化，从而快速打开市场。

二、选品方法

1. 细分选品

所谓细分选品，就是指在一个大类目下，去发现那些不是所有人都能洞察出的市场需求。细分到某一部分人群需求的时候，客户群就会变得超级精准，之后获得流量的时候也会非常容易。同时店铺的发展空间也会很大。

比如一个商品一般会对应三级甚至多级类目，层级越往下，对产品的定位就会越精确。如果针对这一精准的定位去选品，那么相比随意选品做起数据的概率会大很多。

2. 多平台选品

每一个成功的爆款，其身上都有成功起爆的因素，所以在 A 平台上成功卖爆的产品，在 B 平台上成功卖爆的概率相比其他产品也会大得多。

可以参考上述方式去进行选品，当然，在借鉴平台的时候，目光不要太局限了。想到平台就只能想到拼多多、京东，其实放眼全世界，电商平台还有亚马逊、ebay、Lazada、虾皮等，都可以借鉴一下，电商平台不完全统计如图 3 所示。

不过要注意每个平台针对的地区特性，比如虾皮和 Lazada 是主打东南亚，要是把棉袄放在这两个平台上去，即使棉袄在淘宝上再爆都没用。

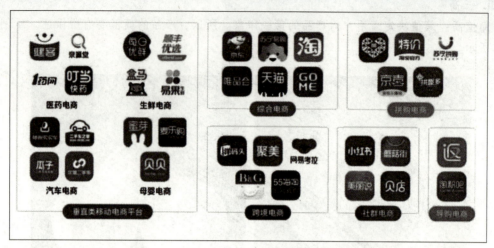

图3　电商平台不完全统计

3. 跟款选品

这个很好理解，就是借鉴爆款中最吸引人的因素，再搭配一定的差异化来打造出一个全新的款式。因其拥有爆款中吸引人的因素，所以成功起爆的概率相比普通款式也会大得多。

4. 实体店选品

如果自己持有实体店，或者有相熟的朋友开实体店，也可以了解一下。在实体店中哪款产品的销售数据是最好的，我们同步到网上，也是一个不错的选品方式。

三、产品情况分析

在选出几款合适的产品后，还要通过对市场的了解来衡量一下产品状况，充分了解市场趋势和情况，如图4所示。

目标市场：要了解目标市场，主要从产品搜索人气和在线商品数来分析，清楚有多少个商家在供应这款产品，清楚产品的竞争力度。另外，天猫店铺数占比我们也要考虑到。

图4　产品情况分析

如果你是淘宝店铺，想要深入一个头部都是天猫店的类目，那么你所能够获取流量的大头就已经被这些天猫店铺给堵死了。所以说这一点也是我们必须要考虑到的。

产品情况：选中一个产品后，要收集与产品相关的数据，如在市场上产品的尺寸大概集中在什么区间；定价在每个价格区间中所占据的比例各是多少；在竞品的评论下，用户关于这一产品最忌讳的点有哪些等。

如果一个类目的产品太多，无法收集全，可以在搜索类目主要关键词后，按照销量排序的前两页宝贝进行收集，以这些宝贝的数据代替整体的数据来分析。

最佳卖点：在现在的淘宝市场上，几乎每一个类目都有大量同质化产品在销售，所以我们的产品想要脱颖而出，就需要有一个能够抓住用户心理的亮点、卖点。而这个卖点是需要我们花费心思去收集数据，才能得到的。

举个例子，比如一款工作用羽绒服，可能大家说到羽绒服，想到的第一个卖点就是保暖，但实际上在目标用户的眼中，工作服不带束缚感才是最重要的。因此，具体卖点如何，一定是要从用户的角度出发再来制定。

通过上面这些方式，筛选出一款有潜力的产品，再搭配好标题、主图、详情等产品内功，想要打造一款爆款产品，就可以事半功倍了。

项目三

店铺装修

 教学目标

知识目标

1. 理解店铺装修风格。
2. 理解网店配色方案。
3. 掌握图片素材网站。
4. 掌握 PC 端店铺装修布局。
5. 掌握移动端店铺装修基础。

能力目标

1. 能分析不同店铺装修风格。
2. 能挑选合适店铺的色彩搭配。
3. 能利用在线编辑工具完成主图、海报等内容的设计。
4. 能按照店铺需求布局移动端店铺首页结构。
5. 能熟练使用 PS 完成对店铺首页装修图片的修改和保存工作。

素质目标

1. 培养学生创新意识、创新精神，能够在店铺装修方面提出自己的观点。
2. 具备网络信息搜集能力，能够在网上搜索到有关店铺装修的知识。

思政目标

1. 树立正确的价值观，具有积极向上的工作态度。
2. 培养正确的职业道德，熟悉店铺装修的各项工作。
3. 了解店铺装修需要遵循的法律法规。

思维导图

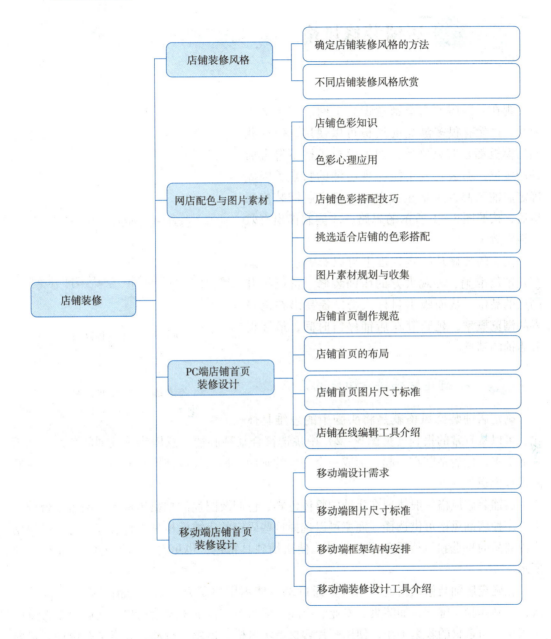

店铺装修

- 店铺装修风格
  - 确定店铺装修风格的方法
  - 不同店铺装修风格欣赏
- 网店配色与图片素材
  - 店铺色彩知识
  - 色彩心理应用
  - 店铺色彩搭配技巧
  - 挑选适合店铺的色彩搭配
  - 图片素材规划与收集
- PC端店铺首页装修设计
  - 店铺首页制作规范
  - 店铺首页的布局
  - 店铺首页图片尺寸标准
  - 店铺在线编辑工具介绍
- 移动端店铺首页装修设计
  - 移动端设计需求
  - 移动端图片尺寸标准
  - 移动端框架结构安排
  - 移动端装修设计工具介绍

课前学习

一、 店铺装修风格

现在开网店的商家都意识到了网店美工的重要性，虽然有很多漂亮的模板可以使用，但这些网店模板都是有风格的，如果模板风格不符合店铺的定位，那么它就不能体现店铺的特点，因此确定店铺装修的风格至关重要。确定店铺装修风格后，按照图 3-1 所示的思路，才能制作出有效的视觉效果。

网店的装修从一定程度上可以影响店铺的运营。定位准确、美观大方的店铺装修，可以提升网店的品位，从而吸引目标人群，提高潜在消费者的浏览概率，延长其在店铺停留时间，最终提升店铺的销量。

 1. 确定店铺装修风格的方法

为店铺装修确定风格

确定店铺要传达的概念

将想要传达的概念具体化

确定概念中的视觉映射、心境映射和物化映射

确定具体形象，组织素材

制作统一有效的视觉效果

图 3-1 店铺装修风格思路

确定店铺装修风格就是将头脑中的思维具体化。可以从日常的报刊（见图 3-2）中挑选符合某种心情、意境或关键词的图片，把图片剪下来，然后粘贴在一起，形成一个完整的画面，最后加以修饰和润色，就是一个很好的设计模板。

店铺装修风格一般体现在店铺的整体色彩、色调及图片的拍摄风格上。网店平台网站上有多种店铺风格可供选择。商家可以选择这些固定的店铺模板来进行装修，也可以根据店内商品的特点和风格重新进行设计，使店铺独具特色，也更符合店铺定位，如图 3-2 所示。

在确定店铺装修风格的开始就要通过综合使用用户研究、品牌营销、内部讨论等方式，明确体验关键词，如清爽、专业、有趣、活力等。接下来邀请用户、网店美工人员或决策层参与素材的收集工作，使用图片素材展示风格、情感、行动，并定义关键词。提取色彩、配色方案、机理材质等特征，作为最后的视觉风格的产出物。

图 3-3 所示装修风格以关键词"清新"为主，通过联想关于"清新"的颜色，得到一组色彩较为淡雅的配色。接着联想与"清新"相关的材质，即玻璃、水珠等，再进一步地分析这些材质所带给人的视觉、心理和物化的映射词组，就会大致把握有关"清新"这个风格的素材。通过将这些信息进行组合和提炼，基本就完成了网店装修素材的收集工作。

图 3-2 店铺装修风格方法 1

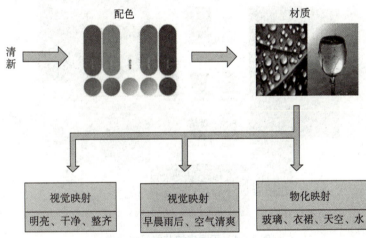

图 3-3 店铺装修风格方法 2

 ## 2. 不同店铺装修风格欣赏

要确定网店的店铺装修风格，除了要独树一帜以外，还要关注同行的店铺。要时刻了解对手店铺的情况，以及新品上架、店铺装修等内容，通过将对手店铺与自身店铺进行对比，总结出更适合的销售方案和装修风格。

在店铺装修的过程中首先要准确定位，在设计上突出店铺的风格和品牌，并且适时地借鉴他人的经验。

图 3-4 所示分别为三种不同风格的网店首页装修效果，依次为手绘自然风格、暗黑酷炫风格和实木原生态风格。

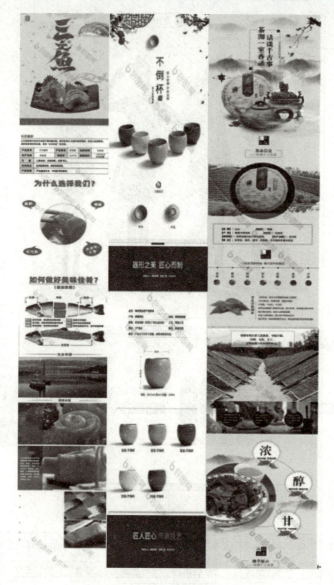

图 3-4　不同店铺装修风格欣赏

通过对比可以发现，它们各自选择了适合自己店铺风格的修饰元素，并且使用了不同的配色。根据店铺销售商品的不同，对商品进行了有效的包装和设计，使各自所呈现出来的视觉效果各有不同，让消费者更加容易区分，形成特定的记忆。这也有助于店铺自身形象的树立。

像实体店一样，店铺装修的风格非常重要，决定了买家进入店里的第一视觉印象。一家新开的店铺要如何确定自己的装修设计风格呢？从大类来划分，如果按照视觉效果分，常见的有简约、复古、田园、大气、商务等风格；如果按照颜色分，有蓝、白、橙、红等多种风格。由于行业不同，店铺装修风格差别较大，需要读者在后续的课程中边学习边总结其中的规律。

二、网店配色与图片素材

 1. 店铺色彩知识

掌握色彩的基本知识对于设计店铺非常有帮助，这些知识都源自人们对色彩的理解和科学归类。其中，色彩的色相、明度和纯度与网店色彩的构成紧密相关。了解并掌握色彩的相关知识可以让设计工作事半功倍。

色彩的三要素具体指的是色彩的色相（Hue）、明度（Brightness）和纯度（Saturation），它们有着不同的属性。

（1）色相。

色相指的是色彩的首要特征，是区别各种不同色彩的最准确的标准。波长不同的光波作用于人的视网膜，会使人产生不同的颜色感受，形成色彩。色相具体指的是红、橙、黄、绿、青、蓝、紫等。它们的波长各不相同，光波比较长的色彩对人视觉有较强的冲击力，反之，冲击力弱。色相主要体现事物的固有色和冷暖感。设计人员常参考的约翰内斯·伊顿设计的 12 色相环，如图 3-5 所示。

图 3-5　店铺色彩知识——色相

（2）明度。

明度是指色彩的深浅和明暗程度，明度变化如图 3-6 所示。色彩明度的变化即深浅的变化，可使色彩有层次感，体现出立体感和空间感。同一种色相有不同明度的差别，最容易理解的明度是白至黑的无彩色，黑色是最低明度，灰色是中级明度，白色是最高明度。在整体印象不发生变动的前提下，维持色相，纯色不变，通过加大明度差可以增添画面的张弛感。明度值越高，图像的效果越明亮、清晰；相反，明度值越低，图像效果越灰暗。明度差别比色相差别更容易让人将物体从背景中区分出来。因此，图像与背景的明度越接近，辨别图像就越困难，反之则越清晰。

（3）纯度。

纯度指的是色彩的鲜艳程度，也称色彩的饱和度、彩度、鲜度、含灰度等，如图3-7所示。红、橙、黄、绿、青、蓝、紫七种颜色的纯度较高。每一色中，如红色系中的橘红、朱红、桃红，纯度都比红色低些。在同一色相中，纯度越高，越显鲜艳、明亮，能给人强有力的视觉刺激效果；相反，纯度越低，越加柔和、平淡、灰暗。

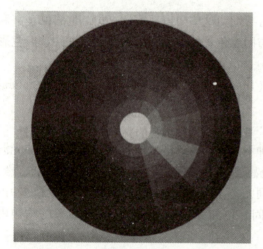

图3-6　店铺色彩知识——明度

图3-7　店铺色彩知识——纯度

 2. 色彩心理应用

1666年，物理学家牛顿通过三棱镜证实，日光可分解成红、橙、黄、绿、青、蓝、紫。而各种光的波长均不同，其中，红光波长最长，紫光波长最短。物体之所以会呈现不同的颜色，一个重要原因就是它们对太阳光的吸收与反射是不同的。人们看到色彩的过程，即光线进入人的视网膜后，视神经受到光线刺激，转化为神经冲动，神经将信息传给大脑视觉中枢，产生色彩感觉的过程。

色彩心理是客观世界的主观反映。色彩的直接心理效应来自色彩的物理光刺激对人的生理发生的直接影响，不同波长的光可以产生不同心理活动。不同波长的光作用于人的视觉器官而产生色感时，必然导致人产生某种带有情感的心理活动，如表3-1所示。例如，红色能使人生理上脉搏加快，血压升高，心理上给人以温暖的感觉；但长时间的红光刺激，也会使人产生烦躁不安的情绪。

表 3 - 1　不同波长的光产生不同心理活动

颜色	象征形态	抽象情感联系
红色	火焰、太阳、鲜血、花卉	温暖、兴奋、热烈、希望、忠诚、健康、充实、饱满、幸福等
橙色	火焰、灯光、霞光、水果、秋叶	活泼、华丽、辉煌、跃动、炽热、温暖、甜蜜、健康、欢喜、幸福等
黄色	黄金、阳光、麦田、土地、香蕉、柠檬	光明、辉煌、轻快、纯净、快乐、希望、智慧等，能引起酸性味觉的食欲感
绿色	大地、草原、庄稼、森林、蔬菜、青山	自然、健康、成长、安静、安详、新鲜、和平、生命、青春、凉爽、清新等
蓝色	天空、海洋、太空、宇宙	平静、冷淡、理智、速度、诚实、真实、信任、深远、崇高等
紫色	薰衣草、葡萄、夜空	神秘、优雅、高贵、庄重、奢华、细腻、秘密等
白色	雪、云、白纸、天鹅、婚纱	纯洁、清白、纯粹、清静、明快、空白、高尚、整洁等
灰色	阴天、灰尘、烟雾、石材	柔和、细致、平稳、朴素、大方、平凡、谦和、中庸等
黑色	黑夜、黑发、魔法、黑板	沉静、神秘、严肃、庄重、含蓄等

当然，色彩都具有色相、明度和纯度，任何一项改变，都会使色彩的心理效应发生相应的变化。

 ### 3. 店铺色彩搭配技巧

（1）色相对比与调和的搭配技巧。

色相对比是指两种或多种色彩共同存在时，可以综合影响消费者心理，如图 3 - 8 所示。在进行色彩对比设计时，应使对比恰到好处，画面才能艳而不俗、华而不浮，产生和谐的美感。色相对比与调和的程度一般可以分为五种程度的对比与调和：同类色对比与调和、类似色对比与调和、邻近色对比与调和、对比色对比与调和、互补色对比与调和。

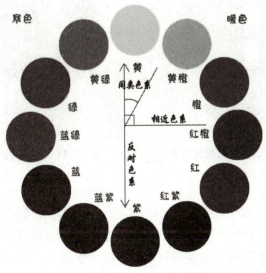

图 3 - 8　色相对比与调和的搭配技巧 1

同类色对比与调和：在色相环上相距15°左右的色彩为同类色。同类色色相非常接近，只能通过明度、纯度的差别来营造细腻丰富的视觉效果。同类色对比与调和属于最弱的色相对比，一般用来表现雅致、含蓄、单纯、统一的视觉情感，如图3-9所示。

图3-9　色相对比与调和的搭配技巧2

类似色对比与调和：在色相环上相距30°~45°的色彩为类似色。类似色色相差别小，但比同类色色相对比的强度大些，仍要通过明度、纯度的差别来产生丰富的视觉效果。类似色对比与调和属于弱色相对比，可以使画面色调和谐、统一，如图3-10所示。

邻近色对比与调和：在色相环上相距90°左右的色彩为邻近色，邻近色对比与调和属于适中色相对比，可以使画面显得色彩丰富，同时由于色彩并不是非常对立，故易于做到统一、调和，如图3-11所示。

图3-10　色相对比与调和的搭配技巧3

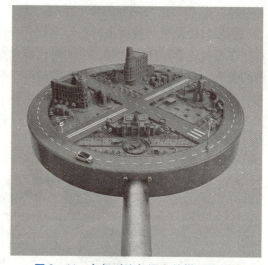

图3-11　色相对比与调和的搭配技巧4

对比色对比与调和：在色相环上相距120°左右的色彩为对比色。对比色对比与调和属于色相强对比，色彩差异大，能制造出色彩丰富、鲜明的视觉效果，如图3-12所示。

互补色对比与调和：在色相环上相距180°左右的色彩为互补色。互补色对比与调和属于最强的色相对比，将色相的对比推向极致，可以满足视觉全色相（红、黄、蓝）的要求。互补色对比与调和使画面对比丰富、强烈、刺激，具有强烈的视觉冲击力，如图3-13

所示，但需要合理的搭配，否则将造成不协调、不统一、视觉感不集中的反面效应。

图 3-12 色相对比与调和的搭配技巧 5

图 3-13 色相对比与调和的搭配技巧 6

（2）明度对比与调和的搭配技巧。

明度对比包括同色相和不同色相的明度对比，明度对比可加强明快感，对比越强，视觉效果越清晰，反之，视觉效果越模糊。单纯从颜色的明亮程度上说，可分为高调、中调、低调三种明度。

高调：以高明度的颜色为主调，产生明亮的色彩基调，给人感觉纯洁、柔软、轻盈、明亮，如图 3-14 所示。

中调：以中明度的颜色为主调，产生中灰的色彩基调，给人感觉朴素、平静、朴实沉着、稳定、中庸，如图 3-15 所示。

低调：以低明度的颜色为主调，色彩基调灰暗，给人感觉厚重、凝重、古朴、神秘、雄伟，如图 3-16 所示。

为了进一步研究明度的对比层次，把色彩明度具体划分为 10 个色阶进行对比，如

图 3-14 明度对比与调和的搭配技巧 1

图 3-17 所示。并把明度对比分为长对比、中对比和短对比，具体说明如下。

长对比：在设计用色中，把最高明度和最低明度跨越 5 个阶段或 5 个阶段以上的色彩明度对比称为长对比。长对比明度对比较强，光感强，形象的清晰程度高，能造成强烈的视觉差异，给人刺激、明快、强烈、有活力、有力量的感觉。具体应用时应注意明暗面积

图 3 – 15　明度对比与调和的搭配技巧 2

图 3 – 16　明度对比与调和的搭配技巧 3

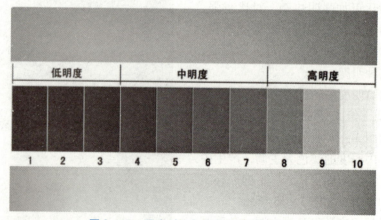

图 3 – 17　明度对比与调和的搭配技巧 4

的比例，使画面效果更加协调。明度对比配色结合色相对比来强化画面的对比效果，能使色彩的表达更完整、贴切，如图 3 – 18 所示。

中对比：最高明度和最低明度跨越 3 个阶段以上、5 个阶段以下的色彩明度对比称为中对比。中对比给人感觉稳重、适中，也会显得平均、中庸。中对比能够形成明显的明度差别，同时能更有效地构成一定的空间感，更具有视觉冲击感。明度对比常常和纯度对比联系紧密，某一色相在明度产生对比的同时，自身的纯度也有所改变，这无疑使对比变得更加含蓄、丰富，如图 3 – 19 所示。

图3-18　明度对比与调和的搭配技巧5

图3-19　明度对比与调和的搭配技巧6

短对比：最高明度和最低明度差 3 个阶段或 3 个阶段以内的色彩明度对比称为短对比。短对比明度对比弱，给人感觉不明朗、模糊不清，如梦、柔和、寂静、柔软、单薄，同时体现出一种稳定性。为了使对比关系加强，在配色时可以采用低明度的背景衬托出前景色并强化对比，如图 3 – 20 所示。

图 3 – 20　明度对比与调和的搭配技巧 7

（3）纯度对比与调和的搭配技巧。

对于色彩来说，纯度越高，越显鲜艳；纯度越低，越加混浊。纯度对比可加强浓郁感。纯度对比是决定色调是华丽、高雅，还是古朴、含蓄的关键。按照颜色纯度的层次来说，可以分为高纯度基调、中纯度基调和低纯度基调。

高纯度基调：高纯度的色彩在画面上占大部分面积时（70% 以上），画面形成高纯度基调。高纯度基调的画面色相感强，色彩鲜艳，形象清晰，具有强烈的视觉冲击力，能营造出热烈、刺激、外向、积极的氛围，如图 3 – 21 所示。

图 3 – 21　纯度对比与调和的搭配技巧 1

中纯度基调：中纯度的色彩在画面上占大部分面积时（70% 以上），画面形成中纯度基调。这是一种理想的调式，既富有色彩，色彩又由于纯度有所降低而不显得刺激，而是显得雅致、耐看，能使人产生和平、自然的感觉，如图 3 – 22 所示。

图 3 – 22　纯度对比与调和的搭配技巧 2

低纯度基调：低纯度的色彩在画面上占大部分面积时（70% 以上），画面形成低纯度基调。低纯度基调的画面色相感弱，色彩暗淡，形象柔和，能给人朴素、朦胧、含蓄等感觉。若色彩把握得好，将会使画面富有韵味、令人回味，并能避免由低纯度的颜色带来的灰、脏、粉等不良效应，如图 3 – 23 所示。

图 3 – 23　纯度对比与调和的搭配技巧 3

4. 挑选适合店铺的色彩搭配

（1）根据店铺特点选择主色。

在网店盛行的时代，一定要选择符合色彩消费心理的协调的色彩搭配，才能凸显出网店的个性，使自己的店铺在众多的竞争者中脱颖而出，吸引消费者，招揽大量的回头客，寻求更高的成交量。在设计过程中，一定要对店铺色彩进行总体把握。

①红色。

红色能给人带来温暖、热情、充满活力的感觉，是一种视觉冲击力极其强烈的色彩，很容易吸引消费者的注意，是店铺设计中使用频率最高的一种颜色。而且在店铺页面的色彩设计中，红色和黄色向来是中国传统的喜庆搭配，这种传统的色调能让消费者联想到节日、促销和网购节。在设计过程中，需要把握好红色的使用度，如果用色过度，容易造成视觉疲劳。在配色时，适当地加入黄色、橙色、白色和黑色等色彩点缀，能让页面视觉过渡更自然。图 3－24 所示为以红色为主色的配色方案。

②橙色。

橙色能给人带来舒适、明快的感觉，可以令人兴奋，富有活力，可以使消费者产生幸福的感觉。橙色属于红色和黄色的中间色调，其本身色调平衡性较好，不但能强化视觉感受，还能通过改变其色调而营造出不同的氛围。橙色既能表现出年轻和活力，也能传达出稳重感，因此它在店铺页面中的使用率也比较高。橙色在店铺页面设计中常常用于食品、儿童用品、家居等行业。图 3－25 所示为以橙色为主色的配色方案。

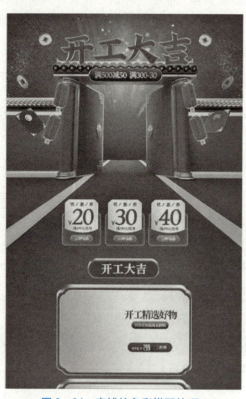

图 3－24　店铺的色彩搭配技巧 1

图 3－25　店铺的色彩搭配技巧 2

③黄色。

黄色是阳光的色彩，能表现无拘无束的快活感和轻松感。黄色与其他颜色搭配时会显得比较活泼，具有快乐、希望和充满阳光般的个性。黄色是所有颜色中明亮度最高的颜色，在店铺页面设计中，常用于华丽、时尚的产品，如高级家电、首饰、儿童玩具等。在进行颜色搭配时，建议选用红色、黑色、白色来搭配黄色，这些色彩的对比度大，容易形成画面层次的对比，突出商品主体；而黄色与蓝色、绿色及紫色搭配时，能形成轻快的时尚感。以黄色为主色的配色方案如图 3-26 所示。

④紫色。

紫色所表达的是一种女性气质，有着优雅、高贵的质感，同时它也给人神秘、奢华浪漫、梦幻的感觉。紫色属于冷色调，在使用紫色的同系色彩进行搭配时，能表现出宁静、优雅的感觉；如果加入少许的互补色，则能在宁静的氛围中表现出华丽与开放感。紫色与红色、黄色、橙色搭配时，能让页面的整体色调对比强烈，表达出非凡的时尚感，更容易让买家情绪激昂；与白色搭配时，能让页面看起来更加简洁、大气和优雅；而与黑色搭配时，能让情绪氛围显得更神秘。以紫色为主色的配色方案如图 3-27 所示。

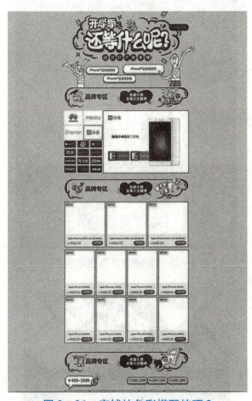

图 3-26 店铺的色彩搭配技巧 3

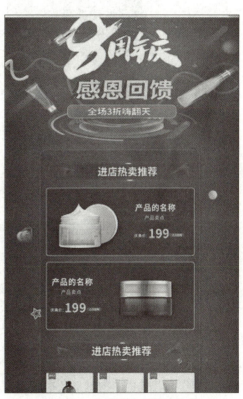

图 3-27 店铺的色彩搭配技巧 4

⑤绿色。

绿色会给人带来一种恬静、活力和充满希望的感觉，是最能表达自然力量的颜色，尤其在和黄色搭配时能呈现出很强的亲和力，能表达出大自然生机勃勃的感觉。在店铺页面设计中，绿色往往受到环保、健康、天然的产品青睐，如保健品、土特产、化妆品等。由于绿色属于冷色调，如果整个页面仅使用这一种色彩，画面会显得冷静单调，因此一般都会搭配红色或者黄色以增加温暖感。以绿色为主色的配色方案如图 3-28 所示。

⑥蓝色。

蓝色作为最有代表性的冷色调，一直给人一种冷静、理性、可靠、成熟的感觉。在店铺页面色彩的应用中，蓝色常常和科技、智慧、清凉联系在一起，所以适用于数码产品、汽车用品、医疗用品、清洁用品等网店。蓝色在与红色、黄色、橙色等暖色系进行搭配时，页面的跳跃感会比较强，这种强烈的兴奋感容易感染买家的购买情绪；如果蓝色和白色搭配，则能使页面表现出清新、淡雅的感觉，并能强调品牌感。以蓝色为主色的配色方案如图 3-29 所示。

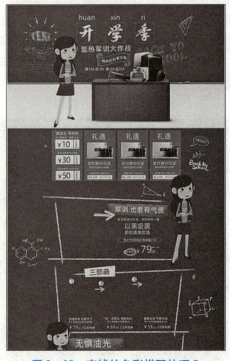

图 3-28　店铺的色彩搭配技巧 5

图 3-29　店铺的色彩搭配技巧 6

⑦无彩色系色彩。

无彩色系搭配是指用白色、灰色和黑色来设计页面，无彩色系是经典的潮流色，永不过时。无彩色系色彩既能作为主色调来设计页面，也能作为其他色彩的辅助色搭配使用，是一种百搭的色彩。

如果在最初设计店铺时难以选择颜色，可以尝试使用无彩色系的色彩，它是新手的安全设计色系。无彩色系色彩也常常作为大牌服装或奢侈品牌的主打颜色。以无彩色系色彩为主色的配色方案如图 3-30 所示。

（2）店铺的主色、辅助色、点缀色搭配。

打开店铺的页面后，首先给买家带来视觉冲击的是店铺色彩。好的配色不但可以打动人心，而且可以大大提升成交率。在一定程度上，店铺使用一个固定的色彩搭配，更能使其

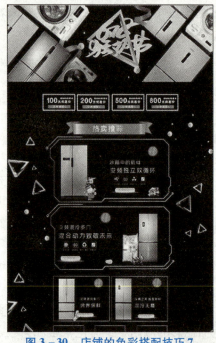

图 3-30　店铺的色彩搭配技巧 7

变成店铺或者品牌的辨识色彩。下面进一步学习店铺色彩搭配的方法。正如在上面讲到的，颜色的搭配需要体现对比。一般来说，一个合格的设计需要有 60% 的主色，30% 的辅助色，加上 10% 的点缀色，如图 3–31 所示。

图 3–31 店铺的主色、辅助色、点缀色搭配技巧 1

网店的色彩搭配就像歌舞剧的角色安排一样，都会有主角和配角。在色彩设计中，不同的色彩也有不同的职责分工。在色彩设计中，分主色、辅助色和点缀色。在舞台上，主角站在聚光灯下，配角退后一步来衬托他。色彩设计的配色也是一样，主色要比辅助色更清楚、更强烈。在一个页面中，占用面积大、受瞩目的色彩一般就是主色。辅助色的功能在于帮助主色建立完整的形象，使主色更漂亮。判断辅助色用色是否合理就要看主色是否更加突出。辅助色可以是一种颜色，也可以是几种颜色。点缀色是指在色彩组合中占据面积较小、视觉效果比较醒目的颜色。主色和点缀色可形成对比，产生主次分明、富有变化的韵律美，如图 3–32 所示。

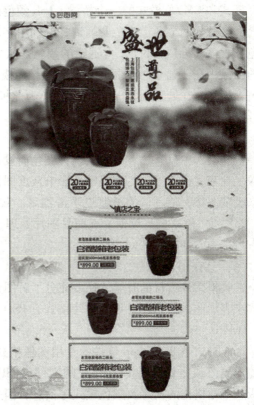

图 3–32 店铺的主色、辅助色、点缀色搭配技巧 2

 5. 图片素材规划与收集

（1）图片色彩属性概述。

图片的色彩能够直观地反映出不同的商品特征。图片的精修离不开图片色彩的调整。颜色模式是数字世界中表示颜色的一种算法，它是图片调色的基础，主流的颜色模式包括 RGB 颜色模式、CMYK 颜色模式、Lab 颜色模式和灰度模式等。在对商品图片进行后期处理时，可以根据图片最终的用途在各种颜色模式之间进行适时的转换。下面简单介绍上述几种颜色模式。

①RGB 颜色模式。

RGB 颜色模式通过对红（R）、绿（G）、蓝（B）三个颜色通道的变化及它们相互之间的叠加来得到各种各样的颜色。RGB 颜色模式是显示器所用的模式，也是美工设计中最常用的一种颜色模式。在 Photoshop 中打开照片未进行编辑前，图像均显示为 RGB 颜色模式，在此模式下可以应用 Photoshop 中的几乎所有工具和命令来编辑图像。

②CMYK 颜色模式。

CMYK 颜色模式是一种印刷模式，其中四个字母分别指青（Cyan）、洋红（Magenta）、黄（Yellow）、黑（Black）。在印刷中，它们分别代表四种颜色的油墨。在 RGB 颜色模式中是由光源发出的色光混合生成颜色，而在 CMYK 颜色模式中，颜色是由光线照到有不同比例 C、M、Y、K 油墨的纸上，部分光谱被吸收后，反射到人眼的光而产生的。如果需要把处理后的图片打印出来，通常要在打印之前把处理后的图片转换为 CMYK 颜色模式。

③Lab 颜色模式。

Lab 颜色模式是由 R、G、B 三基色转换而来的，Lab 颜色模式是 RGB 模式转换为 HSB 模式和 CMYK 模式的一个桥梁。Lab 颜色模式由三个通道组成，其中第一个通道为明度通道，另外两个通道为色彩通道，分别用字母 a 和 b 来表示。a 通道包括的颜色是由深绿色到灰色，再到亮粉色；b 通道的颜色是从亮蓝色到灰色，再到黄色。打开 Lab 颜色模式的图像，在"通道"面板中可看到该颜色模式下各通道的颜色组成。在 Lab 模式下定义的色彩最多，在处理图片时将图像转换为此模式后，通过调整可以让图片产生较明亮的色彩。

④灰度模式。

灰度模式中只有黑、白、灰三种颜色而没有彩色，它是一种单一色调的图像，即黑白图像。在灰度模式下，亮度是唯一影响灰度图像的要素。灰度模式可以使用多达 256 级灰度来表现图像，使图像的过渡更平滑细腻。灰度图像的每个像素有一个 0～255（0 为黑色，255 为白色）的亮度值。在商品图片处理过程中，将图像转换为灰度模式，可以表现出古色古香的怀旧韵味。

（2）选择图片格式。

在收集图片素材的时候，还要充分了解图片素材的格式，不同的图像格式会以不同的方式来表示图像信息。常见的图片格式有 PSD、JPEG、GIF、PNG，其特点如下：

①PSD 格式。

PSD 格式是 Photoshop 软件的专用图像格式，它具有极强的操作灵活性，用户可以很便捷地更改或重新处理 PSD 格式的文件。PSD 格式保留 Photoshop 中所有的图层、通道、蒙版、未栅格化的文字及颜色模式等信息，因此以该格式存储的图像所占用的存储空间也会更大。

②JPEG 格式。

JPEG 格式是数码相机用户最熟悉的存储格式，是一种可以提供优异图像质量的文件压缩格式。JPEG 格式可针对彩色或灰阶的图像进行大幅度的有损压缩。一般情况下，若不追求过于精细的图像品质，都可以选用 JPEG 格式存储图像。JPEG 格式的图像多用于网络和光盘读物上。

③GIF 格式。

GIF 格式分为静态 GIF 和动画 GIF 两种，扩展名为".gif"，是一种压缩位图格式，支持透明背景图像，网店中很多小动画都是 GIF 格式。其实，GIF 格式是将多幅图像保存为一个图像文件，从而形成动画，最常见的就是通过一帧帧的图片串联起来的动画形式。

④PNG 格式。

PNG 格式是专门为图像的网络展示开发的文件格式，它能够提供比 GIF 格式小最多 30%的无损压缩图像文件，并且提供 24 位和 48 位真彩色图像支持及其他诸多技术性支持。在完成商品图片的处理后，可以选择以 PNG 格式存储图像，这样如果需要将图像上传至网络，不仅可提高上传速度，还便于在不同浏览器中快速阅览图像。

（3）选择图片筛选规划技巧。

一个店铺的产品页面给人的最佳视觉效果应该是布局整齐、商品陈列方式统一、用色柔和的，这样更能体现店铺品牌。产品的细节更能彰显品质，尽可能为所有的商品提供细节展示，这样能让买家更好地了解商品品质并提高购物体验。商品图片的优质与否与图片的清晰度密切相关，用"缩放工具"在图像上单击几次放大数倍后，会发现图片变成许多小方格，而这每个小方格就被称为像素。一张图片单位面积内所包含的像素越多，画面就越清晰，图像的色彩也就越真实。

在制作设计时还会遇到一个关于图像清晰程度的设置，即分辨率。分辨率是指图像在一个单位长度内所包含像素的个数，以每英寸包含的像素数（ppi）进行计算。分辨率越高，所输出的图像就越清晰；分辨率越低，所输出的图像就越模糊。分辨率较高的图像可以在后期处理时根据需要进行更自由的裁剪，而分辨率较低的图像经过裁剪很容易变得模糊。在网店美工设计中，素材的一般最小分辨率为 72 像素/英寸。

此外，选择图片时还要注意不同产品图片展示内容的不同，如表 3-2 所示。要针对展示内容选择适合的产品图片。

表 3-2　产品展示内容

产品图片	产品展示内容
独特实点图	用商品独家或独特的功能与卖点打动买家，体现出商品的价值感和品牌感
效果图	效果图比单纯的实物图更吸引人，它能带给买家犹如亲身体验的感觉，让买家产生共鸣和认同感
实力资质图	通过商品的质检报告、合格证书、资质证书、荣誉证书、工厂实景、生产仓储、实体店铺门面等图片来展示店铺的实力，进一步让买家产生信任感
商品对比图	通过与其他劣质商品的对比来体现自家商品的品质或独特功能
场景实用图	将商品使用效果或放在真实使用环境中的效果拍摄出来，让买家可以更深入地了解该商品的实用性
包装效果图	通过展示商品的吊牌标签和运输时的外包装来体现品牌感或运输安全性

【想一想】

1. 根据所销售的产品确定店铺装修的主色、辅助色和点缀色。

2. 假设店铺是卖淑女风格的连衣裙，打算搞"五一"活动，选择合适的参考海报图片。

三、 PC 端店铺首页装修设计

1. 店铺首页制作规范

店铺首页作为买家进入店铺的第一个页面，其装修的好坏决定了它是否能在第一时间抓住买家的眼球，让买家停留并浏览首页内容，也进一步影响到店铺的品牌宣传以及买家的购物体验，并最终影响店铺的流量和转化率。因此，网店装修是决定店铺整体形象的关键。店铺首页的视觉设计是引导买家购买、提高转化率的重要手段。不同电商平台的店铺，首页的尺寸也不尽相同，以淘宝店铺的首页制作为例，其宽度一般为 950 像素，高度不限，如图 3-33 和图 3-34 所示。首页通常包含店标、店招、导航栏、海报、宝贝陈列区、收藏区以及客服区等模块。海报的设计在店铺中是必不可少的，而且海报的设计往往和活动主题紧密联系在一起，以使买家在进入店铺的第一时间就被吸引从而停留在页面。

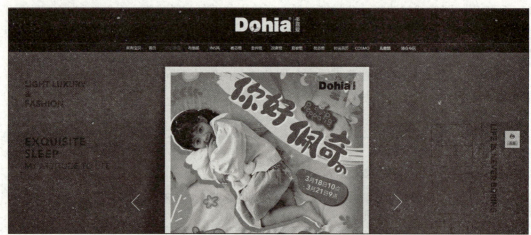

图 3-33　PC 端店铺首页制作规范 1

图 3-34　PC 端店铺首页制作规范 2

店铺首页宝贝陈列区主要展示重点推荐，如图 3-35 所示。

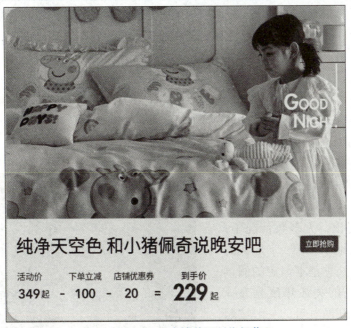

图 3-35　PC 端店铺首页制作规范 3

店铺首页产品及其核心卖点、诱人的价格和折扣等，如图 3-36 所示。

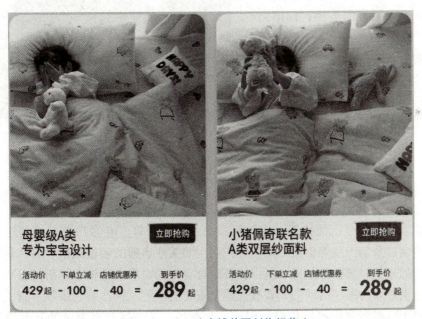

图 3-36　PC 端店铺首页制作规范 4

 2. 店铺首页的布局

　　店铺首页装修的最终目的是要在有限的页面中用最简单的表现手法实现最好的宣传效果，获得买家的信任，从而达到提升转化率的目的，因此，符合买家需求的页面布局才有价值。所以，在安排店铺首

PC 端装修首页分类，
产品介绍等内容

页布局时并不是要将所有的模块一味地堆积上去，而是通过各模块之间合理的组合排列布局店铺首页。合理的布局不但可以增加店铺黏性，提升新老顾客的忠诚度，还可以达到更好的视觉效果和用户体验效果。

（1）店铺定位。

首先，店铺要有一个风格定位，通过风格定位来突出主题。只有经过精心设计和布局的店铺首页才能给买家留下深刻的购物体验。

（2）用户的浏览模式。

美国长期研究网站可用性的著名网站设计师杰柯柏·尼尔森（Jakob Niesen）发表了《眼球轨迹的研究》报告。报告中提出，大多数情况下，浏览者不由自主地以"F"字形状的模式阅读网页。这种基本恒定的阅读习惯决定了网页的关注热度呈现F形。即浏览者打开网页后，一般按照F形模式浏览网页：第一步，水平移动，浏览者首先在网页最上部形成一个水平浏览轨迹；第二步，目光下移，浏览者会将目光向下移，扫描比上一步短的区域；第三步，垂直浏览，浏览者完成前两步后，会将目光沿网页左侧垂直扫描，这一步的浏览速度较慢，也有系统性、条理性。根据F形网页浏览模式，如图3-37所示，可以大概了解买家的浏览轨迹，

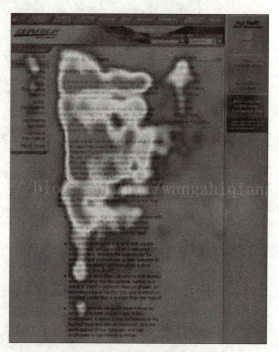

图3-37　用户的浏览模式

也就是说，店铺首页最上面的那部分是买家浏览的重点，这是毫无疑问的。因此，对于这个重点区域，店铺要精打细算，合理利用。

（3）了解客户的需求及行为。

客户的需求可能是店铺优惠、店铺折扣、产品上新等。老客户更多地关注店铺的优惠、促销活动以及新产品等信息，而新客户则主要关注店铺的装修风格、整体店铺形象以及店铺推荐的新款、爆款等信息。所以，要结合客户的需求来整体布局店铺首页。店铺的活动及优惠信息如海报、活动图，要放在非常重要的位置。推荐款和爆款不宜太多，可以用关键字突出，或者利用导航栏进行引流。收藏区、关注区和客服区的互动模块必不可少，这是增加店铺黏性、提高二次购买率的销售利器。总之，模块布局要错落有致，图文结合，避免视觉疲劳的情况发生。同时，模块结构和产品系列都要清晰明了，如图3-38和图3-39所示。

图 3-38　了解客户的需求及行为 1　　　　　　　图 3-39　了解客户的需求及行为 2

 3. 店铺首页图片尺寸标准

PC 端首页由 190 像素、750 像素、1 920 像素和 950 像素的模块组成。具体情况如图 3-40 所示。

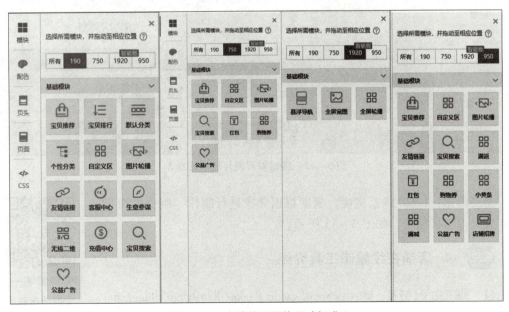

图 3-40　店铺首页图片尺寸标准 1

其中常用的有以下几种：

全屏店招：1 920 像素×150 像素，由店铺招牌和页头设置两部分组成。其中店铺招牌 950 像素×120 像素，页头设置当中页头背景图尺寸为 1 920 像素×150 像素，如图 3－41 和图 3－42 所示。

PC 端装修——
全屏店招案例操作

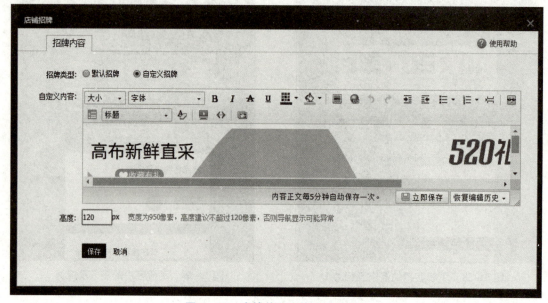

图 3－41　店铺首页图片尺寸标准 2

图 3－42　店铺首页图片尺寸标准 3

全屏海报：1 920 像素宽度，高度根据要求进行制作，制作的海报放在自定义内容区模块，如图 3－43 所示。

 4. 店铺在线编辑工具介绍

（1）码工助手（链接：https://www.gaoding.com/dianshang/zhuangxiu）。

PC 端装修——
全屏海报制作

图 3 - 43 店铺首页图片尺寸标准 4

稿定设计旗下电商装修工具——码工助手，是一款专业好用的在线代码生成工具，提供淘宝/天猫/京东/阿里巴巴等网店平台的代码免费生成服务，丰富的代码特效，简单的操作，即可装修出不错的效果，如图 3 - 44 所示。

图 3 - 44 店铺在线编辑工具 1

（2）图怪兽（链接：https://818ps.com）。

图怪兽提供 100 万 + 精品设计模板，涵盖营销海报、logo、新媒体配图、公众号编辑、H5、印刷物料、PPT、电商设计、GIF 动图、视频模板、名片、展架、邀请函等企业宣传及个人使用的百余种设计场景，如图 3-45 和图 3-46 所示。

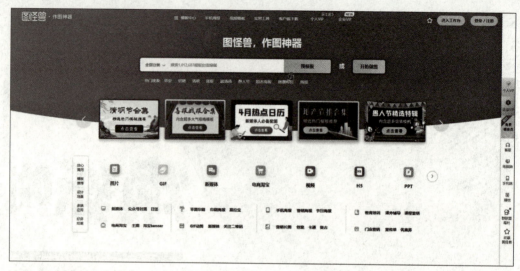

图 3-45　店铺在线编辑工具 2

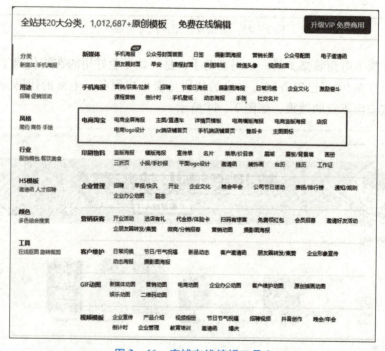

图 3-46　店铺在线编辑工具 3

其他类似的在线编辑工具还有图司机（链接地址：https://www.tusij.com/）。

【想一想】

根据所销售的产品确定 PC 端首页装修的风格。

店铺装修如何新建页面?

一、PC 端

请进入"卖家中心"→"店铺装修"→"PC 端"→"自定义页",右上角单击"新建页面",如图 3 - 47 所示。

图 3 - 47　PC 端店铺装修步骤

温馨提示:基础页中的页面是不能新建的,但可以通过新建自定义页装修后再设为首页。

二、手机端

请进入"卖家中心"→"店铺装修"→"手机端"→"自定义页"或"店铺首页 - 手淘首页",右上角单击"新建页面",如图 3 - 48 所示;手淘首页新建或删除页面必须订购智能版旺铺,若没开通智能版,则无法新建和删除页面。

图 3 - 48　手机端店铺装修步骤 1

温馨提示:

1. 自定义页新建个数上限 50 个。

2. 手淘首页新建个数上限 15 个。

3. 删除页面方式:请单击"更多"→"删除页面",手机端→手淘首页只有智能版旺铺才可以删除,如图 3 - 49 所示。

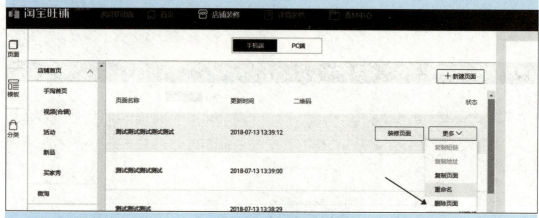

图 3 - 49　手机端店铺装修步骤 2

四、移动端店铺首页装修设计

 1. 移动端设计需求

手机移动端店铺视觉设计与 PC 端的设计思路基本是一致的,都是为了展示商品,展示店铺与品牌,促进消费与店铺的持续发展,然而 PC 端页面的全部内容却不能简单地一键导入手机移动端,否则就会出现 PC 端内容无法适应手机端的情况。在进行手机移动端店铺装修的视觉设计时,一定要考虑到手机端的特点与属性,并进行相应的变化与调整。

利用模板装修
手机端首页

(1) 迎合极速打开需求。

大多数消费者选择手机移动端网店是因为它能带来随时随地购物的便捷感,对于这部分消费者而言,他们并不希望看到如图 3 - 48 所示的情况。如果店铺中的图片与信息加载时间过长,消费者便会失去购买的耐心与兴致。

网络速度可能是导致店铺界面长时间无法打开的主要原因,虽然我们并不能调控网络速度,但从店铺视觉设计的角度上说,如果店铺中不堆放过多的图片且图片不是过大,那么也是能够缓解图片缓冲压力的,这样店铺界面就能够较为快速地展示在消费者面前了。可以这样说,对店铺中图片等信息的合理控制能够满足消费者极速打开的需求,为消费者享受更为流畅的购物体验创造条件。

(2) 信息内容简洁,便于快速传播。

喜欢使用手机移动端进行购物的消费者很多时候都是利用工作或学习的碎片时间对所需商品进行浏览、挑选与购买的，由于工作或学习任务的繁重，使他们并没有太多的注意力与耐心长时间浏览，所以我们在进行手机移动端网店视觉设计时，设置能够快速传播的信息内容更能满足手机移动端消费者的需求。

由于手机移动端受手机载体的限制，其显示尺寸有限，店铺信息的呈现也会受限，如果信息量过多且不做取舍，只会导致信息无法清晰、明确地加载与显示，消费者也很难读懂精华信息，不能快速找到自己想要看到的界面，就很有可能会选择离开。因此，对信息进行必要的精简化处理是让消费者快速浏览与接收信息的关键，如图3-50和图3-51所示。

图3-50　PC端的展示文字信息清晰可见

图3-51　手机移动端的展示文字信息则较为模糊

通过对比不难发现，简化版本省去了对店铺中其他商品的展示，将商品详情进行了精简，使消费者进入界面后立刻能够浏览到与商品相关的信息和内容。简化版满足了利用碎片化时间进行购物的消费者的需求，让他们能够直达目的地，愉快与快速地完成对商品信息的浏览与购买。

此外，控制文字信息的篇幅及文字尺寸的大小也能让信息在手机移动端清晰展示。

在这种情况下，卖家需要明确所要展示的主要信息，并从中提炼出关键内容，让消费者在看清重点信息的同时，也能达到快速传播信息的目的。

其实，手机移动端的文字信息可以尽量简化，要多利用图片来表现信息。毕竟如今是读图时代，加上手机移动端消费者浏览与购物的时间有限，图片更成为能让他们快速、清晰地读取信息的重要途径，也只有被图片吸引后他们才会迅速阅读界面中的部分文字。

图3-52所示为手机移动端商品详情界面，在界面开端使用了大量篇幅来说明扫地机器人的属性与参数信息，但消费者有时并不会注意到这些信息，因为他们更习惯或者说更愿意"读图"。

因此，界面文字部分可以更加精简，以图片的形式来表现。相对于纯文字而言，图文结合的方式显得更加直观与清晰，也满足了消费者快速浏览与阅读的需求，如图3-53所示。

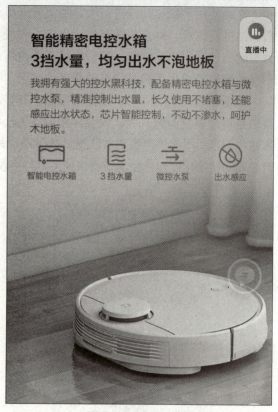

图 3-52　大量的文字信息　　　　　　　　图 3-53　图文结合

（3）简单方便的操作与交互。

智能手机让人们通过指尖便能轻松地与手机进行亲密的接触与互动，操控变得更加随心所欲，而这一特色也不免影响着依附于智能手机的移动端网店视觉设计。在进行手机移动端的店铺视觉设计时，有的店铺会直接套用 PC 端的设计，这很可能是因为他们在手机移动端设计了可供消费者进行缩放控制的界面尺寸，让消费者可以通过滑动手机屏幕去对界面进行缩放控制，如此就能清楚地浏览到界面中的信息。

这样的设计方式看似解决了页面中信息过多而不能清晰显示的问题，但在一定程度上增加了消费者的操作负担。

通过上面的操作步骤消费者确实可以看清界面中的信息，却需要经过滑动、左拖、右拖、上拉、下滑等一系列操作来完成。这样的操作会花费消费者过多的精力与时间，让他们无法一心一意地购物，繁复的操作与交互设计很可能会给消费者带来困惑与苦恼，让他们最终失去浏览的耐心。

相比之下，无须进行缩放操作，只需伸出手指执行单一操作便可以进行信息的浏览与阅读的简单且易于操作的方式更容易被消费者所接受。因此，在进行手机移动端的店铺视觉设计时，要简化一切不必要的设计，让消费者不必因为多余的操作而忘记了购买的初衷，这也是促进手机移动端店铺销量增加的有效手段之一。

（4）整体设计风格首尾呼应。

店铺整体的装修与设计风格需要做到首尾呼应，否则就不利于店铺完整设计风格的塑造。不同于 PC 端店铺，手机移动端店铺属于狭窄视觉展示，如果不依据店铺品牌基调保持设计风格的一致性，店铺形象的不鲜明感就会带来视觉的混乱体验，也无法让消费者对店铺形成视觉记忆。

某店铺手机移动端首页界面的第一屏与第二屏如图 3 - 54 所示，该店铺为了迎合"双11"的氛围，店铺装修也采用了具有活动气氛的风格，即便如此，其装修的整体风格并没有脱离店铺品牌，与商品形象也较为贴切。

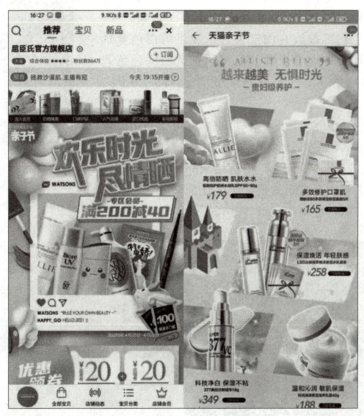

图 3 - 54　整体设计风格首尾呼应

"双11"活动的表现形式多种多样，可以走可爱路线，也可以是古典风、中国风、淑女风等表现形式，而这家店铺并没有选择可爱风格，而是选择了较为热闹的表现方式。

（5）保持色彩与文字的鲜明感。

由于手机屏幕的尺寸有限，因此手机移动端店铺浏览面积也相对较小，消费者的视觉也会受到限制。这时除了需要对文字进行精简以外，手机移动端店铺视觉设计的整体色彩也需要有鲜明感。与 PC 端经常使用深色系的色彩来表现品牌的档次感不同，手机移动端的显示范围相对集中，过于暗沉的用色会引起消费者感官的不适，这也是手机淘宝平台统一采用白色作为店铺模板背景色的原因。就像是浏览电子书籍一样，白纸黑字的组合方式更符合消费者的阅读习惯。

也正因如此，在进行手机移动端店铺的视觉设计时，最好采用较为鲜亮的色彩，因为这样不仅能给消费者带来较好的浏览体验，同时也能与淘宝平台所提供的白色背景相融合，让店铺的整体设计风格更加统一与完整。

某店铺首页装修界面如图3-55所示，店铺的前几屏大面积地采用了黑色作为图片的背景色彩，黑色也成了店铺装修的主色调。到了店铺的后几屏，商品展示图片并没有使用这样的色调，有浅色底图片也有深色底图片，参差不齐。当它们都被放在淘宝平台所提供的白色背景环境中后，不能很好地与店铺前几屏所营造的深色色调相融合，显得前后不一，店铺视觉设计也就失去了完整性。

同时，深色系也容易带来一种沉重感，对于利用碎片化时间来进行购买的手机移动端消费者而言，他们希望从中获取轻松与自在感，深色系则不能给他们带来愉悦的体验；相反，较为鲜明与惹眼的色彩则能让消费者获得轻松的感受与体验，两种色调对比如图3-56所示。

图3-55　某店铺首页装修界面

图3-56　两种色调对比

鲜明的色彩不一定是鲜艳的高纯度色彩，也可以是低纯度但明度较高的色彩。相对于暗沉的色彩而言，这些色彩更加引人注目，能获得消费者较高的关注度，也容易刺激他们的眼球，激发其购买冲动，如图 3-57 所示。

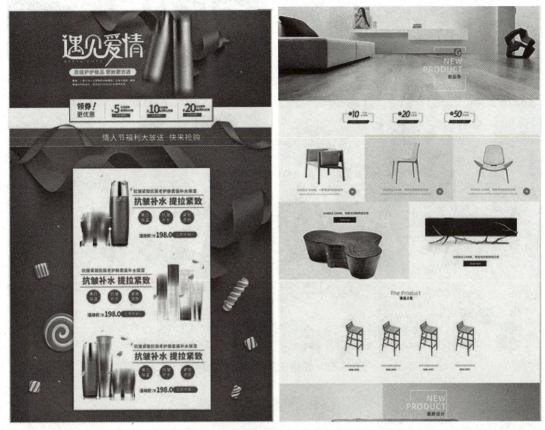

图 3-57 高纯度色彩与高明度色彩

（6）保持常换常新。

手机移动端网店的大部分使用人群具有年轻时尚的特点，这部分人群，除了希望能够快速、便捷地达到购物的目的以外，也容易接受新事物、追求刺激、新鲜感，而且充满好奇心。

手机移动端的视觉设计，保持常换常新的状态，不仅能够满足这部分消费群体对新奇事物的追求，也不会让店铺看起来像是一个无人看管的空店。当然，这一切也是需要建立在店铺品牌设计风格不变的基础之上的。

比如，在"雅诗兰黛"店铺手机移动端首页中，轮播图片并非长久不变，而是随时都会变化。通过图片的及时更新，消费者可以快速地了解到店铺的最新活动，为卖家争取了销售机会的同时，也让消费者有了更加方便地了解活动并参与活动的途径。这种常换常新的方式不仅能给消费者带来视觉上的新鲜感，还能让他们快速了解定期与不定期的店铺活动，在感受卖家经营店铺的用心的同时，也获得了良好的消费体验。

虽然该店铺保持常换常新，但不难发现其图片或店铺的设计风格都没有"越界"，都与店铺所推崇的品牌形象相契合，如图 3-58 所示。

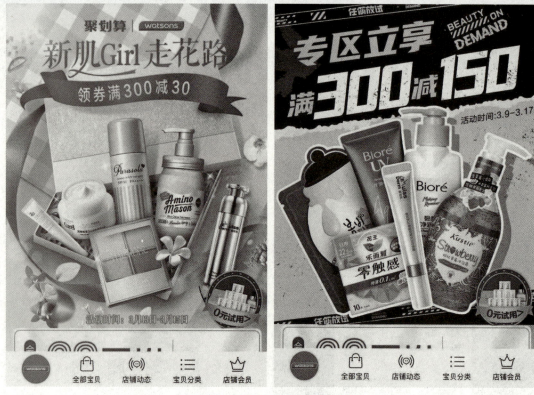

图3-58　屈臣氏手机端首页轮播图

2. 移动端图片尺寸标准

手机端装修模块（见图3-59）由智能人群类（见图3-60）、图文类、购物小程序（见图3-61）、宝贝类（见图3-62）、营销互动类（见图3-63）等组成。

图3-59　手机端装修模块

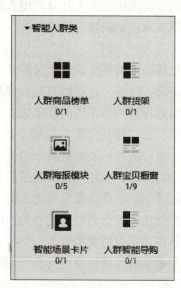

图3-60　智能人群类

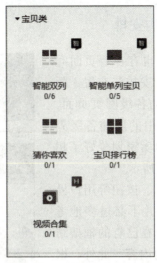

图 3-61　图文类购物小程序　　　图 3-62　宝贝类　　　　图 3-63　营销互动类

为了规范设计，手机淘宝对图片的发布尺寸做出了要求，如表 3-3 所示。

表 3-3　手机淘宝图片的发布尺寸要求

模块类型	模块名称	上传规范（试行标准）
图文类	单图海报	请上传宽度 1 200 px、高度在 120~2 000 px 范围内的图片，支持 jpg/png 格式，大小不超过 2 MB
	轮播海报	请上传宽度 1 200 px、高度 600~2 000 px 的图片，支持 jpg/png 格式，大小不超过 2 MB。注：轮换图模块会自动记录初始上传的图片尺寸宽高数值，故统一模块内展示的所有图片尺寸需一致（即第一张上传的图片的尺寸）。如需后期修改展示图片尺寸，则需删除该模块后再新创建
	多热区切图	请上传宽度 1 200 px、高度在 120~2 000 px 范围内的图片，支持 jpg/png 格式，大小不超过 2 MB
宝贝类	系列主题宝贝-样式 1	请上传宽度 1 200 px、高度 591 px 的图片，支持 jpg/png 格式，大小不超过 2 MB
	系列主题宝贝-样式 2	清上传宽度 750 px、高度 1 010 px 的图片，支持 jpg/png 格式，大小不超过 2 MB
	系列主题宝贝-样式 3	请上传宽度 1 200 px、高度 252 px 的图片，支持 jpg/png 格式，大小不超过 2 MB
	智能宝贝推荐	请上传宽度 1 200 px、高度 376 px 的图片，支持 jpg/png 格式，大小不超过 2 MB

手机端装修-模块介绍（1）

手机端装修-模块介绍（2）

3. 移动端框架结构安排

移动端网店和 PC 端一样，也存在着页面间的跳转以及页面结构层级关系的安排与布置，而这里所说的页面不再是指店铺的各级网页页面，而是指存在于淘宝 App 客户端中的店铺各级界面。为了方便管理，淘宝已经给卖家划分好了相应的店铺框架结构，如图 3-64 所示。

卖家虽然可以不必考虑图标、按钮等用户界面（User Interface，UI）设计，并不必过多地考虑店铺的结构组成，但需要注意在已有的框架结构中添加能够促进消费者购买的内容。此外，根据框架结构层面给所添加的内容设置相应的商品或活动链接也尤为重要，否则混乱的链接也会导致店铺框架结构变得很混乱，不被消费者所理解，阻碍消费者的购买进程。

图片对应的链接如图 3-65 和图 3-66 所示，单击图 3-65 的轮播图后，会打开图 3-66 中的商品详情页面，两者之间是对应的，为同一商品。只有建立了正确的对应关系，才能让消费者快速且方便地找到自己所需的商品，获得更好的购物体验。

图 3-64　移动端框架结构安排

图 3-65　图片对应的链接 1

图 3-66　图片对应的链接 2

4. 移动端装修设计工具介绍

（1）素材网站。

①包图网（链接地址：https：//ibaotu.com/）。

包图网是上海包图网络科技有限公司旗下素材在线交易网站，于 2016 年 7 月上线运营。主要服务是提供图片、视频、音频、psd 源文件等形式的素材。包图网内容版块已有广告设计、摄影图、字体、UI 新媒体配图、电商淘宝、多媒体、办公文档、装饰模型、插画动图九大类别，如图 3 - 67 所示。

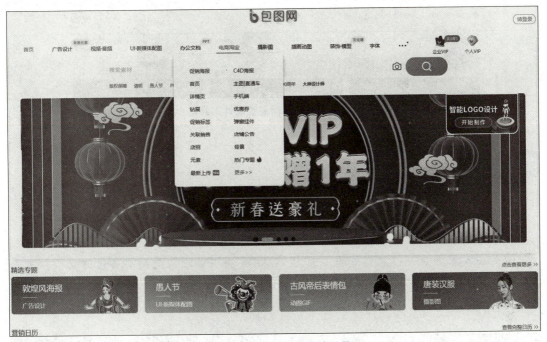

图 3 - 67　移动端装修设计工具 1

②千图网。

千图网是中国素材最多的网站之一，拥有 800 多万张素材。提供矢量图、psd 源文件、图片素材、网页素材、3D 模型素材、手机 App 素材、PPT、画册、图标热门主流素材下载服务，千图网以其独特的定位和全新运营模式，处于素材网站领先地位，如图 3 - 68 所示。

（2）利用 PS 完成替换功能和切片。

在素材网上找到合适的手机移动端店铺模板并进行下载，下载完以后解压缩，利用 PS 完成模板上产品和文字的替换；完成替换之后换成手机移动端合适的尺寸，普遍使用 640 像素或者 750 像素的宽度，高度按照模块要求进行切片，导出图片。

【想一想】
1. 根据所销售的产品确定移动端店铺装修风格。
2. 移动端店铺装修中打算用哪些模块？模块尺寸是多少？上传时有哪些注意事项？

图 3-68　移动端装修设计工具 2

店铺装修如何备份和还原？

1. PC 端

进入"卖家中心"→"店铺管理"→"店铺装修"→"PC 端"找到要备份的页面，单击"装修页面"，当需要对当前装修结果进行备份时，请单击右上角的"备份"，如图 3-69 ~ 图 3-71 所示。

图 3-69　PC 端店铺装修的备份步骤 1

图 3-70　PC 端店铺装修的备份步骤 2

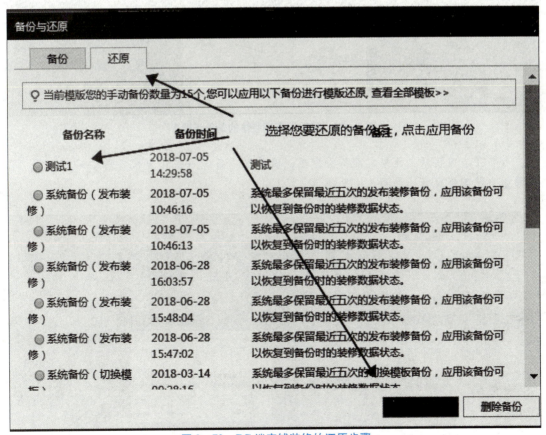

图 3 –71　PC 端店铺装修的备份步骤 3

若要在当前装修页还原之前备份模板，请单击"还原"→"应用备份"，如图 3 – 72 所示。

图 3 –72　PC 端店铺装修的还原步骤

2. 移动端

进入"卖家中心"→"店铺管理"→"店铺装修"→"手机端"找到要备份的页面，单击"装修页面"，当需要对当前装修结果进行备份时，请单击右上角的"备份"，如图3－73和图3－74所示。

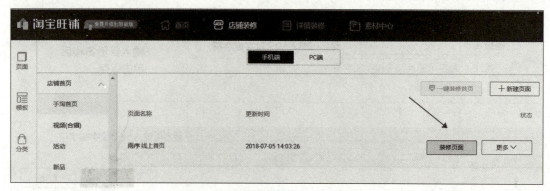

图 3－73　移动端店铺装修的备份步骤 1

图 3－74　移动端店铺装修的备份步骤 2

若要在当前装修页还原之前备份模板，请单击"备份"→"恢复该备份"→"确认"，即可覆盖当前装修页面，如图3－75所示。

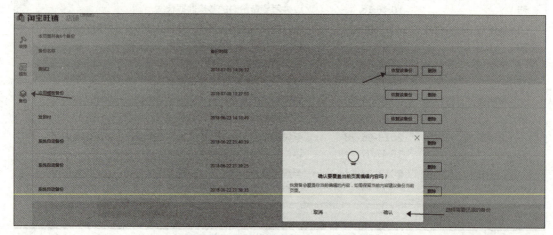

图 3－75　移动端店铺装修的还原步骤 3

温馨提示：

1. 系统自动备份：PC 端在发布、应用模板、实例切换时都会自动备份。移动端在每次发布的时候都会备份。

2. 备份数量：PC 端手工创建备份最多 15 个，移动端手工创建备份最多 10 个，系统备份 + 手工备份 PC 跟移动的备份都是最多 100 个。

3. 备份删除：在备份处对备份单击删除即可，删除后无法恢复，如图 3 - 76 和图 3 - 77 所示。

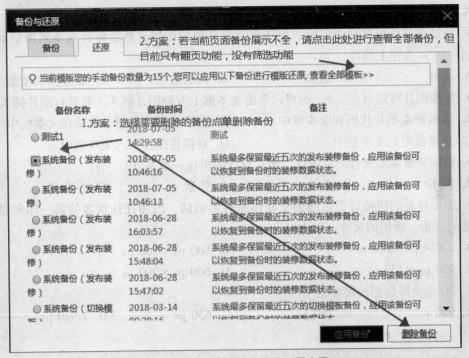

图 3 - 76　无线端店铺装修的还原步骤 1

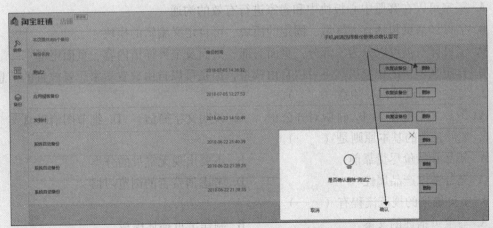

图 3 - 77　无线端店铺装修的还原步骤 2

4. 各版本之间的装修内容是不互通的，如专业版的备份不能用于智能版，如果您的旺铺由专业版升级到智能版需要重新装修。

 **自评自测**

一、单选题

1. 在淘宝店铺装修中，用 PS 切店招．导航条尺寸是（　　）。

A. 950 px×150 px　　B. 950 px×120 px　　C. 950 px×450 px　　D. 950 px×140 px

2. 买家通过搜索进入商品详情页或店铺首页，首先看到的是（　　）。

A. logo　　　　　　B. 导航　　　　　　C. 通栏　　　　　　D. 店招

3. 通过图层面板复制图层时，先选取需要复制的图层，然后将其拖动到图层面板底部的（　　）按钮上即可。

A. 新建　　　　　　B. 删除　　　　　　C. 图层效果　　　　D. 新建图层蒙版

4. 添加图片可以（　　），也可以单击文本框上方的图片插入工具进行图片插入。

A. 直接添加图片代码到文本框中　　　　B. 直接将图片复制、粘贴在文本框中

C. 直接截图到文本框中　　　　　　　　D. 直接将图片拖入文本框中

5. 店铺装修需要进行图片设计，图片设计的单位一般是（　　）。

A. 厘米　　　　　　B. 分贝　　　　　　C. 像素　　　　　　D. 百分比

6. 装修好看的店招对于店铺的交易还是有影响的，因为往往顾客的第一印象就是看到店铺的店招，店招的尺寸一般为（　　）。

A. 1 024 px×200 px　　　　　　　　　　B. 800 px×160 px

C. 950 px×120 px　　　　　　　　　　　D. 600 px×200 px

7. PC 端全屏店招的尺寸是（　　）。

A. 950 px　　　　　B. 750 px　　　　　C. 650 px　　　　　D. 1 920 px

二、多选题

1. 以下关于宝贝详情页面的内容和作用的描述正确的有（　　）。

A. 买家可以在客服中心板块中和卖家进行有效的沟通

B. 宝贝详情页包括官方区域、固定的模块、可自定义编辑的模块

C. 宝贝详情页可以分为三部分：页面头部、页面及宝贝详情内容、页面尾部

D. 自定义模块的位置虽然不可以自由调整，但是可以自由放置卖家想要放置的信息

2. 淘宝页面设计需要注意（　　）。

A. 图片大小整齐　　B. 排版对齐公正　　C. 说明文字简洁　　D. 细节图清晰真实

3. 宝贝分类的基本原则是（　　）。

A. 新品和特价尽量靠前　　　　　　　　B. 不要出现无宝贝的分类

C. 充分考虑产品属性　　　　　　　　　D. 考虑消费者的浏览习惯

4. 宝贝描述的规范流程有（　　）。

A. 写宝贝描述的文案　　　　　　　　　B. 制作宝贝描述模板

C. 切片　　　　　　　　　　　　　　　D. 宝贝上架

课中实训

实训一　确定店铺装修风格

任务 1　分析店铺装修风格

任务描述：

1. 产品：淑女风格连衣裙。

2. 任务背景：正值春夏季节，该店铺连衣裙将进行上新，同时准备参加"五一"活动。

3. 任务要求：请根据该情景通过平台（以淘宝为例）寻找 3 个同类型的产品店铺装修风格作为参考，并填好表 1。

表 1　分析店铺装修风格统计表

序号	店铺名称	店铺链接	店铺整体配色分析	店铺风格分析
1				
2				
3				

任务 2　确定自己店铺的装修风格

1. 任务背景：新店开张，在店铺内做一个开业促销活动。

2. 任务要求：利用任务 1 的方式找到 3 个同类型的产品店铺作为参考并进行分析，同时确定自己经营店铺的装修风格，并完成表 2 和表 3。

表 2　确定自己店铺的装修风格统计表 1

序号	参考店铺名称	店铺链接	店铺整体配色分析	店铺风格分析
1				
2				
3				

表 3　确定自己店铺的装修风格统计表 2

序号	店铺名称	产品名称	产品风格	店铺整体配色	店铺风格
1					
2					
3					

实训二　PC 端店铺装修实训

任务 1　认识 PC 端店铺装修后台

任务描述：通过平台后台进入 PC 端店铺，认识 PC 端相关页面，完成表 4。

表 4　PC 端店铺装修后台统计表

序号	页面名称	页面作用	页面包含模块
1			
2			
3			

任务 2　店铺全屏店招制作和上传

任务描述：根据任务 1 确定的店铺风格，制作全屏店招并上传到平台对应页面，完成后保存，在学习平台对应作业中提交店铺链接和全屏店招 jpg 格式图片。

任务 3　店铺全屏海报制作和上传

任务描述：根据任务 1 确定的店铺风格，制作全屏店招并上传到平台对应页面，完成后保存，在学习平台对应作业中提交店铺链接和全屏海报 jpg 格式图片。

任务 4　PC 端首页装修制作和上传

任务描述：根据任务 1 确定的店铺风格，制作首页并上传到平台对应页面，完成后保存，在学习平台对应作业中提交店铺链接和首页 jpg 格式图片。

实训三　店铺移动端装修实训

任务 1　认识移动端店铺装修后台

任务描述：通过平台后台进入移动端店铺，认识移动端相关页面，完成表 5。

表 5　移动端店铺装修后台统计表

序号	页面名称	页面作用	页面包含模块
1			
2			
3			

任务 2　移动端店招制作和上传

任务描述：根据任务 1 确定的店铺风格，制作全屏店招并上传到平台对应页面，完成后保存，在学习平台对应作业中提交店铺链接和全屏店招 jpg 格式图片。

设计要求：店招背景图片呈渐变显示，在设计时注意整体效果。尺寸 750 px×580 px，建议 400 kB 左右，支持类型 jpg、png。

任务3　美颜切图制作和热区添加

任务描述：根据任务1确定的店铺风格，利用美颜切图制作促销模块并上传到平台对应页面，完成后保存，在学习平台对应作业中提交店铺链接和二维码。

任务4　移动端首页装修制作和上传

任务描述：根据任务1确定的店铺风格，制作首页并利用美颜切图上传到平台移动端首页，完成后保存，在学习平台对应作业中提交店铺链接和首页 jpg 格式图片。

设计要求：美颜切图建议尺寸宽度 750 像素，高度 335～2 500 像素，支持类型：jpg、png。

实训四　本项目实训思维导图设计

任务描述：学生以小组为单位，根据以上实训进行总结分析，画出店铺装修的思维导图。

 **实训项目评价**

学生自评表

序号	技能点自评	佐证	达标	未达标
1	能分析不同店铺装修风格	能够在平台上分析不同店铺的装修风格		
2	能挑选合适店铺的色彩搭配	根据自己经营的产品和需求挑选合适的店铺装修配色		
3	完成主图、海报等内容的设计	能利用在线编辑工具完成主图、海报等内容的设计		
4	布局 PC 端、移动端店铺首页结构	能够按照店铺需求布局 PC 端、移动端店铺首页结构		
5	熟练店铺首页装修图片的修改和保存工作	能熟练使用 PS 完成对店铺首页装修图片的修改和保存工作		
6	完成 PC 端、移动端装修	能够按照店铺需求完成 PC 端、移动端装修		
序号	素质点评表	佐证	达标	未达标
1	创新意识	能够在店铺装修风格选择上找到除了课本之外的其他方法		
2	协作精神	能够和团队成员协商，共同完成实调任务		
3	自我学习能力	能够借助网络资源自主学习更多与网店装修相关的知识		

教师评价表

序号	技能点自评	佐证	达标	未达标
1	能分析不同店铺装修风格	能够在平台上分析不同店铺的装修风格		
2	能挑选合适店铺的色彩搭配	根据自己经营的产品和需求挑选合适的店铺装修配色		
3	完成主图、海报等内容的设计	能利用在线编辑工具完成主图、海报等内容的设计		
4	布局 PC 端、移动端店铺首页结构	能够按照店铺需求布局 PC 端、移动端店铺首页结构		
5	熟练店铺首页装修图片的修改和保存工作	能熟练使用 PS 完成对店铺首页装修图片的修改和保存工作		
6	完成 PC 端、移动端装修	能够按照店铺需求完成 PC 端、移动端装修		
序号	素质点评表	佐证	达标	未达标
1	创新意识	能够在店铺装修风格选择上找到除了课本之外的其他方法		
2	协作精神	能够和团队成员协商，共同完成实调任务		
3	自我学习能力	能够借助网络资源自主学习更多与网店装修相关的知识		

 课后提升

案例一　刷完1 000张网易云Banner，我终会学会海报设计的套路

每天早上走出家门的第一件事，就是把手里的耳机戴进耳朵，通勤路上音乐让我们沉浸在自己的小宇宙里。音乐不仅给我们带来轻松的时光，甚至带来灵感的迸发。

图1所示为网易去logo。

图1　网易云logo

但是网易云的老粉们多数知道，网易云基本每天都会更新海报banner，更新的banner以及文案都是根据当天的节日或是热点进行编排的。每次看到网易云更新的banner都会不禁感叹，这也太棒了吧！

每天晚上刷网易云的同时，目光也会不自觉被页面上的海报banner所吸引，在心里直呼绝绝子。

在感叹的同时，里面不同的风格、不同的配色、不同的情绪细细品来，其实能够给设计师带来不同的灵感。在细品了无数张音乐海报banner之后，总结出了他们设计风格的几个特点，希望能给各位"秃头"小伙伴们一些帮助。

目录奉上，我们将从以下三个方面进行分析。

1. 构图的类型

第一种是文案居中，抽象背景，如图2所示。

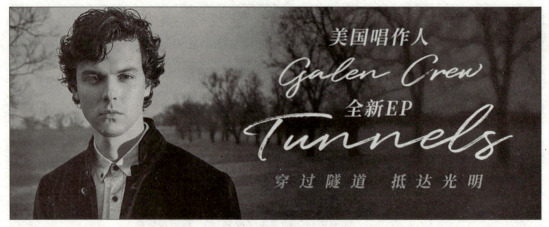

图2　构图的类型1

这种设计一般都是主要文案放在中心，背景是无人物的抽象背景或是以中心人物为背景。

人物为背景时将文案悬浮于人物之上，以此表达主要信息，由于背景元素及配色较为复杂，这时候的字体一般以简单为主。若为抽象背景，这时的背景元素应与文案所表达的事物互相照应。

第二种是形象居中，文案在侧，如图 3 所示。

图3　构图的类型 2

当画面设计将人物居中时，文字排版在两侧加上，再加上简单的元素和背景，整个画面即可完成，过多的元素结合在此刻便显多余。

这种方式可以把人物的信息量最优化展示出来，人物占据受众的视觉中心，成为整个画面的焦点，因而强化人物在受众脑海中的记忆。

第三种是人物为前景，悬浮于文案之上，如图 4 所示。

图4　构图的类型 3

这类风格与形象居中大同小异，其根本区别在于对于人物以及文案设计的处理。

不同于第二种人物与文案的完全分离，这是在人物居中的基础上在文案上进行穿插设计或是相互遮挡，使得整个画面看起来更有设计感。

总的来说就是根据人物或文案的居中进行调配。

第四种是不规则构图，如图 5 所示。

这类构图虽然分为不规则构图，但是其实在不规则当中也是能找到规律。它的特点在于利用大胆的配色，对符合主题的不同元素进行搭配。如图 5 所示的海报，通过蓝色和红色的大胆撞色加上文字的不规则设计构成整个画面的不规则感。

虽然是不规则，但却不是随意地摆放在上面。这种构图设计时需要特别谨慎，否则一

图 5　构图的类型 4

不小心整个画面就会杂乱无章。

总的来说，不规则构图需要各类元素的大胆搭配。

2. 字体的表现形式

字体的使用在一个 banner 的设计中有着举足轻重的地位。在一个版面中想突出文案可以通过对字体的特殊设计或是暗化背景来实现。字体的设计可以通过变换其颜色或调节大小来进行控制，有时候可以利用形状来进行调节。

（1）字体长度增加。

图 6 所示为字体长度增加的一种形式。

图 6　字体的表现形式 1

（2）笔画的删减。

图 7 所示为笔画的删减的一种形式。

（3）形状特殊设计（见图 8）。

（4）字体的组合（见图 9）。

图7　字体的表现形式2

图8　字体的表现形式3

图9　字体的表现形式4

值得注意的是，字体的设计和使用是通过 banner 的整体风格，需要给受众传达什么样的信息，由情绪氛围决定的。如衬线符合文艺、高品质等，无衬线比较适用多种风格。同时字体很大程度上影响着情绪的烘托，例如可爱俏皮的字体就比较不适用于悲伤的氛围。

总的来说，字体在版面设计中有着重要地位。

3. 配色的四个公式

海报 banner 设计中最后一个关键的元素设计便是色彩的搭配。受众的眼睛对色彩非常敏感。配色使用得当整个版面就会精致整洁；配色使用不当整个版面则会变成杂乱无章的既视感。

在设计当中色彩的使用有着它特定的公式，即使是大胆夸张的配色都具有一定的规律。

（1）黑白对比色（见图10）。

（2）互补色（见图11）。

（3）邻近色（见图12）。

（4）场景的配色（见图13）。

图10　配色公式1

图11　配色公式2

图12　配色公式3

图13　配色公式4

在设计中颜色的把握运用还要根据场景去进行设定，利用色彩本身自带的感情色彩可以帮助画面想要传达的信息更好地表达出来。

案例二　新版手淘微详情主图这样制作和布局

手淘首页改版了，以前"钻展"的位置变为了竖的排版，整个"猜你喜欢"版块上移。出了微详情，很多人对这个不了解。就是在首页的位置任意单击一个宝贝进去，只要往下面滑，就会出现很多类似的宝贝，就像刷抖音一样，可以看完这个，一直在逛你喜欢的宝贝。这个就大大增加了商品的展示位，小卖家上这个资源的机会增加了，如图14所示。

那么注意哪些细节，我们才能拿到这个微详情的流量呢？

1. 短视频的曝光和推荐时代的来临。

这是近几年淘宝的趋势，淘宝一定是要从2D时代走向3D时代的，因为视频更能完美地展示宝贝。所以，商家有优质的短视频是有很大机会曝光到微详情页中的。如果没有优质主图视频，这些改版之后的免费流量就用不上了。另外，现在是推荐流量时代。推荐流量是货找人的模式，宝贝主动去找意向客户。这就是搜索与推荐的区别。举个例子，搜索是百度，推荐是今日头条、抖音。现在的抖音、今日头条更受到消费者喜欢，因为用户体验更

图14　新版手淘微详情主图制作和布局

好。所以现在淘宝也要做这种推荐流量的模式。基于之前做搜索流量打造爆款，靠的是开好直通车，那么现在一定要学好付费工具超级推荐，且做好产品优质的短视频。

2. 做好优质的视频。

我们要上传到店铺装修→详情装修→设置 Minidetail 视频，你上传的视频会自动流转进入 Minidetail（微详情）内，进入系统算法推荐的池子。好的商品视频会提升商品卡片的单击，继而获得更多的商品推荐机会和进店数据，让宝贝展示在微详情里面。但是这个端口只有少部分商家能开通，大部分商家不能上传。如图 15 所示。

图 15　商品微详情设置

3. 也可以通过付费工具把宝贝放到微详情广告位置去。以图片的截图进行教程展示。首先进入超级推荐，选择商品推广的自定义推广，如图 16 所示。

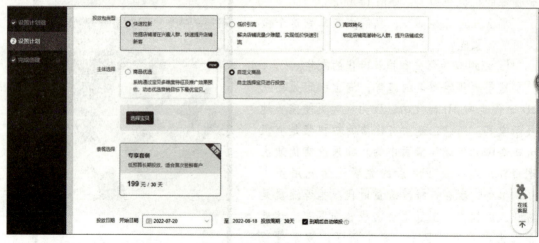

图 16　超级推荐推广设置 1

然后选择资源位及溢价，如图 17 所示。

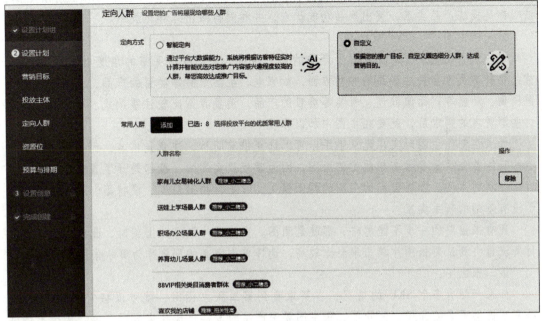

图 17　超级推荐设置 2

选择"猜你喜欢微详情",如图 18 所示。

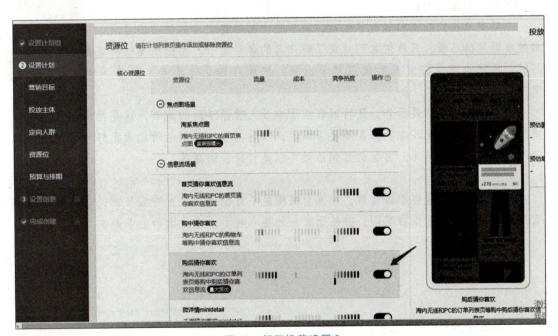

图 18　超级推荐设置 3

改版后我们应该如何去优化主图视频,5 张图片的每一张应该展示什么内容?

主视图:

视频建议 900 px×1 600 px(3∶4)以上分辨率;时长 30 秒左右最多不超过 60 秒,视频前 5 秒要吸引客户眼球使其继续观看下去；至于图片，不同产品展示内容都有所不同，核心都是提炼产品卖点，突出产品功能优点，并和同行做出差异化展示。

第一张主图：

这一张主图决定了消费者对于产品的第一印象，因此要从买家的角度出发制作图片。首先要知道买家会关注产品的哪些方面，如家电、生活用品等类目的产品，消费者比较注重质量、功能等；而像鞋包、服装等类目的产品，消费者则比较注重款式、材质，当知道这些消费者的需求后，就要在主图中加以体现。

如果在制作主图时实在无从下手，可以选择借鉴同行，注意是借鉴，而不是照抄。借鉴的时候首先尽量参考掌柜热卖的主图，因为掌柜热卖的图一般都是开了直通车测好了或者正在测的主图。参考宝贝的主图的构图模式、背景、拍摄角度、模特等。这个方法适用于没有基础的新手卖家。

还有很重要的一步不能忽略，那就是测图。当把图片做好并上架时，此时用直通车等付费流量去测试哪张图片单击率会比较高，选择单击率高的那张作为第一张图。

第二张主图：

如果产品有多个 SKU 的情况，当买家看到第二张主图时，就可以将它们展示出来，给买家提供更多的选择。因此第二张主图要用产品的多样化选择来吸引买家，因为有的买家单击宝贝主图只是被产品的款式吸引到，想要更进一步吸引他最好的办法就是进行多色展示，在喜欢产品款式的基础上，提供他喜欢的颜色或者多个选择。

第三、四张主图：

介绍完产品的款式和颜色等之后，第三张主图要将宝贝的细节卖点展示出来。网购时只能看得见摸不着，只能依靠图片来了解产品的各种细节。因此想要让买家对产品更加有好感，要做的就是将宝贝的优点展示出来，把优点转化为卖点来促使买家更有下单的意愿。

除了产品细节的展示外，还可以在主图中加入营销活动的元素，这是推动买家直接下单的撒手锏。当买家还在犹豫要不要下单时，这时出现的营销活动元素正好可以推动他下单购买，从而促成转化。常见的营销活动可以是打折、满减等。

第五张主图：

想要让宝贝出现在手淘首页，一张白底图是不可少的。在发布宝贝时，会有提示，只有按照规则和要求制作白底图，并按照官方的要求展示，才能增加上手淘首页的机会。

项目四
店铺日常运营

教学目标

知识目标

1. 认识和掌握行业分析工具。
2. 掌握流量来源方式。
3. 掌握店铺数据分析的常用指标。
4. 学习店铺数据分析的工具。
5. 了解网店 SEO 的作用原理。
6. 了解 SEO 优化方法。
7. 了解商品交易处理流程。
8. 了解库存管理 ABC 分析法、订货量的方法、清仓处理常见方法。

能力目标

1. 能够分析产品对应行业市场。
2. 能够分析店铺、产品流量来源。
3. 能够分析店铺流量、商品、交易和客服数据。
4. 掌握网店 SEO 的作用原理。
5. 能够掌握主图和标题优化的方法。
6. 掌握订单处理流程。
7. 掌握恶意订单的处理方法。
8. 能够运用 ABC 分析法管理库存。
9. 能够运用订货量分析法确定合适的订货量。
10. 能够及时处理需要清仓的商品。

素质目标

1. 培养学生创新意识、创新精神，使其能够在店铺日常运营方面提出自己的新观点。
2. 具备网络信息搜集能力，能够在网上搜索到有关店铺日常运营的新知识。

思政目标

1. 树立正确的价值观，具有积极向上的工作态度。
2. 培养正确的职业道德，熟悉店铺日常运营的各项工作。
3. 了解店铺日常运营需要遵循的法律法规。

思维导图

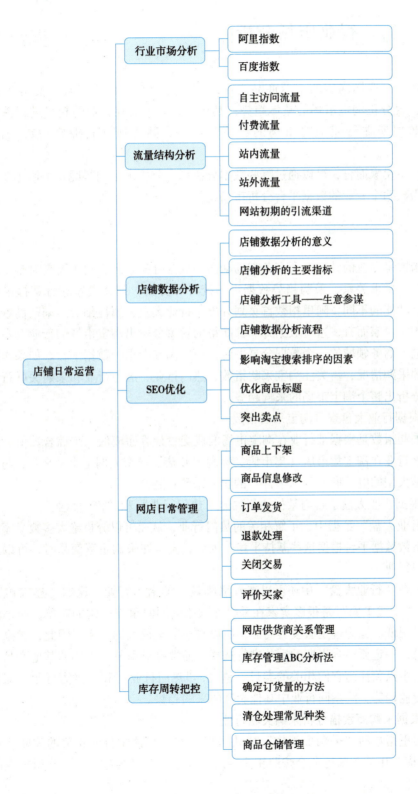

课前学习

一、行业市场分析

淘宝卖家在选择网店的主营商品之前，需要先对整个淘宝市场有充分的认识和了解。首先，要分析淘宝市场的整体趋势；其次，对自己所在行业的趋势进行深入的考察和研究，掌握所在行业采购市场的行情和动态，熟悉所在行业客户市场的走势和特性。

对于新手卖家而言，可以通过哪些数据分析平台分析市场趋势呢？下面主要从阿里指数和百度指数两个专业的数据平台分析市场趋势。

 1. 阿里指数

阿里指数是专业的针对电子商务市场动向的数据分析平台，它主要是对整个淘宝市场的行业价格、供求关系、采购趋势数据进行统计和分析，帮助卖家充分掌握采购市场动态。根据其功能的不同，阿里指数首页划分出了行业大盘、属性细分、采购商素描等6大模块。对淘宝卖家而言，这些数据并非都能帮助卖家分析出淘宝市场的行业动态，毕竟阿里指数是电子商务领域的一个数据分享平台，而非淘宝专用的数据平台。如果卖家要了解淘宝市场的采购情况，需关注淘宝采购指数、热门行业、潜力行业和采购关联行业这4项指标才能分析出整个淘宝市场的采购趋势。

（1）根据行业大盘查看淘宝采购指数。

淘宝采购指数是根据某行业在淘宝市场的成交量计算而成的一个综合数值。该数值越高，表示该行业在淘宝集市店（集市店又称淘宝C店，是个人网上交易平台，与之对应的天猫店则是大型的电子商务购物平台）的卖家采购量越高。

（2）根据行业大盘了解与某行业相关的"热门行业"和"潜力行业"。

在"行业大盘"数据中，了解相关的热门行业，从而可以分析绝大多数卖家的采购方向。阿里指数数据平台根据这些基持平稳。因此，卖家在采购主营商品时，可以关注与此相关的热门行业。

同样，在"行业大盘"中还可以查看涨幅较大的潜力行业。比如"连衣裙"相关的潜力行业。"女式T恤"是很多卖家在采购连衣裙的同时重点采购的对象，而小西装的采购指数相对很低。因为这是服装类商品，所以与季节有很大的关系。因此，卖家在选择服装类商品时，一定要结合当期的季节进行选择，而选择对季节不敏感的其他商品，如电子产品时，要重点关注与它们相关的类目。总之，"热门行业"和"潜力行业"能帮助新手卖家摸清行业趋势，洞察同行业中其他卖家的采购趋势。

（3）根据采购商素描分析采购关联行业。

通过阿里指数的"采购商素描"模块可以查看与所搜索行业相关的关联行业。但是"采购商素描"中的关联行业会按照相关性的强弱排名，排名越靠前，与所搜索的商品的关联性就越强。因为这些数据都是根据采购指数进行动态分析的，所以其本身也是一个动态变化的结果。

新手卖家可以结合上述介绍找出其他卖家重点关注的行业、对象，借用别人的经验来提升自身的辨别能力。

 ## 2. 百度指数

百度指数是研究客户兴趣、习惯的重要数据参考平台。淘宝卖家通过百度指数可以查看商品的长周期走势、客户的人群特性、商品搜索量和成交量的排行榜等内容。图4-1所示为百度指数的首页，淘宝卖家可以在搜索栏中输入想查询的商品类目的关键字，通过搜索指数、人群画像等指标对该商品进行全方位的分析。

图4-1 百度指数的首页

（1）搜索指数。

搜索指数主要包括搜索指数趋势、搜索指数概况这两项数据指标。搜索指数是指数化的搜索量，能反映市场搜索趋势，但并不等同于搜索次数。

卖家通过搜索指数趋势可以掌握商品的长期搜索趋势。卖家也可以修改区域了解不同地区人群的喜好，精准定位不同地区的客户特性。例如，卖家决定查看斜挎包、手提包、双肩包的搜索指数，首先在图4-1所示的百度指数的搜索栏中输入关键字"斜挎包，手提包，双肩包"（逗号为英文状态下输入），可得到斜挎包、手提包、双肩包的搜索指数趋势，如图4-2所示。

通过搜索指数概况，卖家可清晰地了解商品最近7天、最近30天的搜索指数与同期的变化情况。仍以上述搜索为例，从搜索指数概况中可以得到斜挎包最近7天的搜索指数整体同比上升30%，整体环比上升14%，大体上掌握了斜挎包的搜索指数的趋势，如图4-3所示。同时，卖家可以通过搜索指数趋势的变化提前对未来一段时间的市场行情做出判断。

（2）人群画像。

想要进一步了解搜索相关包的群体，可使用百度指数的人群画像。百度指数人群画像通过对搜索人群的地域分布、人群属性做出精准的数据统计与分析，方便卖家更加准确地了解该商品客户群体的特性。

①地域分布。

例如，搜索斜挎包的网民地域分布结果显示，广东、北京、山东、辽宁等地区的网

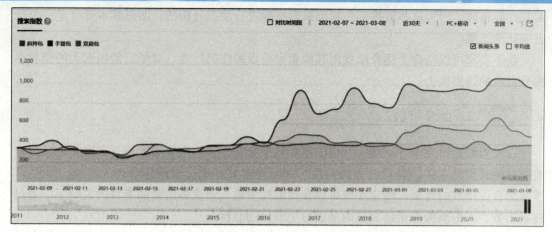

图 4-2　斜挎包、手提包、双肩包的搜索指数趋势

关键词	整体日均值	移动日均值	整体同比	整体环比	移动同比	移动环比
斜挎包	364	277	30% ↑	14% ↑	36% ↑	47% ↑
手提包	622	533	93% ↑	67% ↑	132% ↑	121% ↑
双肩包	415	306	15% ↑	13% ↑	17% ↑	31% ↑

图 4-3　斜挎包、手提包、双肩包的搜索指数概况

民近 7 日对斜挎包的关注度较高；另外，该功能还可以针对区域或城市继续进行排名分析。

②人群属性。

例如，搜索斜挎包的网民人群属性如图 4-4 和图 4-5 所示。以年龄为维度分析，搜索斜挎包的网民年龄主要集中在 30~49 岁，其中 30~39 岁人群占 28.9%，40~49 岁人群占 50%；以性别为维度分析，搜索斜挎包的网民中女性用户占 66%。综合以上两项数据指标分析，卖家在斜挎包的风格特色、功能作用、价格定位方面都应重点考虑 30~49 岁女性客户的需求和消费特点。

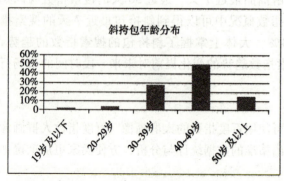

图 4-4　网民人群属性（年龄）

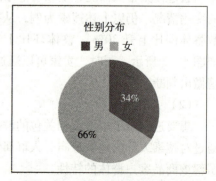

图 4-5　网民人群属性（性别）

二、流量结构分析

流量是衡量淘宝网店运营成功与否的参考指标之一。一个成功的淘宝网店的流量来源广泛、种类丰富。即使是再好的宝贝、再低廉的价格，如果没有流量，也就没有销量。因此，流量从某种程度对网店的发展有着至关重要的影响。只有掌握流量的结构和引流方法，店铺人气才会增加，卖家才能寻找到潜在的买家。

店铺流量
来源解析示例

 1. 自主访问流量

自主访问流量是指淘宝买家主动访问网店时产生的流量。自主访问流量是所有流量中质量最高的流量，这类流量具有很强的稳定性，且成交转化率极高，可以很直观地看出访问网店的买家的特征和质量。自主访问流量主要来自直接访问、宝贝收藏、购物车、已买到的宝贝。

（1）直接访问。

直接访问是指淘宝买家在搜索栏中直接输入宝贝名称或网店名称进入网店访问的行为。买家直接在搜索栏（见图4-6）中输入宝贝的名称或网店名称，即可看到相关宝贝。

图4-6　直接访问

例如，在搜索栏中输入"女式衬衫"，便可以查看相关的宝贝，如图4-7所示，再通过单击宝贝主图即可进入网店。这类流量对宝贝的成交转化率有一定的影响，因为这类淘宝买家有很强的购物意愿。但是他们在购物过程中容易受到价格、主图效果等因素的影响，从而影响成交转化率。所以，淘宝卖家在针对这类买家群体时，要尽量把宝贝的主图设置得更加具有吸引力，以引起其注意，增加网店的访问量。

图 4-7　主图设计

（2）宝贝收藏。

宝贝收藏是指淘宝买家对某款宝贝进行收藏的行为。宝贝的收藏量高，表明买家对宝贝感兴趣。淘宝买家直接通过淘宝收藏夹中的已收藏的宝贝即可进入淘宝网店，如图 4-8 所示。

图 4-8　宝贝收藏

宝贝收藏人气是宝贝收藏人数和关注热度的综合评分。宝贝收藏人气对于宝贝和网店的综合评分是有影响的，是一个网店热度的指标，其高低能动摇买家的购买决心。

（3）购物车。

淘宝购物车是淘宝网为广大淘宝买家提供的一种快捷购物工具，同时也便于淘宝卖家进行促销活动。淘宝买家将多种宝贝添加至购物车后批量下单，可通过支付宝一次性完成付款，如图 4-9 所示。

淘宝买家通过淘宝购物车对淘宝网店进行访问，表示买家对该网店的某件商品很感兴趣，这类买家具有很强的购买欲望，但是出于对价格、质量等方面因素的考虑迟迟没有下单。针对这类买家，淘宝卖家可通过阿里旺旺与其交流和沟通，循循善诱，消除买家心中的顾虑，促成下单。

图 4 - 9　购物车

（4）已买到的宝贝。

已买到的宝贝是指淘宝买家在某个淘宝网店已经购买到的宝贝。淘宝买家可以直接通过"已买到的宝贝"对网店进行访问，如图 4 - 10 所示，同时，也可以单击阿里旺小标，和卖家进行旺旺交流。

图 4 - 10　已买到的宝贝

某淘宝网店对网店最近一个月的不同访问方式的成交转化率进行了统计，如图 4 - 11 所示。其中，淘宝买家通过"已买到的宝贝"这种方式访问的成交转化率最高。可见，对该淘宝网店而言，这类访问流量在自主访问流量中属于最优质的流量。如果买家直接通过"已买到的宝贝"对网店进行访问，说明这类淘宝买家的购物目标明确，会有针对性地购物；且这类买家是网店的回头客，对网店的宝贝质量、服务态度和物流等各方面都很满意，希望直接在网店再消费。

那么，淘宝卖家该怎么维护和提高这类优质的流量呢？首先，淘宝卖家必须跟进售后服务，宝贝的质量再好，如果卖家的后续服务不到位，在买家消费之后没有及时解决售后问题，就会减少买家在网店重复购买的次数；其次，淘宝卖家应该更加严格地把控宝贝质量，只有售后服务，没有优质的质量也是不行的。服务和质量相辅相成，二者缺一不可。

综上所述，自主访问网店的买家一般都是对某宝贝具有较高的兴趣和购买欲望的买家，可能是老客户，这类买家在通常情况下具有较明确的购买需求，成交转化率相对较

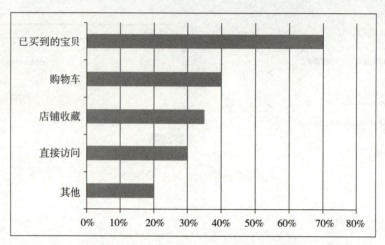

图 4-11　不同访问方式的成交转化率

高。自主访问流量是所有流量中最优质的流量，淘宝卖家如果能充分利用这部分流量，可以提高网店的人气和流量，增加网店的访问深度及成交转化率。

2. 付费流量

　　相对而言，付费流量是 4 种流量中最容易获取的。付费流量的最大特点是精准度高、流量大。付费流量意味着成本的投入，如果一个淘宝网店的付费流量占据全部流量的 70% 以上，网店的利润就会降低，严重的时候甚至会亏本。但是一个淘宝网店完全没有付费流量却又是不合理的，付费流量最重要的一个特点是精准度高，精准度直接影响着宝贝的成交转化率，其中成交转化率也是影响搜索权重的重要因素之一。

　　因此，付费流量是淘宝网店流量中不可缺少的部分。最受欢迎、使用频率最高的付费流量的主要获取方式是淘宝客、直通车和钻石展位，如图 4-12 所示。

　　（1）淘宝客。

　　淘宝客，简称 CPS，属于效果类广告推广方式。淘宝客是按照实际的交易完成

图 4-12　付费流量的主要获取方式

量（买家确认收货后）作为计费依据的，没有成交量就没有佣金。

　　淘宝客推广流程主要由淘宝联盟、卖家、淘宝客和买家 4 种不同的角色组成。其中每种角色都是淘宝客推广不可缺失的一个环节。

　　淘宝联盟是淘宝官方的专业推广平台之一。淘宝卖家可以在淘宝联盟招募淘宝客来推广网店和网店的宝贝；淘宝客可利用淘宝联盟找到需要推广的卖家。

　　（2）直通车。

　　直通车是阿里妈妈旗下的一款精准营销产品，用以实现宝贝的精准推广。直通车是以"文字＋图片"的形式出现在搜索结果页面的，直通车在淘宝网上的出现位置是搜索结果页面的右侧，共有 12 个单品广告展位，如图 4-13 所示；直通车也会出现在搜索结果页

面的最下端，如图 4 - 14 所示。

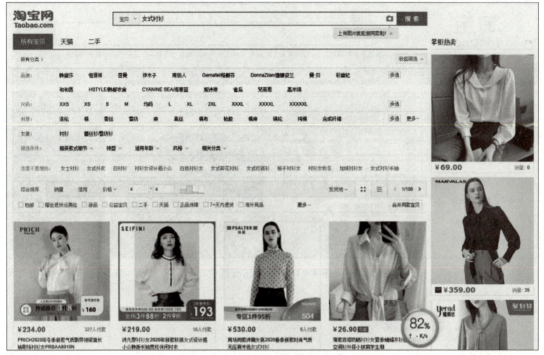

图 4 - 13　搜索页面右侧的展位

图 4 - 14　搜索页面最下端的展位

（3）钻石展位。

钻石展位是专门为淘宝卖家提供的图片类广告竞价投放的平台，也是阿里妈妈旗下的营销工具之一，主要依靠图片的创意吸引买家的兴趣，以获取巨大的流量。钻石展位是根据流量竞价销售的广告展位，计费单位为每千次浏览单价（Cost Per Thousand，CPM），按照竞价的从高到低依次投放。淘宝卖家可以根据地域、访客和兴趣点 3 个维度设置定向的广告投放。同时，钻石展位还为淘宝卖家提供数据分析报表和优化指导，显示位置如图 4 - 15 所示。

图 4-15 首页钻石展位

 3. 站内流量

站内流量是指通过淘宝平台获取的流量。站内流量对于一个淘宝网店的流量构成也是相当重要的。淘宝网站每天有几千万甚至过亿的流量。站内流量也分为免费流量和付费流量。新手淘宝卖家可以先从站内的免费流量渠道获取流量，如微淘、淘宝头条等淘宝官方的互动交流平台。

（1）微淘。

微淘是手机淘宝的重要产品之一，定位是移动消费的入口，在买家生活细分领域，为买家提供方便、快捷、省钱的手机购物服务。

微淘的核心是回归以用户为中心的淘宝，而不是依靠小二推荐、流量分配。每一个用户有自己关注的账号和感兴趣的领域，通过订阅的方式，用户可获取自己想关注的信息和服务，并且运营者、粉丝之间能够围绕账号产生互动。

（2）淘宝头条。

淘宝头条是阿里巴巴集团旗下的生活消费资讯类媒体聚拢平台。媒体、达人及自媒体可以通过这一专业的信息发布平台，创建"淘宝头条号"，借助淘系海量和精准算法实现个性化推送，内容生产者可以高效率地获得更多的曝光和关注。内容化、社区化、本地生活服务是淘宝未来的三大方向，而淘宝头条上线不到一年成为中国最大的在线生活消费资讯类媒体聚拢平台，每个月有超过 8 000 万用户通过淘宝头条获取最新、最优质的消费类资讯内容。

 4. 站外流量

站外流量是指除了淘宝平台外的所有渠道获得的流量数，如何获得更多的站外流量也逐渐成为卖家关注的焦点。

最困扰新手淘宝卖家的就是站外流量主要是各大知名网站带来的，如论坛、微博、QQ及贴吧等社交网站。图4-16所示为某淘宝网店的站外流量来源的构成。从数据分析来看，微博为网店带来的流量占据站外流量的39.20%。

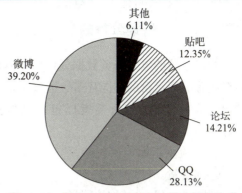

站外流量可以为网店带来很大一部分潜在的消费群体，但卖家在引入站外流量之前，必须先把网店装修好，而且宝贝的详情页要能刺激买家的购买欲望，否则即使引进再多的站外流量，网店的转化率依旧会很低。

图4-16　某淘宝网站的站外流量来源的构成

如果新手淘宝卖家不知道该如何对自己的网店进行装修，可以参考销量较好的同行卖家，借鉴别人的装修特点，将多家网店有特色的地方结合起来，再根据自己网店宝贝的卖点制作宝贝的详情页。

 5. 网店初期的引流渠道

流量是影响淘宝网店销量的关键因素之一，而引流渠道则决定了流量的质量。对于淘宝网店的引流渠道，卖家要注意以下两点：

（1）引流渠道多元化。如果一个淘宝网店的流量种类较多，说明该网店的宝贝展现和曝光的程度较高，网店的消费群体层次丰富，有利于网店的良性发展；如果网店的流量过于单一，那么网店流量的风险性可能较高，网店的流量具有不稳定性。

（2）不同流量来源的占比。不同流量来源的占比能直接反映出网店流量的各个影响因素的权重大小，同时，不同来源的流量，访客的质量差异会很大，对于网店的成交率有一定的影响。因此，卖家需要结合网店的实际情况，科学合理地优化不同流量来源的占比。在淘宝网店成立初期，淘宝卖家最常用的引流渠道主要是淘宝官方活动及社交网络平台。

三、 店铺数据分析

 1. 店铺数据分析的意义

随着网店的高速发展，以及市场竞争的激烈加剧，数据分析作为一种卓有成效的新武器，开始逐渐进入店铺视野。店铺数据分析是把隐没在一大批看来杂乱无章的店铺经营数据中的信息，集中、萃取和提炼出来，以找出所研究对象的内在规律，从而帮助店铺和团队用数据的方式进行经营、管理和决策，实现店铺价值最大化。

网店数据分析——
客户特征分析

2. 店铺分析的主要指标

构建系统的电子商务数据分析指标体系是电商精细化运营的重要前提，不同类别的指标对应着电商运营的不同环节，通过对不同类别指标的分析，可以深入了解店铺的各方面情况。常用的店铺分析类指标包括流量指标、商品指标、交易指标，服务指标、会员指标。

（1）流量指标。

①浏览量。

浏览量（PV）又称访问量，指用户访问页面的总数，用户每访问一个网页就算一个访问量。同一个页面刷新一次也算一个访问量。

②访客数。

访客数（UV）指独立访客，一台计算机为一个独立访问人数。一般以"天"为单位来统计24小时内的UV总数，一天之内重复访问的只算一次。淘宝对访客数的定义略有不同，它是以卖家所选时间段（可能是一小时、一天、一周等）为统计标准，同一访客多次访问会进行去重处理。

访客数又分为新访客数和回访客数。新访客数指客户端首次访问网页的用户数，而不是最新访问网页的用户数。将新访客数和UV对比就是新访客占比。回访客数指再次光临访问的用户数。将回访客数和UV对比就是回访客占比。

③当前在线人数。

当前在线人数指15分钟内在线的UV。

④平均访问量。

平均访问量又称平均访问深度，指用户每次浏览的页面平均值，即平均每个UV访问了多少个PV。

⑤日均流量。

日均流量有时会用到日均UV和日均PV的概念，就是平均每天的流量。

⑥跳失率。

跳失率又称跳出率（Bounce Rate）。跳失率指只浏览了一个页面就离开的访问次数除以该页面的全部访问次数，分为首页跳失率、关键页面跳失率、具体商品页面跳失率等。这些指标用来反映页面内容受欢迎的程度。跳失率越大，页面内容越需要进行调整。

（2）商品指标。

①加购件数。

统计时间内，买家加入购物车商品件数之和。

②收藏次数。

统计时间内，宝贝被来访者收藏的次数，一件宝贝被同一个人收藏多次记为多次。

③详情页跳出率。

统计时间内，宝贝详情页跳出浏览量/宝贝详情页浏览量，即访问次数中，跳出行为的访问次数占比。跳出浏览量是指宝贝详情页被访问后，没有跳转到店铺的其他页面的访问次数。

④被访商品数。

统计时间内被访问 UV 数 >0 的店铺在线商品数总和被下单商品数和统计时间内被下单数 >0 的店铺在线商品数总和。

⑤被支付商品数。

统计时间内，被支付订单数 >0 的店铺在线商品数总和。

⑥平均停留时长（秒）。

每个商品详情页根据每个 PV 的停留时长，计算每个商品详情页的平均停留时长，对多个商品详情页计算的时候，总时长除以有 PV 的商品详情页页面数。

（3）交易指标。

①下单买家数。

统计时间内，拍下宝贝的去重买家人数，一个人拍下多件或多笔，只算一个人。

②支付买家数。

统计时间内，完成支付的去重买家人数，预售分阶段付款在付清当天才计入内；所有终端支付买家数为 PC 端和移动端支付买家去重人数，即统计时间内在 PC 端和移动端都对宝贝完成支付，买家数记为 1 个。

③支付子订单数。

统计时间内，买家支付的子订单数，即支付笔数。

④拍下总金额。

统计时间内，宝贝被拍下的总金额。

⑤成交回头客。

曾在店铺发生过交易，再次发生交易的用户称为成交回头客。所选时间段内会进行去重计算。

⑥支付宝成交件数。

通过支付宝付款的宝贝总件数。

⑦支付宝成交笔数。

通过支付宝付款的交易总次数（一次交易多件宝贝，算成交一笔）。

⑧支付宝成交金额。

通过支付宝付款的金额。

⑨人均成交件数。

平均每用户购买的宝贝件数。

⑩人均成交笔数。

平均每用户购买的交易次数，即人均成交笔数＝支付宝成交笔数/成交用户数。

⑪当日拍下－付款件数。

当日拍下且当日通过支付宝付款的宝贝件数。

⑫当日拍下－付款笔数。

当日拍下且当日通过支付宝付款的交易次数。

⑬当日拍下－付款金额。

当日拍下且当日通过支付宝付款的金额。

⑭客单价。

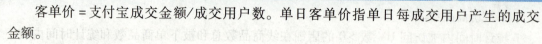

客单价＝支付宝成交金额/成交用户数。单日客单价指单日每成交用户产生的成交金额。

⑮客单价均值。

客单价均值指所选择的某个时间段内，客单价日数据的平均值。如月报中，客单价均值＝该月多天客单价之和/该月天数。

⑯支付率。

支付宝成交笔数占拍下笔数的百分比，即支付率。

（4）服务指标。

①退款金额。

退款申请时间在统计周期内的退款金额数。

②描述相符评分。

最近180天描述相符评分＝最近180天描述相符评分累加和/最近180天描述评分次数。

③服务态度评分。

最近180天服务态度评分＝最近180天服务态度评分累加和/最近180天服务态度评分次数。

④物流服务评分。

最近180天物流服务评分＝最近180天物流服务评分累加和/最近180天物流服务评分次数。

（5）会员指标。

大部分传统零售的会员管理都有失效的规定，即如果会员不能在一定期限内（一般是一年）达到最低的购物消费标准，就会自动失去会员资格，也就不能享受会员权益了。而电商会员没有失效的规定，只是对不同的消费金额用户设定了不同的等级。

京东和唯品会对高级别的会员设定了等级一年有效的规定，一年后根据会员的成长值重新确定会员等级。目前淘宝的会员级别还是根据累计金额自动升级，而不是一年内的成长值。

在电商数据分析中，常用的会员指标如下。

①注册会员数。

注册会员数指曾经在网站上注册过的会员总数，很多电商网站公布的会员总数都是注册会员数。只看这个指标没有太大的意义，因为注册会员中有许多从来没有购物消费过的用户，也有曾经购物消费过但现在已经流失的用户，所以出现了有效会员数，即在一年内有过购物消费的会员数。

②活跃会员数。

活跃会员数指在一定时期内有购物消费或登录行为的会员总数，时间周期可以设定为30天、60天、90天等。这个时间周期的确定和商品购买频率有关，快速消费品的时间周期比较短，不过当这个时间周期确定后就不能轻易改变了。

③活跃会员比率。

活跃会员比率指活跃会员占会员总数的比重。当会员基数比较大时，即便较低的活跃会员比率也意味着有较多的活跃会员数。

④会员复购率。

会员复购率指在某时期内产生两次及两次以上购买的会员占购买会员的总数。例如，某商品在 2018 年共有 1 000 个会员购买，其中 200 个会员产生了至少二次购买记录，则复购率为 20%。复购率还有另一种计算方法，如果 200 个复购会员中有 50 个会员又有第三次购买行为（假定没有 3 次以上的购买会员），这种情况的复购率为 25%，即多次购买不去重。

⑤平均购买次数。

平均购买次数指某时期内每个会员平均购买的次数，即平均购买次数 = 订单总数/购买用户总数。平均购买次数的最小值为 1，复购率高的网站平均购买次数也必定高。

⑥会员回购率。

会员回购率指上一期末活跃会员在下一期时间内有购买行为的会员比率，回购率和流失率是相对的概念。例如，某电商在 2018 年 9 月底有活跃会员 3 000 名，其中的 1 800 名会员在第四季度有购买记录，其中的 1 000 名会员有至少二次购买，则回购率为 60%，当期流失率为 40%，复购率为 5.6%。

⑦会员留存率。

会员留存率指某时间节点的会员在某个特定时间周期内登录或购物消费过的会员比率，即有多少会员留存下来。统计依据可以是登录或者消费数据，一般电商用消费数据、游戏和社交网络等登录数据，时间周期可以是日、周、月、季度、半年等。会员留存率分为新会员留存率和活跃会员留存率。

3. 店铺分析工具——生意参谋

淘宝卖家想要店铺能运营得更好，就不能少了精准实时的数据分析、统计工具。目前网上有许多数据分析工具，生意参谋就是其中非常强大的一款，已经成了阿里巴巴商家的主流店铺分析工具。

生意参谋诞生于 2011 年，最早是应用在阿里巴巴 B2B 市场的数据工具。2013 年 10 月，生意参谋正式走进淘系。2014—2015 年，在原有规划基础上，生意参谋分别整合量子恒道、数据魔方，最终升级成为阿里巴巴商家端统一数据产品平台。

生意参谋是集数据作战室、市场行情、装修分析、来源分析、竞争情况等为一体的大数据平台。生意参谋更适合做移动分析，汇聚了移动端关键词详细数据。生意参谋有七大功能，首页能看到个性化首页、常见功能模块聚合，实时直播能为店铺提供实时数据的查询和分析，经营分析能对经营各个环节进行分析、诊断、建议、优化、预测，市场行情主要是对行业和竞争情况进行分析，还有自助取数、专题工具、帮助中心等，如图 4 – 17 所示。

（1）首页。

首页全面展示店铺经营全链路的各项核心数据，包括店铺实时数据、商品实时排行、店铺行业排名、店铺经营概况、流量分析、商品分析、交易分析、服务分析、营销分析和市场行情。

（2）实时直播。

实时直播提供店铺实时流量交易数据、实时地域分布、流量来源分布、实时热门商品排行榜、实时催付榜单、实时客户访问等功能，还有超炫的实时数据大屏模式。洞悉实时

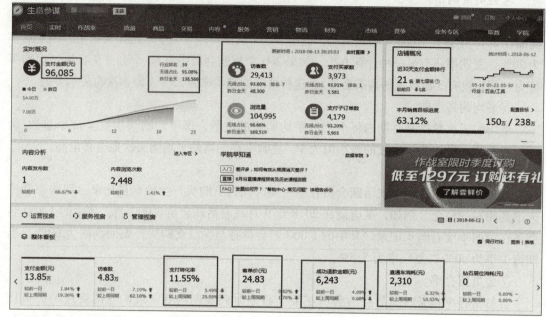

图 4-17 店铺分析工具——生意参谋

数据，抢占生意先机。

（3）经营分析。

流量分析展现全店流量概况、流量来源及去向、访客分析及装修分析；商品分析提供店铺所有商品的详细效果数据，目前包括五大功能模块，即商品概况、商品效果、异常商品、分类分析、采购进货；交易分析包括交易概况和交易构成两大功能，可从店铺整体到不同粒度细分店铺交易情况，方便商家及时掌控店铺交易情况，同时提供资金回流行动点。营销推广包括营销工具、营销效果两大功能，可帮助商家精准营销，提升销量。

（4）市场行情。

市场行情专业版目前包括三大功能，即行业洞察、搜索词分析、人群画像。行业洞察具备行业直播、行业大盘分析、品牌分析、产品分析、属性分析、商品店铺多维度排行等多个功能；搜索词分析可以查看行业热词榜，还能直接搜索某个关键词，获取其近期表现；人群画像直接监控三大人群，包括买家人群、卖家人群、搜索人群。

此外，市场行情的大部分指标可自由选择时间段，包括 1 天、7 天、自然日、自然周、自然月或自定义时间；可选择的平台包括淘宝、天猫和全网，终端则包括 PC 端、移动端和全部终端。

目前，市场行情提供了全网最全面的移动行业数据。

（5）自助取数。

自助取数是可供商家自由提取数据的工具，可提供不同时段（如自然日、自然周、自然月）、不同维度（如店铺或商品）的数据查询服务。

（6）专题工具。

目前专题工具提供竞争情报、选词助手、行业排行、单品分析、商品温度计、销量预测等专项功能。

竞争情报是一款提供给淘宝和天猫商家使用的用于分析竞争对手的工具，可精准定位竞争群体、分析竞争差距，并提供经营优化建议。

选词助手从 PC 端和移动端出发，主要呈现店铺引流搜索词和行业相关搜索词的搜索情况及转化情况。

行业排行主要展示六大排行榜，分别是热销商品榜、流量商品榜、热销店铺榜、流量店铺榜、热门搜索词、飙升搜索词，所有终端、PC 端、移动端可分开查看。

单品分析主要从来源去向、销售分析、访客分析、促销分析四个角度出发，对单品进行分析，商家可从中多角度了解商品表现情况，掌握商品实际效果。

商品温度计提供商品转化效果的数据分析，同时可对影响商品转化的因素进行检测，检测指标包括页面性能、标题、价格、属性、促销导购、描述、评价等。

销量预测可通过大数据分析，为商家推荐店内最具销售潜力的商品，并监控库存；同时，支持商家自定义监控规则，预估商品未来 7 天销量等。此外，可为商家提供商品定价参考。

（7）帮助中心。

帮助中心主要包括功能介绍、视频课程、指标注释、来源注释、常见问题等 5 大版块，内容丰富，形式多样，可帮助商家快速提升数据化运营能力。

 4. 店铺数据分析流程

店铺数据分析是基于店铺运营情况，有目的地进行收集、整理、加工和分析数据，提炼有价值信息的过程，其流程主要包括明确店铺分析目标、店铺数据采集与处理、店铺数据分析、数据展现、撰写报告环节。

（1）明确店铺分析目标。

电商运营者首先要明确数据分析的目的、要解决的业务问题。常见的分析目的包括减少新客户的流失、优化活动效果、提高客户响应率等。

（2）店铺数据采集与处理。

数据采集与处理是按照确定的数据分析目标，有目的地收集与整合相关数据的过程。店铺数据采集渠道有电子商务网站、店铺后台或平台提供的数据工具、政府部门、机构协会、媒体、权威网站数据机构、电子商务平台、指数工具等。不同采集渠道提供的数据类型是不一样的，具体如表 4 - 1 所示。

表 4 - 1　店铺数据分析流程表

数据采集渠道	数据类型	典型代表
电子商务网站、店铺后台或平台提供的数据工具	产品数据、市场数据、运营数据、人群数据等	淘宝、京东店铺后台及所提供的数据工具，如生意参谋、京东商智等
政府部门、机构协会、媒体	行业数据	国家及各级统计局、各类协会、电视台、报纸、杂志等
权威网站数据机构	行业数据、产品数据	艾瑞咨询、199IT 等
电子商务平台	行业数据	淘宝、京东等
指数工具	行业数据、人群数据	百度指数、360 趋势等

（3）店铺数据分析。

店铺数据分析是指通过分析手段、方法和技巧对准备好的数据进行探索与分析，从中发现因果关系、内部联系和业务规律，为电商运营者提供决策参考。到了这个阶段，电商运营者要想驾驭数据、开展数据分析，就会涉及方法和工具的使用。要熟悉常规数据分析方法，了解诸如方差、回归、因子、聚类、分类、时间序列等数据分析方法的原理、使用范围、优缺点等；要熟悉数据分析工具，如 Excel、SPSS、R Python 等，以便于进行专业的统计分析、数据建模等。

（4）数据展现。

一般情况下，数据分析的结果都是通过图表的方式来呈现的。借助数据展现可视化工具，能够更直观地让数据分析师表述想要呈现的信息、观点和建议等。常用的图表包括饼图、折线图、柱形图、条形图、散点图、雷达图、金字塔图、矩阵图、漏斗图和帕累托图等。

（5）撰写报告。

撰写数据分析报告是对整个数据分析成果的呈现。通过分析报告，把数据分析的目的、过程、结果及方案等完整地呈现出来，为运营人员提供参考。一份优秀的数据分析报告，首先要有一个合理的分析框架，并且图文并茂，层次明晰，能够让阅读者一目了然。结构清晰、主次分明可以使阅读者正确地理解报告内容，图文并茂可以令数据展示更加生动活泼，提高视觉冲击力，有助于阅读者更形象、更直观地看清问题和结论，从而深入思考。另外，数据分析报告要有明确的结论、建议和解决方案，不仅要找出问题，还要给出解决方法，后者是更重要的，否则称不上合格的分析，同时也失去了报告的意义。

四、SEO 优化

 1. 影响淘宝搜索排序的因素

淘宝搜索排序是店铺自然流量的首要条件，排名越靠前的商品，获得的展示机会越多，得到的流量也越多。影响淘宝搜索排序的因素非常多，如成交量、关键词匹配、商品下架时间、收藏量、好评率、商品促销、橱窗推荐、消费者保障、店铺动态评分、商品价格、点击率、商品主图、商品属性完整度、停留时间、跳失率、金牌卖家、公益宝贝、退款纠纷率、客单价等都会影响商品搜索排名，不同的因素其权重不一样，对商品排序的影响也不相同。

 2. 优化商品标题

很多买家在淘宝网购买商品时，都是通过搜索关键词来寻找商品的，因此商品标题与自然搜索流量密切相关，必须做好标题优化，尽可能增加商品被搜索到的概率。一般来说，淘宝商品标题必须包含热门关键词，还要能够让买家一目了然地通过标题了解到商品的属性和特性。

旅行收纳袋标题制作

（1）商品标题的结构。

商品标题优化最基本的前提是符合用户的搜索习惯，同时为了增加被搜索到的概率，可以尽可能地组合各种与商品相符的热搜词。一般来说，商品标题结构主要包括核心关键词、属性关键词和热搜词 3 部分。

①核心关键词。

核心关键词是指商品名称，其作用是可以使买家通过标题快速了解商品是什么，是否是自己所需的商品。

②属性关键词。

属性关键词即是对商品属性的介绍，商品材质、颜色、风格等都属于商品属性，如"深蓝水晶真皮条纹女包"中，"女包"是核心关键词，"深蓝水晶真皮条纹"都是用于形容核心关键词的属性关键词。

③热搜词。

热搜词是指与商品相关的、买家搜索量高的词，主要用于对商品标题进行优化，增加被搜索的概率。如"新款特价女包"中的"新款特价"即属于优化商品标题的热搜词。

在构思商品标题时，核心关键词是必须具备的，且描述要与商品相符，如商品是羽绒服，则标题中的关键搜索词就必须是羽绒服，不能是西装和卫衣等属性不同的商品名称。属性关键词和热搜词都是对商品标题的扩展，是增加搜索量和点击量的重要部分，建议尽量选择买家常用且适合商品的词语。需要注意的是，商品标题中的所有描述均需客观真实，不能宣传虚假信息，若商品标题中出现与商品不符的描述，或不符合淘宝网规定，则很容易遭到淘宝的处罚。标题优化并不是一个独立的个体，实际上，为了达到更好的效果，标题优化应该与属性优化、上下架时间优化、橱窗推荐等相配合，且标题不能一成不变，应该根据流量情况进行反复测试。

（2）标题优化制作步骤。

①确定核心关键词。

核心关键词即顶级关键词，是对商品本质的描述，如"连衣裙""笔记本"即属于核心关键词。

②组合属性关键词。

买家在搜索商品时，为了使搜索结果更精确，通常会在核心关键词前加上商品的属性词，如搜索卫衣时，可能会输入"韩版卫衣""秋款卫衣""时尚卫衣""女士卫衣"等热搜关键词进行搜索，为了迎合消费者的搜索习惯，卖家在确定商品标题时，也需添加这些热搜词。属性关键词通常表现为二级关键词，如春装连衣裙、联想笔记本等就属于二级关键词。在选择属性关键词时，可以结合选词助手的行业数据进行分析与选择。

③搭配热搜词。

这里的热搜词不仅是指买家经常搜索的词语，还指可以对商品进行形容和修饰的词语，如"2016 新款时尚中长卫衣"。如果商品为知名品牌，也可将品牌名加入标题中，这样可以更准确地定位到对品牌有忠诚度的目标消费人群。

经验之谈：

在淘宝网首页的搜索文本框中输入关键词后，在打开的下拉列表中将显示与该关键词相关的一些词语，这些词语也是买家经常关注和使用的一些词语，该词语也可作为卖家商品标题的选词方式之一。此外，商品标题不建议直接使用关键词进行生硬堆砌，需对关键词的顺序和搭配进行优化调整。

3. 突出卖点

商品被买家搜索到后，如果标题中没有直观展示买家需要的信息，就无法吸引买家继续查看，这相当于获得了商品展示机会，却没有引来有效的点击率，对店铺十分不利。因此商品标题不仅要包含热搜词，还应该尽量突出商品卖点。淘宝商品标题最长可以包含30个字，在结构合理的情况下，可以尽量多地组合热搜词，增加被买家搜索到的概率，而在选择热搜词时，也可以尽量选择符合商品特性的词语，即优先选择既是热搜词，又与商品属性相符的词语。对于不属于热搜词范畴的词语，如果对商品描述有利，可以准确吸引对商品该属性感兴趣的目标消费人群，也可将其添加到标题中。

（1）优化商品描述页。

当买家通过各种渠道进入店铺查看商品时，主要是通过商品描述页了解商品的基本信息，因此商品描述页的质量好坏，直接影响买家的购买行为和商品的销量。详情页的制作其实就是引导买家一步步深入关注商品的过程，好的详情页应该同时兼顾目标消费人群定位、商品展示、页面布局、加载速度、关联营销等多个方面。

①目标消费人群定位。

很多数据分析工具都能对商品的目标消费人群进行分析，通过对买家性别、年龄等进行分析，找准详情页内容的定位，结合产品特征整理出完整的思路，选择最符合目标消费人群的内容。如某零食店分析出的目标消费人群多为年轻女性，即可针对年轻女性的性格特征设计与她们喜好相符的页面风格。需要注意的是，目标消费人群定位应尽量建立在数据分析的基础上，不要凭借主观臆断做决定，以避免定位错误。

②商品展示。

商品展示是详情页的主体部分，也是卖家非常关注的内容。一般来说，商品展示需具备一定的逻辑性和规律性，以买家购物的心理流程为基础。

制作详情页的第一步是诱发买家的兴趣，给予买家良好的视觉体验，通常可以通过商品效果图、细节图等商品图或吸引人的文案作为详情页第一屏的内容，如图4－18所示。为了吸引买家眼球，部分卖家也会在商品详情页中添加一些多媒体元素，但需要注意的是，过度美化、过度复杂、

图4－18　首屏焦点图

颜色杂乱、不合理的关联营销等不仅会影响页面的整体美观，而且很容易让买家反感，打消买家继续查看的欲望，反而得不偿失。

接着应该向买家展示商品的卖点。卖点是打动买家进行购买的主要原因，商品卖点多种多样，并且商品不同，其卖点也不同。有些卖点效果轻微，不足以促使顾客产生购买行为，有些卖点挖掘得深入有效，可以很快建立起买家对商品的好感度。一般来说，提取卖点的途径很多，可以从商品本身的特点进行提取，从商品使用环境中提取，也可以从商品对比中提取，但是不管怎么提取，都应该以消费者的实际需求为基础，否则就无法达到吸引消费者的目的。图4-19所示为从商品特点和商品对比两种途径提取的商品卖点。

图4-19　卖点挖掘

（2）页面布局。

页面布局是指详情页的整体布局效果，好的布局效果可以带给买家良好的视觉感受，可引导买家深入查看详情页信息。

①整体布局。

详情页的整体布局应该遵循统一法的原则，即颜色统一、风格统一、版面整洁规范。同时，在内容安排上应该具备一定的逻辑性，如在挖掘商品痛点时，应该先列出买家关注的痛点，再提出解决方案，引导买家进行阅读。

②图片布局。

淘宝商品详情页描述均是以图片为主，因此需要突出图片的表达效果。在布置图片时，尽量做到同等级的图片大小统一、颜色和谐。如果不熟悉图片布局的技巧，可以多查看一些优秀的商品详情页的布局方式。

③文案搭配。

虽然图片是淘宝商品详情页的主体，但文案也是其中必不可少的一部分。将文案中的设计元素与目标人群的喜好、详情页风格等相结合，不仅可以使文案起到描述说明商品的作用，还可以使图片中的内容更加生动充实，为商品增色，实现商品的软性营销。商品描述页的文案内容一般较少，且为了图片美观，文案不能覆盖图片本身；此外，还需对文字大小进行对比，在字体搭配、颜色搭配上进行优化和处理。

五、　网店日常管理

淘宝卖家中心是一个非常实用的淘宝店铺管理工具，通过淘宝卖家中心可以直接对淘宝店铺的商品上下架、商品信息修改、订单发货、退款管理、关闭交易、评价买家等交易相关内容进行管理，也可以利用千牛进行管理。

1. 商品上下架

商品的上下架可以通过淘宝卖家中心的"出售中的宝贝"页面进行管理，也可以通过千牛工作台进行管理。在淘宝卖家中心的"出售中的宝贝"页面的上下架管理，其具体操作如下。

登录淘宝卖家中心，打开商品的宝贝，如图4-20所示。

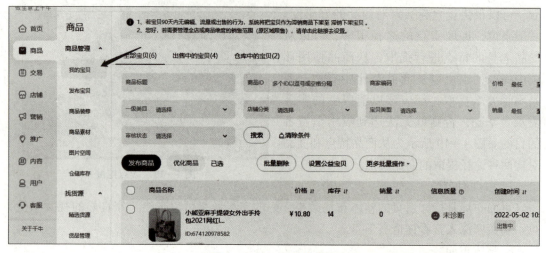

图4-20 打开我的宝贝

在商品中打开"出售中的宝贝"页面，单击选中需下架的商品操作中的"更多"，单击"立即下架"按钮，将商品下架，如图4-21所示。

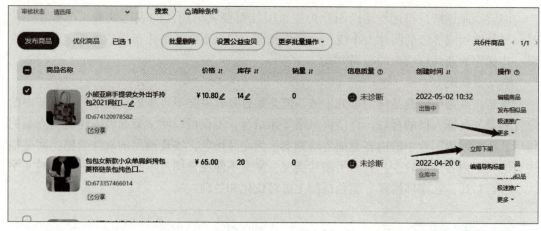

图4-21 宝贝下架

在"我的宝贝"栏中单击"仓库中的宝贝"超链接，查看下架后存放于仓库的宝贝，如图4-22所示。

选中仓库中需重新上架的商品的操作栏，单击"立即上架"按钮，即可重新上架所选商品，如图4-23所示。

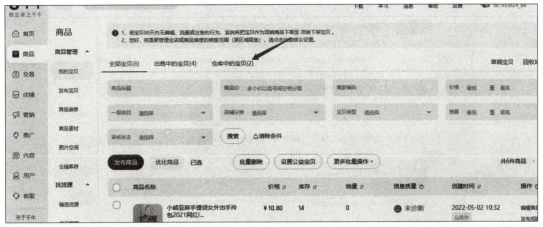

图 4 – 22　仓库中的宝贝

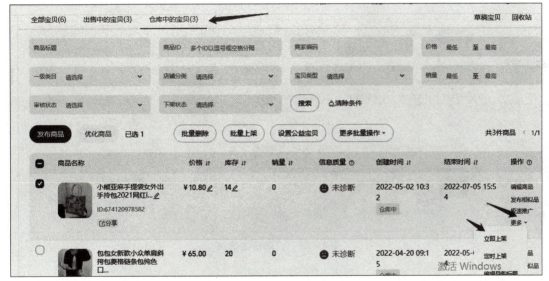

图 4 – 23　仓库中的宝贝上架

 2. 商品信息修改

买家在店铺中浏览商品并提交订单后，在淘宝卖家中心中即可查看订单信息，经买家同意后，卖家有权限修改订单商品的价格、地址等。下面介绍使用淘宝卖家中心修改交易中商品信息的方法，其具体操作如下：

进入淘宝卖家中心，打开交易中的已卖出的宝贝，查看订单商品，如图 4 – 24 所示。

在订单下单击"修改价格"按钮，在打开的页面中可直接输入商品价格折扣，如输入"7"，此时商品价格将自动按 7 折价格显示，如图 4 – 25 和图 4 – 26 所示。

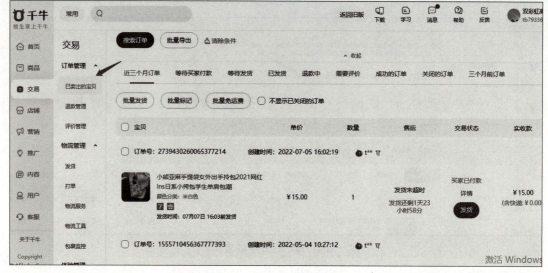

图 4-24　已卖出的宝贝

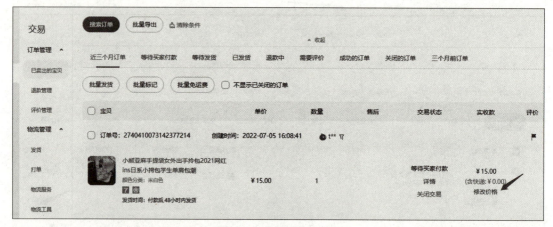

图 4-25　订单价格修改

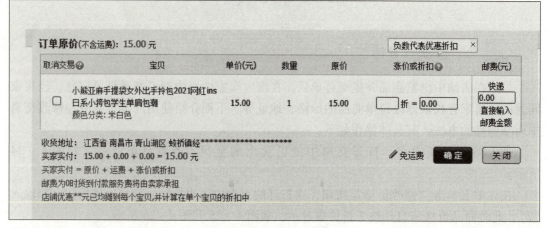

图 4-26　订单价格修改

修改完成后单击"确定"按钮，返回即可查看商品价格已完成修改，如图 4 – 27
所示。

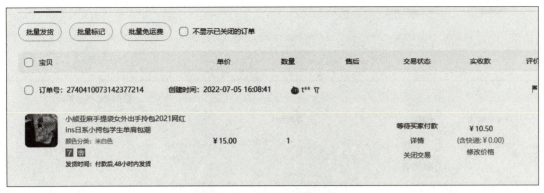

图 4 – 27　订单价格修改成功

单击订单中的详情，在打开的页面中可以修改发货地址，做标记，如图 4 – 28 所示。

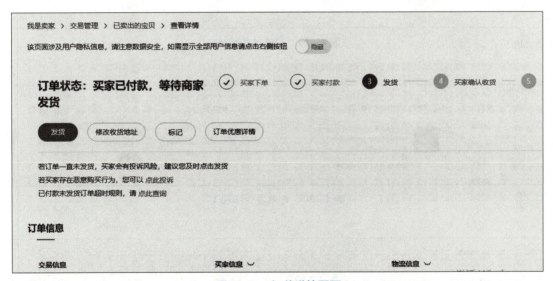

图 4 – 28　订单详情页面

如需修改收货地址，可单击"修改收货地址"按钮，在打开的页面中输入要修改的地
址，修改完成后单击"保存"按钮即可，如图 4 – 29 所示。

 3. 订单发货

买家完成付款后，如果商品需要邮寄，则需要卖家联系快递，填写快递单号并完成发
货。在千牛工作台中进行发货，其具体操作如下：

确认信息无误后，即可发货。打开卖家中心页面，在"交易"栏中单击"已卖出的
宝贝"，查看已卖出的宝贝，然后单击"发货"按钮，如图 4 – 30 所示。

打开"开始发货"页面，在选择的快递公司后单击"选择"按钮，并输入订单号码，
再单击"确认并发货"按钮，如图 4 – 31 所示，继续根据提示完成发货操作。

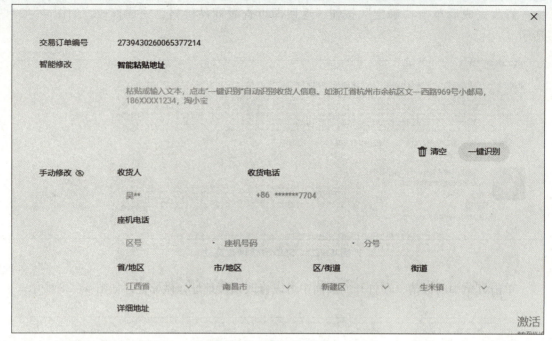

图 4 – 29　修改收货地址

图 4 – 30　订单发货步骤 1

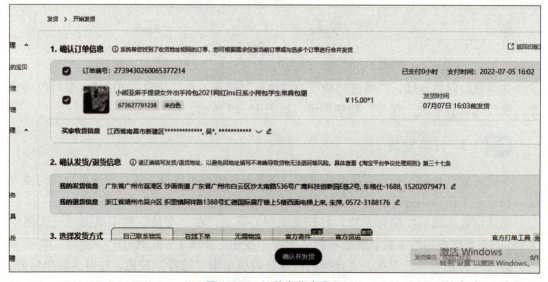

图 4 – 31　订单发货步骤 2

若是无须发货的商品或同城交易商品，也可以在发货页面选择"无须物流"直接发货，即无须填写快递单号即可完成发货，如图 4 – 32 所示。

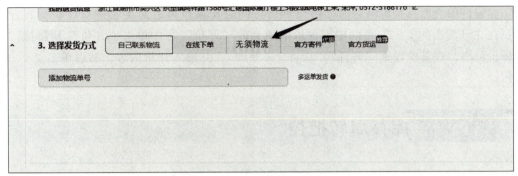

图 4 – 32　无须发货产品发货处理

 4. 退款处理

在商品交易的过程中，当买家不需要已购买的商品，或由于某种原因申请退货或者退款时，一般会向卖家提出退款申请，平台会采取极速退款的方式同意买家退款。

 5. 关闭交易

商品交易处理

当商品订单出现买家取消购买、买家重新下单等情况时，可以在"已卖出的宝贝"页面取消该订单。其方法为：在千牛工作台接待中心页面中单击"卖家中心"按钮，打开卖家中心页面，在"交易管理"栏中单击"已卖出的宝贝"超链接，打开"已卖出的宝贝"页面，在需要关闭交易的商品的"交易状态"栏中单击"关闭交易"超链接，在打开的提示框中设置交易关闭的原因，单击"确定"按钮即可，如图 4 – 33 所示。

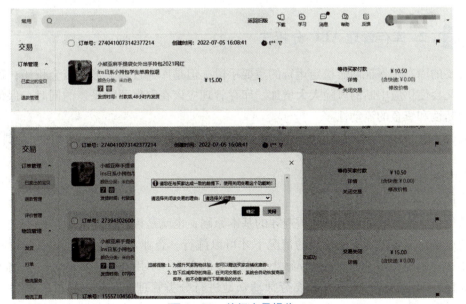

图 4 – 33　关闭交易操作

6. 评价买家

完成订单之后买家可以对商品做出评价，同时卖家也可以对买家进行评价。其方法为：在"已卖出的宝贝"页面中需评价的商品的"评价"栏中单击"评价"超链接，打开评价页面，在其中设置"好评""中评""差评"，并输入评价内容，然后单击"默评"按钮。

六、 库存周转把控

 1. 网店供货商关系管理

货源是网店的根本，因此供货商关系至关重要。如何筛选合适的供货商，如何妥善处理日常问题，如何提升合作关系，这些都是企业应该认真考虑并决策的重大问题。

对于一个新手卖家，在接受代销时，应该注意以下两点：

首先，也是最为关键的一点，要找对供货商。找一个有实力、货源充足、发展潜力大的供货商相当重要，因为产品和服务直接影响着销售和信用度。那么，新手卖家要从哪些方面去考察供货商呢？①要问清楚他们的规模，有没有自己的品牌。②要与供货商多交谈，增强自己对该供货商的了解。③看供货商的图片是否制作专业、是否规范。

其次，根据供货商的要求给产品定价。要了解代销价格，并与产品图片一一对应上，尽量避免出现顾客询问时报错价的情况。给产品标价要严格遵守供货商建议的零售价。不能因为急于卖出而随意定价，做没有利润的交易。因为如果标价比市场价低很多，别人会对产品是否是正版产生怀疑，这样导致的结果就是没有利润，没有销量，最后形成竞争威胁。

 2. 库存管理 ABC 分析法

必要的库存是保证网店稳定运行的重要手段，但是库存过多会形成资金积压；而库存过少，又会使供应中断的风险大大增加。库存管理应该在取得两者平衡的同时，保证供应的不间断性和资金的流动性。

实施 ABC 分析的原则进行库存管理，不仅简单易行，而且可以在很短的时间内收到成效。

（1）实施 ABC 分析的原则。

①成本——效益原则。

这是企业在各种活动中所必须遵守的基本原则，也就是说，无论采用何种方法，只有付出的成本在能够得到完全补偿的情况下才可以施行。企业对库存进行 ABC 分析同样也适用于这一原则。如果是一家规模很小、存货少的企业，不用花费太多的人力、物力就可以把库存管理好的话，就没有必要劳师动众地进行分类管理，花费不必要的精力在这上面。但对于一家中、大型企业，库存品种上千甚至上万种，其中又能分出主要和次要，实施 ABC 分析就显得非常必要了。因为与实施此法所花费的成本相比，所取得的效益才是主要的。

②"最小最大"原则。

库存管理就是以"最小的成本求得最大的效益"，而 ABC 分析要贯彻这一原则。管理的本身并非重点，管理的效果才是最主要的。我们要在追求 ABC 分类管理成本最小的同时，追求其效果的最优，这才是管理之本。

③适当原则。

在施行 ABC 分析进行比率划分时，要注意企业自身的情况，这就要求企业对存货情况进行翔实的统计分析，找出适合自己的划分比率，才能扎实地做好 ABC 分析的准备工作，为以后进行分类管理打下一个坚实的基础。

（2）确定 ABC 分析的标准。

考察网店的主要指标就是销售额，因此在对网店库存物品进行 ABC 分析时考虑的一个因素可设为销售额，使用储存品种与销售额这两个相关因素作为分类时的计算对象，这时也会出现上述方法中的统一单位的问题。按货架陈列量与销售额这两个因素进行分类，分别计算陈列量与累积陈列量占总陈列量的比例和销售额与累积销售额占总销售额的比例。

（3）ABC 分析的步骤。

运用 ABC 分析，最基础也是最麻烦的工作是对全部库存物品进行 ABC 分类。前面我们已经讨论了关于分类标准的问题，接下来便谈谈分类的步骤和程序。

首先，确定统计期。对库存情况的统计调查，应该有一个期间，叫作统计期，该期间应该确定能反映当前和今后一段时间的供应销售和储存形势，对于生产和经营情况较稳定的企业，可采用较长的统计期，如一季、一年；对于变动幅度较大的企业，尤其是零售业，可采用较短的统计期，如一周、一月，并可针对部分销售情况较稳定的商品来进行统计分析。

其次，统计出该期间每种存货的供应、销售、储存数量、单价和金额、出入库频度和平均库存时间等，并在条件允许的情况下，结合原来的仓库卡片，为每一种存货制作一张 ABC 分析卡，把卡填好，但存货顺序号先不填。将每种存货的 ABC 分析卡按金额大小顺序排入，并将顺序号填在分析卡上。

最后，绘制 ABC 分析图。以品种累计百分比为横坐标，以平均资金占用累计百分比为纵坐标，按 ABC 分析表中第四栏和第八栏数据在坐标图上取点，并连接成曲线，绘制成 ABC 曲线图，再按照企业自身规定的 ABC 分类比例把曲线分成两段或三段。

通过以上一系列的措施就可以把库存物品较合理地分为 A、B、C 三类或重点与非重点，这里要说明的一点是，把库存分成几类并不重要，关键是便于今后的分类管理。

 3. 确定订货量的方法

（1）定量订货法。

定量订货法是指当库存量下降到预定的最低库存数量（订货点）时，按规定数量（一般以经济订货批量 EOQ 为标准）进行订货补充的一种库存管理法。定量订货法的实施主要取决于订货点和订货批量两个控制参数。

订货点的确定有以下两种情况：

①在需求和订货提前期确定的情况下，不需要设置安全库存。公式如下：

订货点 = 订货提前期（天）× 全年需求量/360

②在需求和订货提前期都不确定的情况下，需要设置安全库存。公式如下：

订货点 =（平均需求量 × 最大订货提前期）+ 安全库存

（2）定期订货法。

定期订货法是按预先确定的订货时间间隔进行订货、补充库存的一种管理方法。

定期订货法的原理为：预先确定一个订货周期和最高库存量，周期性地检查库存，根据最高库存量、实际库存、在途订货量和待出库商品数量，计算出每次订货量，发出订货指令，组织订货。

定期订货法的控制参数：

①订货周期 T 的确定：

$$T = \sqrt{\frac{2S}{C_i \times R}}$$

式中，T 为经济订货周期；S 为单次订货成本；C_i 为单位商品年储存成本；R 为单位时间内库存商品需求量（销售量）。

②最高库存量的确定：

$$Q_{max} = R(T + T_k) + Q_s$$

式中，Q_{max} 为最高库存量；R 为 $T + T_k$ 期间的库存需求量平均值；T 为订货周期；T_k 为平均订货提前期；Q_s 为安全库存量。

③订货量的确定：

$$Q_i = Q_{max} + Q_{ni} - Q_{ki} - Q_{mi}$$

式中，Q_i 为第 i 次订货的订货量；Q_{max} 为最高库存量；Q_{ni} 为第 1 次订货点的在途到货量；Q_{ki} 为第 i 次订货点的实际库存量；Q_{mi} 为第 i 次订货点的待出库货量。

 4. 清仓处理常见种类

（1）拍卖。

拍卖是指用竞拍的方式，由买家按自己的心理价位来出价，以此吸引更多的人踊跃参加。但是这种促销有一定的风险，因为宝贝很有可能被买家以很低的价格拍下，造成亏本。所以，选择拍卖时一定要做好承受亏本的心理准备。

（2）折价。

折价是所有卖家目前最常用的一种促销方式，当打折幅度较大的时候，就能促使买家购买。

（3）服务。

服务是指在降低商品价格的前提下，以增加服务的方式促销，如"包邮"等。

（4）赠品。

当买家购买一件商品时，赠送其他的礼品，多买多送，送完为止。如"买一送一"

等，刺激顾客再次消费，加强促销的效果。

（5）积分。

如"会员积分"等活动，积分促销一般会设置对买家比较有吸引力的礼品促使顾客通过多次购买增加积分以兑换礼品。

另外，还可以参加团购销售，特别是小商品、服装和生活必需品，这些商品都有较大的团购市场，而团购能产生批量销售，很容易吸引老顾客参与，或者参加网站组织的促销活动，如"限时抢购""周末疯狂购"等促销方式对于清理库存都有很大帮助。

 5. 商品仓储管理

（1）仓储管理。

与传统商务一样，电子商务一般也需要仓储与配送，才能最终给客户提供需要的产品和服务。对于实物商品，客户在完成网上交易后，通常并没有完成电子商务业务的全部过程，还需要将商品配送到客户手里。而为了确保及时配送，仓储与配送服务的设计及管理在电子商务应用业务运营中就非常重要。即使商品质量没问题，但商品不能及时送到客户手里，也会影响客户的购物体验。所以，很多网上商店都非常重视商品的仓储与配送管理问题。

1）仓储管理的业务部分。

仓储管理的业务部分包括以下几个方面：

①订单信息处理：销售订单转化为出库单，出库单包括货物明细和数量，同时把快递/运输委托单打印好。

②分拣：根据出库单进行分拣。分拣的工具可以是小型容器，比如小纸盒或比家里使用的盘子稍大一点的水果盘等，争取将一个订单放在一个容器里。分拣完后，把打印出的出库单、销售订单放在容器里，放在指定包装位置。

③包装：建议在一个固定的包装桌上进行包装。根据分拣容器和商品包装要求进行包装，要注意防摔和防水处理。特别提醒，报纸是一种很好的包装空隙填充物，既经济又实用。包装的同时可以考虑将委托单贴上，也可以由专门人员处理。

④快递委托单处理：建议自己做打印和粘贴工作。快递人员基本都手写，虽然也有打印的，但出错概率比较大。

⑤出货：联系快递公司出货。建议在建立自己的物流体系时，把各自的主要销售区域做划分，不同的区域选择不同的快速公司，因为每家快速公司都有自己的优势区域，这些需要事先做好功课。

2）仓储管理的库存部分。

仓储管理的库存部分要做好几项关键工作，具体如下：

仓库环境：主要是注意防鼠、防潮、防雨雪天灾、防火。食品、化妆品、数码设备要特别注意防鼠，防潮也很重要，所以在库位设计时要考虑这个因素。对于防潮，木板货架就很管用。任何时候都要注意防火，绝对不容许在仓库抽烟。仓库尽量不要放带电的电器，比如微波炉之类，使用电脑也要注意防火安全，因为显示器是辐射电离子的。

仓库库位设计：不同类别的物品要有不同的库位设计方法。由于网上卖的大多是小商品，种类多、数量少、识别难、进出频繁，所以要灵活设计库位，方便上架和分拣。

库存盘点：盘点工作要定时做，平时进出要做记录，电脑系统也要准确反映进出账。

（2）仓储管理 6S 的具体应用。

①整理（SEIRI）。

将仓库的商品及物品分类，定期淘汰滞销品，及时下架残次品、过期品，及时清理不用的物品。

整理的目的：腾出空间，使仓库发挥更大的作用。由于种种原因，网店经常会产生滞销品、残次品、过期品，占据正常品的陈列空间，增加库存。

注意：要有决心，把滞销品、残次品、过期品以及不使用的物品果断地加以处置。

实施要领：全面检查，制定商品淘汰、下架及物品即时"使用"和"不用"的判别基准；将不用的物品清除出仓库；调查需要的物品的使用频度，决定日常使用次数及放置位置；制定仓库商品管理办法；每日自我检查。

②整顿（SEITON）。

对整理之后的仓库及取走商品后的陈列空位应定时按规定添货并整理排面，即陈列的维护。杜绝乱堆乱放、标识不清，以免找不到商品。

整顿的目的：使仓库商品及标识一目了然，减少找寻物品的时间，有效降低商品的库存。

注意：这是提高效率的基础。

实施要领：前一步骤整理的工作要落实；布置流程，确定放置场所；规定放置方法，明确数量；标识场所、物品。

③清扫（SEISO）。

将仓库清扫干净，保持仓库干净、亮丽。

清扫的目的：消除脏污，保持仓库内干干净净；稳定整理、整顿品质；减少安全隐患。

注意：责任化——明确岗位 6S 责任；制度化。

实施要领：建立清扫责任区（地面、墙、天花板，包括对设备、工具、道具的清理）；执行例行扫除，清理脏污；建立清扫基准作为规范。

④清洁（SEIKETSU）。

将上面的 3S 做法制度化、规范化，并贯彻执行及维持成果。

清洁的目的：维持上面 3S 的成果。

注意：制度化及考核 6S 责任；定期检查；稽查、竞争、奖罚。

实施要领：落实前面 3S 工作；制定考评方法、奖惩制度，加强执行；主管经常带头巡查，以表重视。

⑤教养（SHITSUKE）。

通过晨会等手段，提高全员文明礼貌水准。培养每位成员的良好习惯，并遵守规则做事。开展 6S 容易，但长时间的维持必须靠素养的提升。

教养的目的：培养具有好习惯、遵守规则的员工；提高员工文明礼貌水准；营造团队精神。

注意：长期坚持，才能养成良好的习惯；经常开展晨会、礼仪守则培训。

实施要领：严格执行服装、仪容标准；共同遵守有关规则、规定；制定礼仪守则；教育训练（新进人员强化6S教育、实践）；推动各种精神提升活动（晨会、礼貌活动等）。

⑥自检（SELF－CRITICISM）。

每日下班前做自我反省与检讨。

自检的目的：总结经验与不足；判定至少两种改进措施；培养自觉性、韧性和耐心。

注意；注意细节，做好记录，坚持不懈。

 自评自测

一、单选题

1. 商品标题"夏季女装新款时尚韩版潮流裙子"分词正确的是（　　　）。

A. 夏季/女装/新款/时尚/韩版/潮流/裙子

B. 夏季/女装新款/时尚韩版/潮流/裙子

C. 夏季/女装/新款/时尚韩版/潮流/裙子

D. 夏季/女装/新款/时尚/韩版潮流/裙子

2. 买家通过搜索进入商品详情页或店铺首页，首先看到的是（　　　）。

A. logo　　　　　　 B. 导航　　　　　　 C. 通栏　　　　　　 D. 店招

3. 以下关于关键词库制作的注意事项描述不正确的是（　　　）。

A. 在制作关键词库的时候只需把关键词填入到词库中，与关键词相关的数据不需要在词库中保留下来

B. 关键词积累是一个长期的过程，需要商家定期动态更新关键词库

C. 商家可以初步剔除一些无用词以及违规词

D. 从不同来源获取的大量关键词，商家需要进行辨别

4. 以下关于有意类目错放的相关描述正确的是（　　　）。

A. 导致这种情况的原因大多是因为卖家对电子商务平台的类目结构了解得不够深入

B. 这种尚不属于搜索作弊行为

C. 平台不会对这种恶意行为进行打击和处罚

D. 目的主要是骗取曝光

5. 淘宝官方数据软件有（　　　）。

A. 生意参谋　　　 B. 生意经　　　　　 C. 淘宝指数　　　 D. 赤兔软件

6. 商品配货出货流程的一般步骤是（　　　）。

A. 订单处理＞进货＞储存＞流通加工＞分发＞配装出货＞送货

B. 订单处理＞进货＞储存＞流通加工＞分拣＞配装出货＞送货

C. 订单处理＞进货＞流通加工＞分发＞储存＞配装出货＞送货

D. 订单处理＞进货＞储存＞分拣＞流通加工＞配装出货＞送货

二、多选题

1. 以下关于宝贝详情页面的内容和作用描述正确的有（　　　）。

A. 买家可以在客服中心板块中和卖家进行有效的沟通

B. 宝贝详情页包括官方区域、固定的模块、可自定义编辑的模块

C. 宝贝详情页可以分为三部分：页面头部、页面及宝贝详情内容、页面尾部

D. 自定义模块的位置虽然不可以自由调整，但是可以自由放置卖家想要放置的信息

2. 淘宝页面设计需要注意（　　　）。

A. 图片大小整齐　　 B. 排版对齐公正　　 C. 说明文字简洁　　 D. 细节图清晰真实

3. 宝贝分类的基本原则是（　　　）。

A. 新品和特价尽量靠前　　　　　　B. 不要出现无宝贝的分类

C. 充分考虑产品属性　　　　　　　D. 消费者的浏览习惯

4. 宝贝描述的规范流程有（　　　）。

A. 写宝贝描述的文案　　　　　　　B. 制作宝贝描述模板

C. 切片　　　　　　　　　　　　　D. 宝贝上架

5. 在 SEO 优化中，以下关于商品文本内容优化说法中正确的是（　　　）。

A. 文本内容不应该空洞，要能够传递商品和店铺的信息

B. 文本内容应简洁、简练

C. 文本内容应该考虑买家需求，针对商品卖点打造创意

D. 文本内容要真实

 课中实训

实训一 店铺流量结构分析

任务1 店铺流量分析

1. 任务背景：流量是电子商务企业的命脉，流量的多少，直接影响企业的盈利，对流量结构进行分析，能够帮助企业了解单位时间内哪种渠道为企业带来的流量更多，哪种渠道的投资回报率最大，企业可以根据分析结果优化引流方式。某电子商务企业部门经理为了解近期推广效果，安排小张对最近1个月的店铺流量数据（见表1）进行分析，明确流量的结构占比，为后期营销渠道的选择提供参考。

表1 店铺的流量数据结构分析

统计日期	流量来源	来源明细	访客数	点击量	成交订单数	成交转化率	成交额/元	投入成本/元
2019.11.01—2019.11.30	免费流量	自主搜索	3 013	2 133	885	29.37%	9 518	/
2019.11.01—2019.11.30	付费流量	超级推荐	9 012	8 201	2 214	24.57%	42 548	56 852
2019.11.01—2019.11.30	免费流量	购物车	4 232	3 022	1 452	34.31%	10 214	/
2019.11.01—2019.11.30	付费流量	钻石展位	20 124	18 521	7 221	35.88%	86 241	62 442
2019.11.01—2019.11.30	付费流量	聚划算	12 021	10 231	3 213	26.73%	62 425	75 898
2019.11.01—2019.11.30	免费流量	其他店铺	2 322	1 632	635	27.35%	5 201	/
2019.11.01—2019.11.30	免费流量	首页	2 683	1 998	702	26.16%	6 325	/
2019.11.01—2019.11.30	付费流量	直通车	23 514	21 021	6 322	26.89%	120121	95 621
2019.11.01—2019.11.30	免费流量	收藏推荐	1 062	862	231	21.75%	3 654	/
2019.11.01—2019.11.30	免费流量	免费其他	2 932	1 865	862	29.40%	6 215	/
2019.11.01—2019.11.31	付费流量	淘宝客	26 331	12 101	9 521	36.16%	151 016	103 254

2. 任务分析：分析流量结构，可以从免费流量结构分析和付费流量结构分析两个维度展开，以此明确每种流量类型引流较多的渠道，指导企业后续推广渠道的优化。确定好分析维度后，小张决定采集访客数、点击量、成交订单数对免费流量结构展开分析，采集成交转化率、成交额、投入成本对付费流量展开分析，并运用组合图形实现流量结构可视化。要求对付费流量、免费流量归类，从流量来源、来源明细、成交转化率、成交额、投入成本对付费流量投资回报率进行付费流量结构分析、免费流量结构分析，并得出分析

结果。

3. 任务要求：根据给定数据或者店铺的流量数据完成流量结构分析（数据源详细在平台对应学习任务中），对店铺的流量结构中不同流量来源数据进行对比分析，并得出分析结果。

实训二　店铺数据分析

任务 1　店铺流量分析

1. 任务背景：亮朵天猫店铺部门经理为了解近期推广效果，安排小张对最近 1 个月的店铺流量数据进行分析，明确流量的结构占比，为后期营销渠道的选择提供参考。

2. 任务要求：分析流量结构，可以从免费流量结构分析和付费流量结构分析两个维度展开，以此明确每种流量类型引流较多的渠道，指导店铺后续推广渠道的优化。确定好分析维度后，小张决定采集访客数、点击量、成交订单数对免费流量结构展开分析，采集成交转化率、成交额、投入成本对付费流量展开分析，并运用组合图形实现流量结构可视化。流量结构分析的操作步骤及关键节点展示如下：

步骤 1：获取店铺月度流量数据，如表 2 所示。

表 2　店铺月度流量数据

统计日期	流量来源	来源明细	访客数	点击量	成交订单数	成交转化率	成交额/元	投入成本/元
2019.11.01—2019.11.30	免费流量	自主搜索	3 013	2 133	885	29.37%	9 518	/
2019.11.01—2019.11.30	付费流量	超级推荐	9 012	8 201	2 214	24.57%	42 548	56 852
2019.11.01—2019.11.30	免费流量	购物车	4 232	3 022	1 452	34.31%	10 214	/
2019.11.01—2019.11.30	付费流量	钻石展位	20 124	18 521	7 221	35.88%	86 241	62 442
2019.11.01—2019.11.30	付费流量	聚划算	12 021	10 231	3 213	26.73%	62 425	75 898
2019.11.01—2019.11.30	免费流量	其他店铺	2 322	1 632	635	27.35%	5 201	/
2019.11.01—2019.11.30	免费流量	首页	2 683	1 998	702	26.16%	6 325	/
2019.11.01—2019.11.30	付费流量	直通车	23 514	21 021	6 322	26.89%	120 121	95 621
2019.11.01—2019.11.30	免费流量	收藏推荐	1 062	862	231	21.75%	3 654	/
2019.11.01—2019.11.30	免费流量	免费其他	2 932	1 865	862	29.40%	6 215	/
2019.11.01—2019.11.31	付费流量	淘宝客	26 331	12 101	9 521	36.16%	151 016	103 254

步骤2：付费流量、免费流量归类。

采用排序的方式对付费流量、免费流量进行归类，完成归类后的效果如表3所示。

表3　付费流量、免费流量归类

统计日期	流量来源	来源明细	访客数	点击量	成交订单数	成交转化率	成交额/元
2019.11.01—2019.11.30	付费流量	超级推荐	9 012	8 201	2 214	24.57%	42 548
2019.11.01—2019.11.30	付费流量	钻石展位	20 124	18 521	7 221	35.88%	86 241
2019.11.01—2019.11.30	付费流量	聚划算	12 021	10 231	3 213	26.73%	62 425
2019.11.01—2019.11.30	付费流量	直通车	23 514	21 021	6 322	26.89%	120 121
2019.11.01—2019.11.31	付费流量	淘宝客	26 331	12 101	9 521	36.16%	151 016
2019.11.01—2019.11.30	免费流量	自主搜索	3 013	2 133	885	29.37%	9 518
2019.11.01—2019.11.30	免费流量	购物车	4 232	3 022	1 452	34.31%	10 214
2019.11.01—2019.11.30	免费流量	其他店铺	2 322	1 632	635	27.35%	5 201
2019.11.01—2019.11.30	免费流量	首页	2 683	1 998	702	26.16%	6 325
2019.11.01—2019.11.30	免费流量	收藏推荐	1 062	862	231	21.75%	3 654
2019.11.01—2019.11.30	免费流量	免费其他	2 932	1 865	862	29.40%	6 215

步骤3：付费流量结构分析。

（1）计算付费流量投入产出比，如表4所示。

表4　付费流量投入产出比

统计日期	流量来源	来源明细	成交转化率	成交额/元	投入成本/元	投入产出比
2019.11.01—2019.11.30	付费流量	超级推荐	24.57%	42 548	56 852	0.748 399 353
2019.11.01—2019.11.30	付费流量	钻石展位	35.88%	86 241	62 442	1.381 137 696

续表

统计日期	流量来源	来源明细	成交转化率	成交额/元	投入成本/元	投入产出比
2019.11.01—2019.11.30	付费流量	聚划算	26.73%	62 425	75 898	0.822 485 441
2019.11.01—2019.11.30	付费流量	直通车	26.89%	120 121	95 621	1.256 219 868
2019.11.01—2019.11.30	付费流量	淘宝客	36.16%	151 016	103 254	1.462 568 036

（2）分析结果呈现。

选择来源明细、成交转化率、投入产出比对应的数值区域，插入组合图形，将成交占比设置为簇状柱形图，将投入产出比设置为折线图，最后，将成交占比设置为次坐标轴，得到付费流量结构分析图，如图1所示。

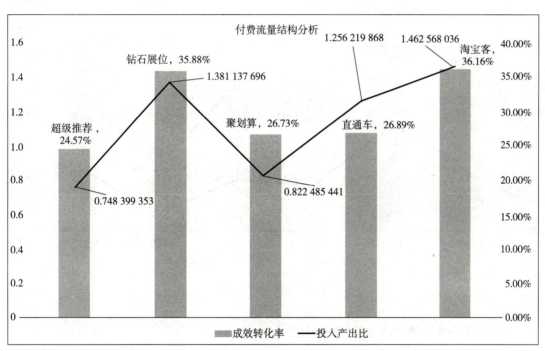

图1　付费流量结构分析图

步骤4：免费流量结构分析。

计算免费流量投入产出比如表5所示。

表5　免费流量投入产出比

统计日期	流量来源	来源明细	访客数	点击量	成交订单数
2019.11.01—2019.11.30	免费流量	自主搜索	3 013	2 133	885
2019.11.01—2019.11.30	免费流量	购物车	4 232	3 022	1 452

续表

统计日期	流量来源	来源明细	访客数	点击量	成交订单数
2019.11.01—2019.11.30	免费流量	其他店铺	2 322	1 632	635
2019.11.01—2019.11.30	免费流量	首页	2 683	1 998	702
2019.11.01—2019.11.30	免费流量	收藏推荐	1 062	862	231
2019.11.01—2019.11.30	免费流量	免费其他	2 932	1 865	862

复制统计日期、流量来源、来源明细、访客数、点击量和成交订单数对应的区域到新的 Excel 表中。插入组合图形，将访客数设置为簇状柱形图，点击量和成交订单数设置为折线图，并将访客数设置为次坐标轴，如图 2 所示。

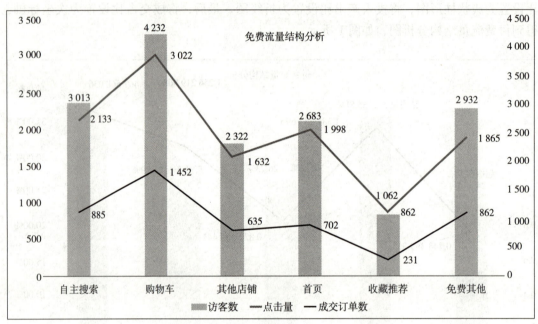

图 2　数据分析结果

通过以上分析，请给出流量分析的结论。

任务 2　店铺商品分析

1. 任务背景：某天猫箱包品牌专卖店上新一款铝制旅行箱，并针对黑色 18 寸旅行箱推出了返现活动。运营一段时间后，部门经理安排小周以近 30 天的销售数据为准，对该产品进行 SKU 分析，以进行进一步的运营计划调整。

2. 任务分析：SKU 分析是基于单品进行的，小周可以通过生意参谋的商品 360 模块来查看该铝制旅行箱的 SKU 销售详情，并利用 Excel 进行数据可视化处理，分析出爆款 SKU，给出加大推广、增加库存等建议；对于销量过小的 SKU，给出优化建议或下架处理的判断；结合店铺对黑色 18 寸旅行箱的优惠活动，分析该活动的有效性。

步骤 1：数据获取。

"生意参谋"→"品类"→"商品 360"，在搜索框中输入产品标题，如图 3 所示，进入查看 SKU 销售详情，然后修改统计时间，以 30 天为时间维度，选定"加购件数""支付金额""支付件数"以及"支付买家数"四个指标，如图 4 所示。

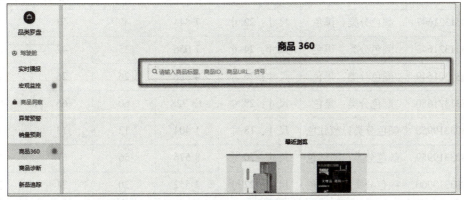

图 3　商品 360

图 4　SKU 销售详情

步骤 2：数据处理。

获取的数据不利于数据处理与分析，因此需要进行数据处理。通过在 Excel 中转化商品属性的数据格式、SKU 名称分列等操作，得到表 6 所示数据。

表 6　SKU 销售详情表 1

SKU	颜色分类	尺寸	支付金额/元	支付买家数/个	支付件数/件	加购件数/件
3996831321645	颜色分类：黑色	尺寸：18 寸	13 932	129	129	308
3996831321646	颜色分类：黑色	尺寸：20 寸	3 584	26	28	

续表

SKU	颜色分类	尺寸	支付金额/元	支付买家数/个	支付件数/件	加购件数/件
3996831321647	颜色分类：黑色	尺寸：22 寸	7 844	49	53	48
3996831321648	颜色分类：黑色	尺寸：24 寸	7 056	35	42	20
3996831321649	颜色分类：黑色	尺寸：26 寸	4 888	26	26	20
3996831321650	颜色分类：黑色	尺寸：28 寸	13 728	60	66	69
4453803319958	颜色分类：酒红色	尺寸：18 寸	1 404	13	13	1
4453803319959	颜色分类：酒红色	尺寸：20 寸	8 576	56	67	49
4453803319960	颜色分类：酒红色	尺寸：22 寸	3 552	20	24	19

步骤 3：数据分析。

（1）插入 Excel 数据透视图和数据透视表，选择要分析的数据及放置数据透视表的位置，如图 5 所示。

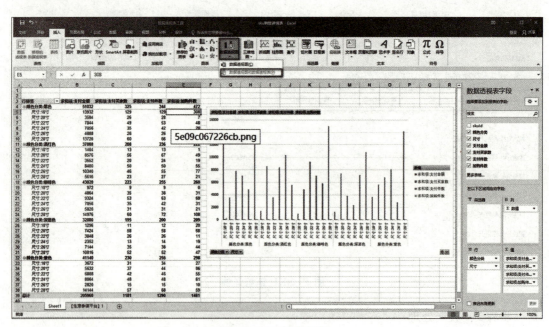

图 5　SKU 销售详情

（2）分析结果呈现：根据不同的维度（例如颜色、尺寸）用图的形式呈现分析的结果，如图 6 和图 7 所示。

通过以上分析，请给出分析结论。

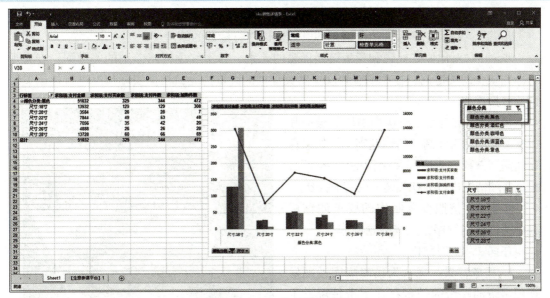

图6　黑色旅行箱的销售数据

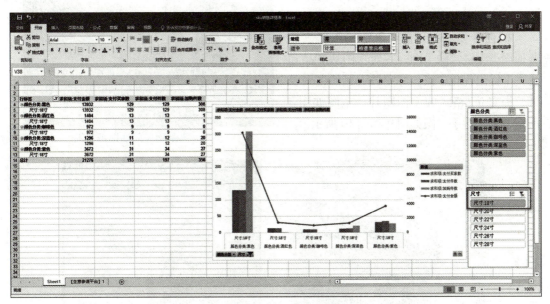

图7　18寸旅行箱的销售数据

实训三　店铺 SEO 优化

任务1　标题优化

1. 任务背景：亮朵天猫店铺最近正在大力推广旅行收纳袋链接，需要定期对标题进行优化，发现有效词并将有效的关键词放入标题当中。

2. 任务描述：通过后台选词工具已经下载旅行收纳袋的最新词表，数据源详见平台对应实训任务中，根据下载的词表和竞争链接的标题，以及后台生意参谋中收集到的竞争链接有效的引流关键词和成交关键词优化旅行收纳袋的标题。

步骤1：在下载的表格中左侧找出和旅行收纳袋匹配的关键词或者关键词中有效短语

并标黄。

步骤2：利用左侧标黄的关键词和有效短语进行标题的编写。

步骤3：对比原先标题和竞争链接标题的差别，并用红色标出差别的关键词。查看现有标题缺少的关键词，在左侧查找缺少的关键词的流量情况，根据实际情况进行标题关键词的替换操作。

步骤4：查看竞争链接的引流关键词和成交关键词是否在制作的标题当中，如果存在遗漏，查找左侧遗漏关键词的流量情况，根据实际情况进行标题关键词的替换操作。

步骤5：按照标题制作的要求调整标题中关键词的顺序，完成标题制作。

任务2　主图优化

1. 任务背景：亮朵天猫旗舰店近期发现厨房防油贴纸的销量存在下滑情况，主管要求全面排查链接的全部内容，安排小李完成主图的优化工作。

2. 任务要求：分析竞争链接和提供的其他同类型链接的主图，并对主图从产品和文案上提出优化建议，并完成大概的主图设计，提交 jpg 格式的主图图片，主图如图8所示，竞争对手主图如图9和图10所示。

图8　亮朵厨房防油贴纸主图

图9　竞争链接厨房防油贴纸主图1

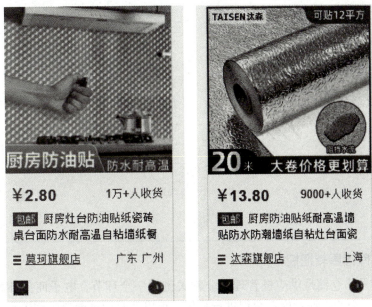

图 10　竞争链接厨房防油贴纸主图 2

实训四　店铺日常管理

任务 1　商品上下架

1. 任务背景：亮朵天猫店铺经过市场分析，购进了一款防霉胶带，产品如图 11 所示，资料已经全部准备齐全，打算近期推向市场。

图 11　防霉胶带

2. 任务要求：按照提供的产品资料上架防霉胶带，在上架的过程中注意产品的 SKU、产品编码、上新价格等不能出现失误。上架完成后提交产品链接和截图到学习通对应实训任务中。

任务 2　商品信息修改

1. 任务背景：任务 1 中的产品上架后的 15 天销售良好，仓库又购进了一批货，已经入库了，需要更新链接中产品的数量。

2. 任务要求：按照系统中仓库显示的数量更新到对应的链接的 SKU 数量中，更新完毕之后，在对应的实训任务中上交产品链接和 SKU 截图。（具体数据源请查看学习平台的相应实训任务中。）

实训五　库存周转把控

1. 任务背景：仓储是供应链管理中非常关键的一个环节，电子商务环境下，仓储一般指的是库存。企业定期对库存数据进行分析，可以及时调整库存管理策略，保证商品供应的平衡，控制商品破损比，加快资金周转等。小周是某电子商务企业仓库管理人员，按照公司要求，小周本周需要对上半年的库存数据进行整理分析，并将结果上报给部门领导。

2. 任务分析：库存数据分析的意义不仅仅在于核对产品数量的对错，还在于通过数据分析了解产品库存的情况，从而判断库存产品结构是否完整、产品数量是否适中，以及库存破损比例是否在可控范围内。

3. 任务操作：库存数据分析的操作步骤及关键节点成果展示如下：

步骤1：数据获取。

下载📓源数据——库存数据.xlsx（学习平台对应实训任务）可以获取小周统计整理的办公用品库存数据。以个人为单位，将获取到的数据整理到 Excel 表格中，整理后的效果如表7所示。

表7　办公用品库存数据

商品名称	单位	入库时间	期初数量	入库数量	出库数量	库存标准量	破损数量	破损原因
中性笔	盒	2019/12/1	118	350	435	120		
长尾夹	盘	2019/12/1	120	150	151	100		
印泥	盒	2019/12/1	124	50	99	50	1	包装
液体胶水	个	2019/12/1	122	100	130	80		
文件架	个	2019/12/1	118	145	230	100	1	商品质量
文件夹	个	2019/12/1	120	150	172	100		
文件袋	套	2019/12/1	128	130	125	100		
收纳盘	个	2019/12/1	125	135	131	80	2	包装

续表

商品名称	单位	入库时间	期初数量	入库数量	出库数量	库存标准量	破损数量	破损原因
起钉器	个	2019/12/1	126	120	143	80	2	包装
美工刀	把	2019/12/1	122	135	72	50	1	人为
拉杆夹	套	2019/12/1	115	250	312	100		
记号笔	个	2019/12/1	124	130	222	120		

步骤2：结存数量计算。

在 F 列后新增一列，输入字段名"结存数量"，通过公式：结存数量 = 期初数量 + 入库数量 − 出库数量，计算得出各商品的结存数量，结果如表8所示。

表8 各商品的结存数量

商品名称	单位	入库时间	期初数量	入库数量	出库数量	结存数量	库存标准量	破损数量	破损原因
中性笔	盒	2019/12/1	118	350	435	33	120		
长尾夹	盘	2019/12/1	120	150	151	119	100		
印泥	盒	2019/12/1	124	50	99	75	50	1	包装
液体胶水	个	2019/12/1	122	100	130	92	80		
文件架	个	2019/12/1	118	145	230	33	100	1	商品质量
文件夹	个	2019/12/1	120	150	172	98	100		
文件袋	套	2019/12/1	128	130	125	133	100		
收纳盘	个	2019/12/1	125	135	131	129	80	2	包装
包装	个	2019/12/1	126	120	143	103	80	2	包装
美工刀	把	2019/12/1	122	135	72	185	50	1	人为
拉杆夹	套	2019/12/1	115	250	312	53	100		
记号笔	个	2019/12/1	124	130	222	32	120		

步骤3：库存数量分析。

在店铺运营中，商品库存数量应保持适度，既要保证商品供应充足，又不能有太多积压。

选择表9中 A 列、G 列和 H 列数据，选择"插入"选项卡，在"图表"组中单击"柱形图"下拉按钮，选择"簇状柱形图"选项，插入图表，然后调整图表大小，删除网格线，添加图表标题，结果如图12所示。

学员观察图11所示的库存结存数量与库存标准量，对比分析各商品的库存数量是否适度，哪些商品供销平衡，哪些商品急需补货，哪些商品积压严重，针对积压严重的商品有什么建议等。

步骤4：库存商品破损统计。

库存商品出现破损是无可避免的，但必须要控制在正常范围之内，如果破损率过高，就需要找出原因，采取相应措施。本实训中，根据产品性质，企业规定库存破损率小于

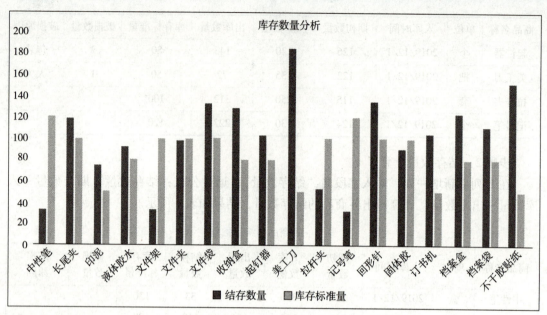

图 12　插入"库存数量分析"图表

1% 即为正常破损范围；大于等于 1% 即认定为破损率较高，须引起重视。

　　在工作表中绘制表格，输入字段名"总库存数量""破损数量""破损率"和"结论"。利用自动求和计算得出总库存数量和破损数量，再根据破损率 = 破损数量/总库存数量，计算得出破损率，设置其格式为百分比、2 位小数显示，最后根据破损率结果，判断其是否在正常破损范围内。

 **实训项目评价**

学生自评表

序号	技能点自评	佐证	达标	未达标
1	能分析不同行业的市场趋势	能利用分析方法分析不同行业的市场		
2	能够根据后台数据分析店铺的流量来源	给后台数据的情况下能够分析出产品的流量来源		
3	能够熟悉生意参谋	能通过生意参谋找到需要的数据资料		
4	能够熟练掌握标题优化技巧	能根据提供的关键词数据，完成标题的制作和优化工作		
5	熟练后台的日常运营操作	能熟练完成商品信息更改、商品上下架等操作		
6	熟练库存周转把控技巧	能在给予一定条件的情况下完成库存量、订货的操作		
序号	素质点评表	佐证	达标	未达标
1	创新意识	能够在分析行业市场趋势上找到除了课本之外的其他方法		
2	协作精神	能够和团队成员协商，共同完成实训任务		
3	自我学习能力	能够借助网络资源自主学习更多与店铺运营相关的知识		

教师评价表

序号	技能点自评	佐证	达标	未达标
1	能分析不同行业的市场趋势	能利用分析方法分析不同行业的市场		
2	能够根据后台数据分析店铺的流量来源	给后台数据的情况下能够分析出产品的流量来源		
3	能够熟悉生意参谋	能通过生意参谋找到需要的数据资料		
4	能够熟练掌握标题优化技巧	能根据提供的关键词数据，完成标题的制作和优化工作		
5	熟练后台的日常运营操作	能熟练完成商品信息更改、商品上下架等操作		
6	熟练库存周转把控技巧	能在给予一定条件的情况下完成库存量、订货的操作		
序号	素质点评表	佐证	达标	未达标
1	创新意识	能够在分析行业市场趋势上找到除了课本之外的其他方法		
2	协作精神	能够和团队成员协商，共同完成实训任务		
3	自我学习能力	能够借助网络资源自主学习更多与店铺运营相关的知识		

课后提升

案例一　搞清楚淘宝流量的分配规则，还怕没流量？

（来源：派代网）

单品销量这么高了，为什么还没有排名？

为什么我店铺的新品没有流量扶持？

为什么同样的款式别人就是爆款，搜索流量大，我的转化就这么低？

这么多的为什么，其实仅仅是因为你没有搞懂淘宝流量的分配规则。

不管是免费流量，还是付费流量，在个性化趋势下，为了让每一个流量的价值实现最大化，淘宝都会按照一定的规则进行匹配。而你必须要承认，这种规则是持续变化的，你能做到的就是找到变化背后的逻辑，这样才能获得更多的展示。

碎片化导致流量的渠道入口越来越分散

打开生意参谋，在"流量"这个功能模块的"来源分析"里面单击"店铺来源"，看一下最近 30 天移动端的数据，如图 1 所示。

构成　对比　同行		转化效果归属于：每一次访问来数 ∨	无线端 ∨
流量来源	访客数 ② ⬍	下单买家数 ⬍	下单转化率 ② ⬍	操作
● 淘内免费	626 +117.36%	20 +100.00%	3.19% -7.99%	趋势
● 自主访问	36 +80.00%	7 +40.00%	19.44% -22.22%	趋势

图 1　30 天移动端的数据

从大的方向看就是淘内、淘外、自主访问，然后淘内流量细分成免费流量和付费流量。早些年做淘宝运营的时候，流量的获取基本集中在有限渠道上：免费的搜索流量、付费的直通车流量、钻展、淘宝客、活动流量。但是现在呢？我们打开"淘内免费"看一下，如图 2 所示。

这个店铺显示的渠道入口就有多个，有些老店的渠道入口就更多了，我截图的是家新店，所以流量更多集中在"手淘搜索"上面，其他的卖家可能有集中在"手淘首页"的，有集中在淘宝直播的，有集中在生活研究所的……

这其实很好理解，智能设备给人们生活带来的一个极其重要的影响就是碎片化。这种碎片化对购物的影响体现在购物时间的碎片化、购物渠道的碎片化等。碎片化时间特点如图 3 所示。以前我们在 PC 端买东西，常规的浏览行为就是：打开淘宝（或者天猫）首页，在搜索框里面搜索关键词（也可能会是类目搜索或者其他的行为），找到自己想要的商品，下单购买。换言之，在 PC 端，大多数时候，是我们有需求了，然后主动去买。

但是移动端的购物行为呢？消费者可能是看了一篇文章买的，也可能是看了一个直播

构成　对比　同行			转化效果归属于： 每一次访问来源 ⌄ ① 无线端 ⌄	
流量来源	访客数 ① ⌄	下单买家数 ⌄	下单转化率 ① ⌄	操作
● 淘内免费	626 +117.36%	20 +100.00%	3.19% -7.99%	趋势
手淘搜索	605 +119.20%	17 +88.89%	2.81% -13.83%	趋势 详情 来源效果
手淘旺信	13 +85.71%	6 +50.00%	46.15% -19.23%	趋势 来源效果
手淘拍立淘	13 +18.18%	2 +100.00%	15.38% +69.23%	趋势 来源效果
● 手淘推荐 ①	8 +700.00%	0 -	0.00% -	趋势 来源效果
淘内免费其他 ①	3 -25.00%	1 -	33.33% -	趋势 详情 来源效果
● 自主访问	36 +80.00%	7 +40.00%	19.44% -22.22%	趋势
我的淘宝 ①	23 +35.29%	4 +0.00%	17.39% -26.09%	趋势 来源效果
购物车 ①	15 +275.00%	4 +300.00%	26.67% +6.67%	趋势 来源效果
淘口令分享	3	0	0.00% -	趋势 来源效果

图2　"淘内免费"的数据

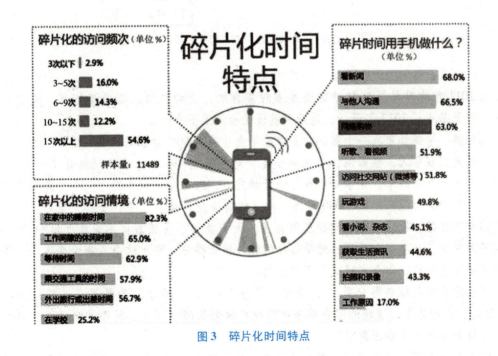

图3　碎片化时间特点

买的，而这种渠道当前是多种多样的。所以，从这个意义上来讲，流量的进店入口在未来甚至有可能被无限打散，哪怕是平台自身的流量（从现在的流量结构中就可以知道了）。在我们只考虑自身流量的时候，就要重点关注推荐逻辑了。也就是说，只要是来自平台的流量，都会有它的推荐规则。只有抓住这些规则，才能获得更多的流量。移动端客户访问行为分析如图4所示。

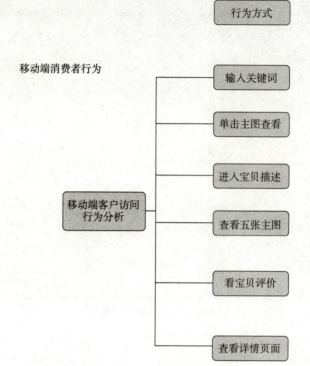

图4　移动端客户访问行为分析

平台会把更多的流量匹配给"优秀的店铺"

在2011年的时候爆款打造方法是多种多样的：活动打爆、直通车打爆、淘宝客打爆……但是基本从2013年开始，这股风就慢慢地淡了下来。

那时候，店铺如果有一个爆款，基本能给全店带来50%左右的流量。前几天，一个做淘宝的朋友跟我聊天，很郁闷，他说一个竞争对手跟他卖同款，价格比他贵了四五块钱，他是4月份就开始做了，竞争对手6月份开始发力，但是现在竞争对手一个月差不多可以卖2万件左右，而他只能卖3 000多件。建立的前提是，竞争对手并没有大量的活动，也没有淘宝客狂推，也没有直通车钻展等狂推。大多数的销量都来自手淘首页和手淘搜索。其实不用纠结，只有一个原因：对手店铺的综合质量得分一定比这个人高太多了。如果只考虑单品因素的话，你会发现这是不应该的。

现在你的宝贝排名得分是"店铺综合得分"+"单品得分"的结果。只不过现在在"小而美"的趋势下，店铺的综合得分占得权重越来越高。那么，问题就来了：店铺的综合质量得分取决于哪些因素呢？

（1）店铺层级。这是决定天花板上限的，层级低的店铺，单品再牛，能够获取到的免费流量也是有上限的。这很好理解，大店理应得到更多的扶持，因为人家有实力。

（2）店铺的服务质量。包括DSR评分、有没有品质退款、退款方面的其他数据等，这里面尤其要关注DSR评分的变化趋势，如果持续下滑，对服务质量得分的影响还是比较大的。

（3）全店的动销情况。这个不仅仅是所有的商品都不是滞销商品，都有销量，如果店铺中绝大多数宝贝的销量都很少（比如就一两个），那也代表动销率不好。在不同的行业中，对于动销率的指标会有一个阈值（换句话来说，可以理解成行业的分界线；在这个分界线之上的，得分就是可以的；在这个分界线之下的，可能就影响很大），比如服饰类目，对动销率的要求就比较高，尤其是到了第三层级以后，因为在第一和第二层级的时候，因为资源的限制，考察单品的运营能力比较多。

（4）违规扣分的情况。店铺有违规扣分，对于整体综合质量得分的影响比较大，所以很多时候大家不要看单品降权就觉得对店铺内其他商品没有影响，直接影响可能没有，但是会通过影响店铺的综合搜索权重，进而影响单品权重。

根据消费者的行为标签进行销量加权

不要说"销量对搜索权重的影响越来越低"，这完全是无稽之谈，至少截至目前，销量还是证明产品符合市场需求的最有效的因素。只不过，不同的销量占比权重不一样，起的作用有大有小。而这些都是通过消费者的各种行为来进行区分和判断的。

活动产生的销量，因为在很大程度上是受到了低价促销的刺激，并不能最大限度地反映消费者对产品的认可，所以这种销量的权重就会低一些。

当你看直播时，可能因为你是主播的粉丝，所以对他推荐的产品有一种盲目的"崇拜"，这没有经过详细的评估对比，所以权重会低一些。

如果是一个老客户，在搜索关键词的时候，又看到了你的店铺，因为以前购买过你的商品，所以继续选择相信，这种加权效果会更好。

消费者搜索关键词，看到了你的宝贝，可能因为着急，没有看其他的商品，直接就买了，但是另外一个消费者就对比了一下其他的商品，最后还是买了你的，那么后面消费者产生的销量就要比前一个加权效果好。

如何根据规则提高流量？

1. 商品上架小技巧。

商品上下架有其特有的时间原则，上下架时间通常以 7 天为一个周期。当一个商品临近上下架时间段，会有一个优先展现机会，但这并不意味着宝贝就一定能够出现在首页或是前三页。如果这样一次机会宝贝排名无法达到前三页，那么宝贝在上下架时间段获得的自然流量将很少甚至没有。所以，摸清淘宝系统商品上下架的运行规律尤为重要。

（1）错峰上架。

如果你是小卖家，那最好不要选择在流量高峰期上架宝贝。因为在这个时段上架，小卖家的竞争力明显拼不过大卖家。所以，要尽量选择在下班后的时间点上架。

（2）时间卡位。

通过对宝贝上下架时间正确规划、严格把控，可实现最大化免费流量获取。店铺在一周时间内，如果每天在浏览的高峰时段，都有自己的产品上下架，那么卖家将会在各个时间段都能得到这些免费流量。

前期做好规划和调查，以 7 天为一个周期，均匀按每天每时段上架一定数量的宝贝，以保证让宝贝在 7 天周期里，每天每时段都有宝贝在浏览高峰时段中接近下架时间。通常，宝贝在即将下架的一天到数小时，特别是最后几十分钟内，会获得一个最有利的宣传位置。

（3）同类商品分开上架。

很多商家觉得，用淘宝数据包上架产品很方便，但是这对于搜索来说，反而不利。例如服饰类商品，如果几分钟内用淘宝助理一次性全挂上去，那之后每周只有一天的几分钟内，你的宝贝才会排在前面。

所以我们要把服饰分成多份，可以是14份，在每天的两个黄金时段，分别几分钟上传一件宝贝，用7天时间全部上架完毕。这样以后每天都会有服饰商品，在黄金时间段排在搜索结果的前面。

2. 增加流量入口。

这是必须要做的，尝试尽可能多的流量入口。对于关键词搜索而言，各种规则已经很成熟了，优化的空间有限。但是很多其他的流量入口，想要优化的话，也许还有一些空间可以做。

3. 全面提高流量价值。

淘宝搜索引擎为什么要搞个性化？一方面，当然是为了给顾客更好的购物体验，但是另一方面，搜索引擎也是有"私心"的，因为这样可以让流量更精准，转化更高，平台在流量不变的情况下，能够有更好的交易额。

所以，换位思考一下：如果你能够充分地发挥流量价值，搜索引擎也会比较喜欢你，然后给你更多的扶持。这种流量价值的发挥，主要集中在两个层面上，即转化率的提高、客单价的提高。

案例二　完美日记‖品牌成功之道的解读

完美日记（产品图见图5）成立于2016年，致力于研发护肤及彩妆产品，为新一代中国年轻女性提供快时尚彩妆产品和美丽方案，公司仅成立3年就已经估值10亿美元。

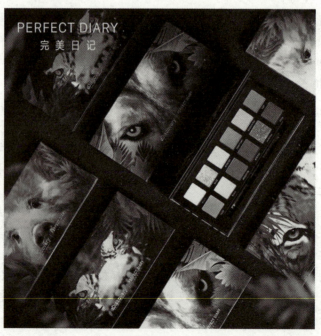

图5　完美日记产品1

那么它为什么能够如此快速地成长呢？

1. 理念个性，员工年轻。

公司的经营理念是倡导青年不被外界标签束缚，而是努力地突破自我，积极地探索人生更多的可能性，遇见更优秀的自己。很符合年轻人的个性的生活态度！

这家公司80%以上的员工都是"95后"，并且大多数是女性，毕竟只有年轻人最懂年轻人，而且未来始终是属于年轻人的！

有人说："零售的本质，就是为消费者创造价值。"

以人为本，是完美日记产品开发的核心理念，每一个产品的最终成型都离不开与消费者的深度沟通。而大IP联名款的推出，借力打力，打破产品设计天花板的同时，又扩大了品牌影响力。

2. 产品更新快，爆款有保证。

目前已经推出的，跟国家地理合作出的国家地理眼影盘，以及与发现频道联合出品的动物盘，都是卖到脱销的镇店爆款！

通常来说，中国化妆品牌产品的开发周期为12～18个月，而完美日记保持每个月5到6款新品上市的频率，在"双11""618"等电商购物节前还会推出重量级新品。

2018年"双11"，仅用90分钟就突破了1亿元销售额。到了2019年的"双11"，完美日记更是创下奇迹。仅28分钟，完美日记的销售额就超过了2018年"双11"的全天销售额，成为天猫彩妆类目首个销售破亿的厂商，同时也是首个登上天猫"双11"彩妆榜首的国货品牌。

完美日记相关产品如图6所示。

图6 完美日记产品2

3. 行业处于黄金期，线上线下齐发展。

完美日记是一个前期完全生长于网络的品牌，其第一款产品上线22个月后才开出第一家线下门店。

目前，完美日记已在上海、南京、杭州、苏州等一线城市开设了线下体验店，随着新零售计划的实施，完美日记未来三年还要开店600家。

完美日记快速成长的一个原因是国产彩妆行业正值行业爆发期。

据统计，2019年我国美妆行业市场规模将达到4 225亿元，2022年将突破5 000亿元，2023年将增长至5 490亿元，2019—2023年年均复合增长率约为6.77%。

4. 运营模式新颖，宠粉福利不断。

完美日记巧妙利用了KOL和私域流量。一张图可以清晰看到这家公司的运营模式，如图7所示。

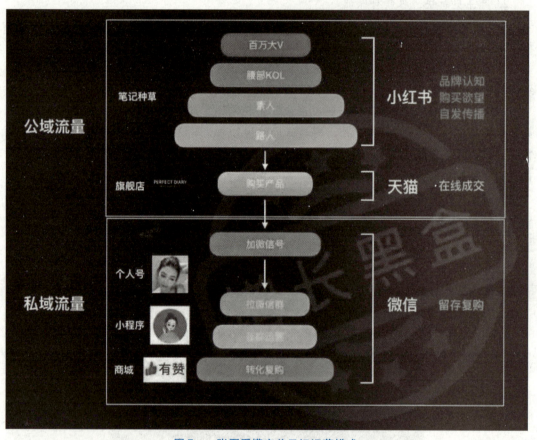

图7　一张图看懂完美日记运营模式

完美日记有上百个个人号，都是以"小完子"统一人设对外，也就是说背后不是几个人运营的成果，而是一个庞大的团队在运营支撑，打通整个链条。完美日记将小红书作为重点渠道开始运营，并加大了投放力度，随后其销量开始快速上升。

这种通过KOL（人设）+社群+媒介（朋友圈）的影响杀伤力可以说是强大的。

把小完子打造成一个高颜值、会化妆又会玩的女孩子人设形象，请问谁不爱？

另外，小完子完美研究所有很多干货妆容分享，真正为用户考虑，一个加了就不想删的群，想不成功都难。

朋友圈还经常会推出低价限时秒杀活动，诸如加 1 元得第 2 件，确实是实力宠粉了！

完美日记线上情商这块是用了心思的，仅仅是小完子每天道晚安的文案，都会让你感到满满的温暖。

虽然模式可以复制，但是成功从来都是需要天时、地利、人和，缺一不可的！

5. 大师设计出精品，产品极致性价比。

人设建立得好，干货分享得多，这只是一种比较成功的经营模式，但是要想发广告有转化，销量有保证，还得靠产品说话！为此我又专门查了一下他们的生产代工厂家，发现也都是很厉害的样子！

合作的代加工及生产企业，他们选择了韩国化妆品 OEM/ODM 企业科丝美诗 COSMAX、意大利企业莹特丽和上海臻臣。

这些代工厂也是 DIOR、YSL、雅诗兰黛等化妆品的合作厂家，不过完美日记的单品价格在 40～150 元，和那些大牌的产品价格相差三到五倍。由于新一代消费者对化妆品的成分乃至生产厂家越来越有研究，因此完美日记选择与大牌有过合作的知名厂家或许能让一些消费者更加相信产品的品质。

真正做到大牌的平价代替，极致的性价比，牢牢抓住 18～28 岁年龄段用户的心！

另外，设计师也是已连续十次在巴黎时装周官方日程发布时装秀的中国设计师 Masha Ma，大师出精品啊！

项目五
产品推广

 教学目标

知识目标

1. 理解付费推广的含义和内容。
2. 掌握直通车的推广原理。
3. 掌握淘宝客的推广原理。
4. 掌握平台活动的招商要求。
5. 掌握站外资源推广渠道。

能力目标

1. 能分析不同关键词的出价技巧。
2. 能掌握关键词质量分提升方法。
3. 能利用淘宝客完成推广。
4. 能根据产品推广阶段选择合适的付费推广方式。
5. 能根据产品特性选择站外平台推广店铺产品。

素质目标

1. 培养学生创新意识、创新精神，能在产品推广方面提出自己的新观点。
2. 具备网络信息搜集能力，能在网上搜索到有关产品推广的新知识。

思政目标

1. 树立正确的价值观，具有积极向上的工作态度。
2. 培养正确的职业道德，熟悉产品推广的各项工作。
3. 了解产品推广需要遵循的法律法规。

思维导图

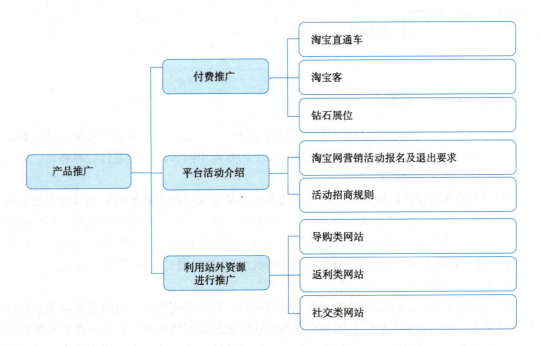

课前学习

一、付费推广

 1. 淘宝直通车

淘宝直通车是为专职淘宝和天猫卖家量身定制的，按点击付费的效果营销工具，为卖家实现宝贝的精准推广。它是由阿里巴巴集团下的雅虎中国和淘宝网进行资源整合，推出的一种全新的搜索竞价模式。

淘宝直通车的竞价结果在淘宝网（以全新的图片＋文字的形式显示）和雅虎中国上充分展示。每件商品可以设置 200 个关键字，卖家可以针对每个竞价词自由定价，并且可以看到在雅虎和淘宝网上的排名位置，排名位置可用淘大搜查询，并按实际被点击次数付费（每个关键词最低出价 0.05 元，最高出价 99 元，每次加价最低 0.01 元）。

（1）产品优点。

淘宝直通车推广，在给宝贝带来曝光量的同时，精准的搜索匹配也给宝贝带来了精准的潜在买家。淘宝直通车推广，用一个点击，让买家进入你的店铺，产生一次甚至多次的店铺内跳转流量，这种以点带面的关联效应可以降低整体推广的成本和提高整店的关联营销效果。同时，淘宝直通车还给用户提供了淘宝首页热卖单品活动和各个频道的热卖单品活动以及不定期的淘宝各类资源整合的直通车用户专享活动。

多：多维度、全方位提供各类报表以及信息咨询，为推广宝贝打下坚实的基础。

快：快速、便捷的批量操作工具，让宝贝管理流程更科学、更高效。

好：智能化的预测工具，制定宝贝优化方案时更胸有成竹，信心百倍。

省：人性化的时间、地域管理方式，有效控制推广费用，省时、省力、更省成本！

①被淘宝直通车推广了的宝贝，只要想来淘宝买这种宝贝的人就能看到，大大提高了宝贝的曝光率，带来更多的潜在客户。

②只有想买这种宝贝的人才能看到广告，带来的点击都是有购买意向的点击，带来的客户都是有购买意向的买家。

③淘宝直通车能给整个店铺带来人气，虽然推广的是单个宝贝，但很多买家都会进入店铺里去看，一个点击带来的可能是几个成交，这种整体连锁反应，是直通车推广的最大优势，久而久之店铺人气就会高起来。

④可以参加更多的淘宝促销活动，参加后会有不定期的直通车用户专享的、淘宝单品促销的活动，加入直通车后，可以报名各种促销活动。

⑤淘宝直通车能给店铺带来很高的流量。

⑥免费参加直通车培训，并且有优秀的直通车小二指点优化方案，迅速掌握直通车推广技巧。

（2）出价技巧。

直通车的出价看起来简单，但是我们常常为不知道应该出多少钱而犯愁，淘宝直通车的出价也是很讲究技巧的，因为它是决定直通车效果的关键指标之一。出价越高意味着排名越靠前，被展现的概率越多，带来的流量也就越多。

优化策略：根据转化数据调整关键词出价。

①删除过去 30 天展现量大于 100 点击量为 0 的关键词。

②根据转化数据，找到成交 TOP50 的关键词，提高关键词出价。

③根据转化数据，将关键词的花费由高到低排序，降低转化低于 2% 的关键词出价。

（3）关键词质量。

对于开直通车淘宝卖家来说，关键词的质量得分是很重要的，因为质量分就意味着钱，提高质量分就是做直通车首要的工作。那么，质量分和哪些因素有关系呢？

第一，宝贝上架时所选的类目属性一定要正确、完整。比如说上架的是一款雪纺长裙，宝贝的属性有：假两件、雪纺、印花、无袖、纽扣、拼接、长度超过 126 厘米、背心裙等信息，在勾选的时候一定要全部选择。这不仅是提高质量得分的基础工作，也有利于提高宝贝的自然搜索排名。

第二，宝贝标题的优化。宝贝的标题应该和类目属性具有较大的关联性，当然，也要综合考虑流量大的关键词或者是热门搜索词。

第三，设置宝贝的推广标题。参加直通车的宝贝可以有两个标题，每个标题 20 个字，因此，一定要利用好这 20 个字。这 20 个字的内容尽量把宝贝的关联性最大的词语放进去，比如刚才所说的雪纺长裙，是一款波希米亚风格的沙滩裙，就要把这些信息尽可能多地填写进去。

第四，推广的连续性。如果只是白天从 8 点到晚上 12 点推广，周一到周五的话，质量分必然是会受到影响的。因此，在 0 点到 8 点这个时间段，可以设置按照比例来进行投放，这样就不会影响到质量分了。

第五，点击率。点击率越高，质量分也就越高，因此，能够提高点击率的、有促销文字和创意的图片也是提高直通车质量得分的有利法宝。

（4）步骤问题。

①广告步骤。

在推广某一个宝贝时，就要为该宝贝设置相应的竞价词及广告推广标题。

当买家来淘宝任何地方搜索了你设置的竞价词，或者点击了你宝贝的类目的时候，广告就会出现，展示在搜索结果页最上方的右侧及最下方。

如果买家点了直通车广告，系统就会根据设定竞价词的点击价格来扣费，每次点击最低 0.05 元。如广告只是展示，没人点击，是不计费的。

按点击付费，即当别人搜索到广告，点击进去后才收取费用，一次最低 0.05 元（只有点击了广告才收费，其他途径点击宝贝是不收费的）。直通车没有任何服务费，第一次开户预存 500 元，全部是广告费，当开始做广告后，点击费用就从这里面扣除（跟手机费相似）。

②展示。

直通车在淘宝网上出现在搜索宝贝结果页面的右侧（12 个单品广告位和 3 个页面推

广广告位）和宝贝结果页面的最下端（5个广告位）。搜索页面可一页一页往后翻，展示位以此类推。展现形式：

- 图片＋文字（标题＋简介）；
- 其他的展示位："已买到宝贝"页面中的掌柜热卖，"我的收藏"页面中的掌柜热卖，"每日焦点"中的热卖排行，"已买到宝贝"中的物流详情页面；
- 直通车活动展示位：淘宝首页下方的热卖单品；各个子频道下方的热卖单品等；
- 天猫页面下面的直通车展示位：通过输入搜过关键词或点击搜索类目时，在搜索结果页面的最下方"商家热卖"的5个位置，展示位以此类推，如图5-1和图5-2所示。

图5-1　广告展示　　　　　　　　　　　　图5-2　广告展示

淘宝直通车是为淘宝卖家量身定做的推广工具。让淘宝卖家方便地在淘宝和雅虎中国搜索上推广自己的宝贝。

- 广告位极佳；

在淘宝网和雅虎中国多处位置显示广告，流量巨大。

- 广告针对性强；

只有搜索宝贝的人才能看到广告，转化率高。

- 按效果付费；

按照点击付费，展示免费。具有强大的防恶意点击技术，系统24小时不间断运行，保证点击真实有效。

（5）活动。

淘宝直通车系统里有一个淘宝活动区，在那里有各种淘宝促销活动可以报名。基本的流程在后台报名的入口，并有参加活动宝贝的要求，卖家一个活动最多可以报名一个宝贝。然后审核的淘宝店小二会从所有报名的宝贝中，挑选最适合上活动的宝贝参加活动。审核结束后，淘宝店小二会单独通知被选中的卖家，让他们做好准备。卖家可以持续地关注直通车系统里淘宝活动区的活动。因为持续有很多活动，所以卖家一定可以找到适合自己的活动来报名。

直通车用户还可以参加更多的淘宝促销活动，有不定期的直通车用户专享的、淘宝单品促销的活动，加入直通车以后，就可以报名各种促销活动。

 2. 淘宝客

淘宝客，是一种按成交计费的推广模式，也指通过推广赚取收益的一类人。

淘宝客只要从淘宝客推广专区获取商品代码，任何买家（包括自己）经过推广（链接、个人网站、博客或者社区发的帖子）进入淘宝卖家店铺完成购买后，就可得到由卖家支付的佣金。简单说，淘宝客就是指帮助卖家推广商品并获取佣金的人。

（1）组成模式。

在淘宝客中，有推广平台、卖家、淘宝客以及买家四个角色。他们每个都是不可缺失的一环。

①推广平台：帮助卖家推广产品；帮助淘宝客赚取利润，每笔推广的交易抽取相应的服务费用。

②卖家：佣金支出者，他们提供自己需要推广的商品到淘宝联盟，并设置每卖出一个产品愿意支付的佣金。

③淘宝客：佣金赚取者，他们在淘宝联盟中找到卖家发布的产品，并且推广出去，当有买家通过自己的推广链接成交后，那么就能够赚到卖家所提供的佣金（其中一部分需要作为推广平台的服务费）。

（2）推广单件。

淘宝客可以在淘宝客推广专区复制单件商品的代码（即推广链接）后粘贴到自己想要推广的地方，如博客、论坛、个人网站等地方。

①如果您是淘宝会员，请登录淘宝后，单击"我的淘宝"→相关链接"Alimama"（淘宝版本）。

②注册阿里旺旺后，进入淘宝客推广专区（Alimama 版本）。

③到达淘宝客推广首页后，到"我是淘宝客"单击"我要推商品"，选择自己要推广的商品所属类目，单击进入。

挑选商品，并单击"推广此商品"。在选择商品的时候，可以通过设置佣金范围、累计推广数量、佣金比率范围，快速筛选商品。另外，还可以对单价、佣金比率、佣金、总支出佣金、累计推广量进行排序。

选择推广样式并复制推广代码。

推广代码有 URL 模式、文字链和图文三种模式，新手推荐使用简单的 URL 模式或者文字链模式。

①URL 模式，可以粘贴到聊天对话框中，或者是论坛的帖子，自己的博客文章，或者 MSN、QQ 签名档等处。

②文字链模式。和 URL 模式比较相近，但是可以选择一串我们提供的文字作为商品展示或者自己撰写希望传达给买家的文字信息，生成代码后粘贴到聊天对话框中，或者是论坛的帖子，自己的博客文章，或者 MSN、QQ 签名档、个人网站等处。

③图文模式的推广展现形式。可以个性化定义希望出现的图文样式。可以单独展示图片，也可以加上文字标题、商品价格、查看详情按钮中的任何一个元素；另外，还可以选择上下排版还是左右排版，并且还可以对图文的格式进行定义，定义好了以后，单击复制代码。如果是要粘贴到博客等位置的，建议选择 iframe 模式下的代码。

推广商品，无论选择哪种推广样式，复制代码后，千万不要忘记将代码粘贴到网络上任何支持粘贴的地方，如聊天对话框中、论坛的帖子、自己的博客文章，或者 MSN、QQ 签名档、个人网站等处，这样才能带来推广佣金。

（3）淘宝客平台——淘宝联盟。

淘宝联盟隶属于阿里巴巴集团旗下，于 2010 年 4 月 8 日正式成立，依托阿里巴巴集团强大的品牌号召力和淘宝联盟人的不懈努力，淘宝联盟汇聚了大量电子商务营销效果数据和经验。淘宝联盟已经发展成为国内最大最专业的电子商务营销联盟，其首页如图 5 - 3 所示。

淘宝联盟于 2012 年 12 月 21 日宣布，将在 2013 年重新启用"阿里妈妈"品牌名。联盟平台将从以服务淘宝系商家为主转向面向全网所有广告主开放的广告交易平台。淘宝联盟将不再作为平台名，而只是平台中的一个业务线。

据介绍，重新启用阿里妈妈品牌名后，对于整个平台来说，淘宝联盟和阿里妈妈两个品牌名将同时存在一段时间，但前者会逐渐淡出。而从业务构成来看，阿里妈妈平台将主打三大业务线：以"淘宝客"按成交计费业务为主体的淘宝联盟；以"橱窗"展示广告为主体的 TANX 平台；以及新的移动广告联盟业务。

阿里妈妈于 2007 年上线，是阿里推出的针对全网的广告交易平台。2008 年，淘宝提出了"大淘宝"战略，阿里妈妈与淘宝合并，阿里妈妈重点转向以淘宝商家为主的联盟广告业务，并且在原有域名基础上采用淘宝联盟品牌名。

图 5 - 3　淘宝客平台——淘宝联盟

这也意味着，阿里在四年以后重新启动面向全网的广告平台业务，向阿里系外延伸的速度正在加快。在阿里的体系中，虚拟货币业务集分宝通过与第三方积分的通兑逐步向外扩张，以求形成通用于全网的虚拟货币体系。而第三方支付工具支付宝也开始推出声波支付、条码支付，并于 7 月成立新农村事业部，努力将支付业务扩张到阿里非电商以外的线下业务。

根据淘宝提供的数据，2011 年淘宝联盟对广大站长的分成金额达到 15 亿元，2012 年达到 30 亿元，已成为淘宝生态系统中不可忽视的一环。淘宝联盟平台拥有 50 多万合作网站及伙伴，数百万卖家会员，日均 PV 覆盖超 45 亿。

阿里妈妈平台负责人王华表示，淘宝联盟是阿里妈妈发展过程中的"最重要一步"，正是这几年的修炼使得阿里妈妈今天可以重新"出山"。

在阿里巴巴集团的管理架构中，阿里妈妈仍旧隶属于一淘事业群。

淘宝透露，2012年淘宝联盟平台为站长和淘宝客带来的分成收入突破30亿元，同比增长100%，来自移动端的广告业务分成达1亿元。

数据显示，在淘宝联盟2012年30亿元的分成金额中，个人站点从淘宝联盟获得的分成最多，占比31%，近10亿元。其次是蘑菇街、美丽说等导购分享网站，占比21%。入口型媒体、垂直网站、门户视频、第三方代理分别占比19%、15%、12%和2%。据淘宝无线联盟负责人重山透露，2012年淘宝联盟无线业务分成达1亿元，其中美丽说、蘑菇街、果库、口袋购物等App运营商分成近5 000万元。

 3. 钻石展位

钻石展位（简称钻展）是淘宝网图片类广告位竞价投放平台，是为淘宝卖家提供的一种营销工具。钻石展位依靠图片创意吸引买家点击，获取巨大流量。钻石展位是按照流量竞价售卖的广告位。计费单位为CPM（每千次浏览单价），按照出价从高到低进行展现。卖家可以根据群体（地域和人群）、访客、兴趣点三个维度设置定向展现。钻石展位还提供数据分析报表和优化指导。

（1）服务内容。

①品牌展位。

品牌展位版基于淘宝每天6 000多万访客和精准的网络购物数据，帮助卖家更清晰地选择优质展位，更高效地吸引网购流量，达到高曝光、高点击的传播效果。

钻石展位为卖家提供近200多个淘宝网内最优质展位，包括淘宝首页、内页频道页、门户、帮派、画报等多个淘宝站内广告位，每天拥有超过8亿的展现量，还可以帮助客户把广告投向站外，涵盖大型门户、垂直媒体、视频站、搜索引擎、中小媒体等各类媒体展位。

②智能优化。

智能优化版是以实时竞价为核心的全网竞价产品，是高效的跨媒体流量中心，导入更多优质的全网流量，每个流量被明码标价，系统通过兴趣点定向、访客定向和人群定向技术使流量与广告主进行有效匹配。卖家只要提交需求，系统就会智能化地匹配更精准的人群，有效地提升广告主投放的点击率和ROI。

（2）推广形式。

单品推广：

适合热卖单品，季节性单品。

适合想要打造爆款，通过一个爆款单品带动整个店铺的销量的卖家。

适合需要长期引流，并不断提高单品页面的转化率的卖家。

活动店铺推广：

适合有一定活动运营能力的成熟店铺。

适合需要短时间内大量引流的店铺。

品牌推广：

适合有明确品牌定位和品牌个性的卖家。

（3）投放步骤。

①选择广告位。

②根据广告位的尺寸设计创意并上传。

③创意审核通过后，制作投放计划。

④充值。

⑤完成投放。

（4）创意制作。

创意的好坏直接决定了钻展投放效果。

①制作方法。

可通过 BM（Banner Maker）进行创意制作。BM 是一个简单的在线创意设计平台。可以即时生成网络广告牌。卖家无须任何设计经验。通过对模板的修改和使用，快速制作各种自定义广告牌。

②制作技巧。

主题：主题要突出，主打品牌定位或促销信息。

文字信息：字体和颜色不能超过 3 种；信息表达明确；文字创意与图片相结合。

色彩搭配：创意主色不要超过 3 种。

排版布局：黄金分割和适当留白。

更多技巧参见淘宝钻展教学视频，审核流程如图 5 - 4 所示。

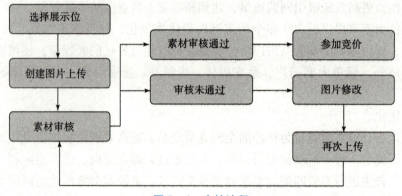

图 5 - 4　审核流程

二、　平台活动介绍

在店铺搭建好以后，需要给店铺和产品找到流量并促成订单，在此过程中我们可以参加平台的活动达到引流和促进成交等目的。以淘宝平台为例，平台有很多活动，有大促活动，例如"双 11"、淘宝嘉年华、"五一"等活动；也有日常活动，例如聚划算、淘营销、天天特价、淘抢购、淘金币、试用中心等。

　　想要参加以上活动，首先需要进入到商家营销活动中心，可以直接输入网址yingxiao. taobao. com，也可以通过卖家中心左侧对应的菜单栏进入。

1. 淘宝网营销活动报名及退出要求

　　淘宝网营销活动报名及退出要求如表 5 - 1 所示。

表 5 - 1　淘宝网营销活动报名及退出要求

报名要求	退出	
	主动退出	被清退
【违规限制】 1. 近 90 天内无一般违规行为节点处理记录； 2. 近 90 天内无虚假交易扣分； 3. 近 365 天内无严重违规行为节点处理记录； 4. 近 730 天内出售假冒商品分值未达 24 分，近 365 天内出售假冒商品分值未达 12 分，且本自然年度内无出售假冒商品扣分； 5. 未在搜索屏蔽店铺期； 6. 无其他被限制参加营销活动的情形。 【服务能力】 1. 店铺 DSR 评分三项均≥4.6； 2. 近 30 天内纠纷退款率不超过店铺所在主营类目纠纷退款率均值的 5 倍或纠纷退款笔数 <3 笔。 【经营能力】 淘宝网还将结合卖家多维度经营情况（如诚信经营情况、店铺品质、商品竞争力等）及各营销活动侧重等进行综合评估	无合理理由不得主动退出	不满足报名要求立即清退

2. 活动招商规则

　　（1）聚划算招商规则。

第一章　概　述

　　第一条　【目的和依据】为促进开放、透明、分享、责任的新商业文明，保障聚划算用户合法权益，维护聚划算正常运营秩序，根据《淘宝规则》《天猫规则》《营销平台服务协议》等相关规则和协议的规定，特制定本标准。

　　第二条　【适用范围】本标准适用于参加聚划算的所有商家。

　　第三条　【效力级别】本标准是《营销平台基础规则》的下位规则。《营销平台基础规则》中已有规定的，从其规定，未有规定或本标准有特殊规定的，按照本标准执行。

　　第四条　【定义】。

　　（一）聚划算的开团形式主要包括单品团、品牌团、主题团，具体介绍如表 5 - 2 所示。

表5－2　聚划算的开团形式

开团类型	团型介绍
单品团	单品团（含超级单品团、直降单品团）是指汇集淘宝和天猫的优质单个商品，以单个商品参团的活动形式
品牌团	品牌团是指汇集国际、国内知名品牌（含知名淘品牌），以单个店铺单个品牌的多款商品同时参团的活动形式
主题团	主题团是指针对某一特定主题，由2个以上符合该主题的店铺同时参团的活动形式

（二）聚划算根据不同的消费者需求有不同的招商频道，具体介绍如表5－3所示。

表5－3　聚划算的招商频道

业务类型	业务介绍
聚名品	聚名品以汇集国际高端、知名品牌（含港澳台）商品为目标，致力于打造成为时尚人士购买品牌商品的首选团购聚集地，从而更好地实现为消费者挑选具备更高性价比的商品
品牌清仓	品牌清仓是为品牌提供库存货品销售渠道，同时为广大消费者带来高性价比品牌商品的活动形式； 品牌清仓分品牌团、主题团、单品团和大牌常驻，具体活动形式请参考活动招商页面
全球精选	全球精选汇聚了全球进口商品，向消费者提供极具性价比的海外商品体验，所有商品均为原装进口，商家来源于淘宝/天猫/天猫国际经营进口商品的店铺
聚划算限时抢购	聚划算限时抢购是在抢购价基础上叠加开团时段限时限量优惠玩法的特殊活动类型，于限时抢购频道聚焦展现玩法生效期，助力商家限时玩法期的瞬时爆发

第二章　招商标准

报名参加聚划算活动的商家及商品须符合《营销平台基础规则》的要求，并同时符合以下条件：

第五条　【商家条件】。

（一）非天猫旗舰店需要提供有效的自有品牌（商标）证明、品牌（商标）授权证明或完整的进货链路证明，且商家所提供的相关资质文件必须真实完整并确保合作期内持续有效；

（二）商家应合法、合规经营并确保所参聚商品及其来源、售卖（含价格）完全符合国家法律法规等有关规定，确保商品无任何质量、权利瑕疵，并保留所有相关有效凭证；

（三）商家报名聚划算不同活动还应满足下述条件：

1. 所有店铺类型（含天猫、淘宝、天猫国际、飞猪等）开店时长须≥30天；

2. 特殊行业要求：

（1）主营类目为"装修设计/施工/监理，装修服务"的店铺报名时，必须通过淘宝企业店铺认证；

（2）主营类目为"平行进口车、新车/二手车"的店铺报名时，必须支持售中未使用退款和过期自动退款。

第六条　【商品条件】。

（一）商品的报名信息应清晰、规整，商品标题和图片符合特定的格式要求，具体请见《聚划算主图规范》；

（二）报名商品必须设置为拍下减库存。

第七条 除上述要求以外，商家报名不同频道活动还需遵守活动特殊要求，具体如表 5 - 4 所示。

表 5 - 4 不同招商频道活动特殊要求汇总

聚划算特殊招商要求汇总	
超级单品团特殊招商要求	聚名品特殊招商要求
全球精选特殊招商要求	品牌特卖特殊招商要求
聚划算限时抢购特殊招商要求	聚划算直降单品团特殊招商要求

第三章 审 核

第八条 本着对消费者负责的原则，针对所有报名商品，聚划算将根据包括但不限于如下维度择优选择高品质商品参团：

（一）参团品牌将以国际、国内知名品牌和 TOP 淘品牌进行优先选择；

（二）报名商品为店铺主营类目的日销 TOP 商品优先；

（三）报名商品备货充足优先；

（四）店铺主要从店铺日常销售、店铺聚划算销售和店铺历史活动表现等综合维度进行筛选，包括但不限于如近 6 个月店铺成交额、聚划算成交额、日常商品团成交额等维度；

（五）将同时参考店铺三项 DSR、参团商品 DSR、纠纷退款率等体现店铺服务和质量水平的指标维度；

（六）特殊业务频道根据业务特性进行优先选择。

第九条 除以上的各项审核标准外，聚划算也将根据具体的经营和业务需要，新增或调整相应审核标准并以届时报名活动的具体信息为准。

第四章 服务保障

第十条 【聚划算运费险服务】为了向消费者提供更好的服务体验及品质保障，聚划算要求卖家参聚时向消费者承诺提供"免费退货服务"及"装修险服务"并投保相应的运费险。具体参见《聚划算运费险规范》。

第五章 收 费

第十一条 具体依据《聚划算收费实施细则》中相关规定，该细则如有变动或更新，应以其变动/更新内容为准。

第六章 交 易

第十二条 【付款时间】购买聚划算商品的买家，须在单击聚划算页面上的下单按钮后 15 分钟内拍下商品，且须在拍下后 30 分钟内付款成功，否则系统将自动关闭该笔交易。

第七章 附 则

第十三条 【生效时间】本标准最新修订生效时间为2021年4月28日。

第十四条 【新旧衔接】聚划算的所有商家的行为，发生在本标准生效之日或修订之日以前的，适用当时的标准。发生在本标准生效之日或修订之日以后的，适用本标准。

第十五条 聚划算亦将定期或不定期组织各类营销活动，营销活动的具体活动标准有特别规定的，从其规定；无特别规定的，按照本标准执行。

第十七条 本标准中的"月"，以30天计算，非自然月。

（2）淘抢购招商规则。

招商规则为近半年店铺 DSR 评分三项指标分别不得低于4.6（开店不足半年的自开店之日起算），主营一级类目为保险、特价酒店/特色客栈/公寓旅馆的店铺除外。

商家资质要求如表5–5所示。

表5–5 商家资质要求

规则分类	规则内容
近半年店铺三项 DSR 评分均值	近半年店铺 DSR 评分三项指标均值不得低于4.7（开店不足半年的自开店之日起算），主营一级类目为保险的店铺除外
近半年店铺物流服务 DSR	近半年店铺 DSR 评分三项指标分别不得低于4.6（开店不足半年的自开店之日起算），主营一级类目为保险、特价酒店/特色客栈/公寓旅馆的店铺除外
近半年商家服务态度 DSR	近半年店铺 DSR 评分三项指标分别不得低于4.6（开店不足半年的自开店之日起算），主营一级类目为保险、特价酒店/特色客栈/公寓旅馆的店铺除外
近半年宝贝描述相符 DSR	近半年店铺 DSR 评分三项指标分别不得低于4.6（开店不足半年的自开店之日起算），主营一级类目为保险、特价酒店/特色客栈/公寓旅馆的店铺除外
近730天（含）C 类扣分	淘宝店铺近730天（含）存在出售假冒商品扣分（含0分），将被限制参加营销平台活动
实物交易占比	除主营一级类目为"消费卡，购物提货券，餐饮美食，移动/联通/电信充值中心，手机号码/套餐/增值业务，网络游戏点卡，腾讯 QQ 专区，装修设计/施工/监理，装修服务，生活娱乐充值，景点门票/演艺演出/周边游，特价酒店/特色客栈/公寓旅馆，度假线路/签证送关/旅游服务"的店铺外，其他店铺的实物交易占比须在95%及以上
近90天 A 类（虚假交易除外）扣分	店铺因违反《淘宝规则》《天猫规则》《天猫国际服务条款规则》《飞猪规则》导致出现以下情形的，将被限制参加营销平台活动：近90天（含）一般违规（虚假交易除外）扣分达12分
近30天店铺纠纷退款率	店铺的近30天纠纷退款率必须小于0.1%
近730天虚假交易 A 类扣分	店铺因违反《淘宝规则》《天猫规则》《天猫国际服务条款规则》《飞猪规则》导致出现以下情形的，将被限制参加营销平台活动：近730天（含）虚假交易一般违规扣分达48分
消保协议	淘宝店铺须支持淘宝消费者保障服务
近90天虚假交易 A 类扣分	店铺因违反《淘宝规则》《天猫规则》《天猫国际服务条款规则》《飞猪规则》导致出现以下情形的，将被限制参加营销平台活动：近90天（含）存在虚假交易一般违规扣分

续表

规则分类	规则内容
大促虚假交易	报名店铺在近30天的营销平台活动大促中不得存在虚假交易行为
近90天B类（虚假交易除外）扣分	店铺因违反《淘宝规则》《天猫规则》《天猫国际服务条款规则》《飞猪规则》导致出现以下情形的，将被限制参加营销平台活动：近90天（含）严重违规（虚假交易除外）扣分（不含0分）；
近365天B类（虚假交易除外）扣分	店铺因违反《淘宝规则》《天猫规则》《天猫国际服务条款规则》《飞猪规则》导致出现以下情形的，将被限制参加营销平台活动：近365天（含）严重违规（虚假交易除外）扣分达12分
开店时长	店铺开店时长：所有店铺类型（含天猫、淘宝、天猫国际、飞猪等）开店时长须≥30天；

（3）天天特卖招商规则。

天天特卖低价狂欢招商规则如表5-6所示。

表5-6　天天特卖低价狂欢（新日常15天团计入最低标价）招商规则

规则分类	规则内容
近半年店铺物流服务DSR	近半年店铺DSR评分三项指标分别不得低于4.6（开店不足半年的自开店之日起算）
近半年商家服务态度DSR	近半年店铺DSR评分三项指标分别不得低于4.6（开店不足半年的自开店之日起算）
星级标准	卖家信用等级：一钻及以上
近半年宝贝描述相符DSR	近半年店铺DSR评分三项指标分别不得低于4.6（开店不足半年的自开店之日起算）
近730天（含）C类扣分	淘宝店铺近730天（含）存在出售假冒商品扣分（含0分），将被限制参加营销平台活动
实物交易占比	除主营一级类目为"消费卡，购物提货券，餐饮美食，移动/联通/电信充值中心，手机号码/套餐/增值业务，网络游戏点卡，腾讯QQ专区，装修设计/施工/监理，装修服务，生活娱乐充值，景点门票/演艺演出/周边游，特价酒店/特色客栈/公寓旅馆，度假线路/签证送关/旅游服务"的店铺外，其他店铺的实物交易占比须在90%及以上
近90天A类（虚假交易除外）扣分	店铺因违反《淘宝规则》《天猫规则》《天猫国际服务条款规则》《飞猪规则》导致出现以下情形的，将被限制参加营销平台活动：近90天（含）一般违规（虚假交易除外）扣分达12分
近730天虚假交易A类扣分	店铺因违反《淘宝规则》《天猫规则》《天猫国际服务条款规则》《飞猪规则》导致出现以下情形的，将被限制参加营销平台活动：近730天（含）虚假交易一般违规扣分达48分
消保协议	淘宝店铺须支持淘宝消费者保障服务
近90天虚假交易A类扣分	店铺因违反《淘宝规则》《天猫规则》《天猫国际服务条款规则》《飞猪规则》导致出现以下情形的，将被限制参加营销平台活动：近90天（含）存在虚假交易一般违规扣分

续表

规则分类	规则内容
30 天纠纷退款率	店铺近 30 天纠纷退款率超过店铺所在主营类目的纠纷退款率均值的 5 倍，且店铺近 30 天纠纷退款笔数大于等于 3 笔的店铺，限制参加营销活动
大促虚假交易	报名店铺在近 30 天的营销平台活动大促中不得存在虚假交易行为
近 90 天 B 类（虚假交易除外）扣分	店铺因违反《淘宝规则》《天猫规则》《天猫国际服务条款规则》《飞猪规则》导致出现以下情形的，将被限制参加营销平台活动：近 90 天（含）严重违规（虚假交易除外）扣分（不含 0 分）
近 365 天 B 类（虚假交易除外）扣分	店铺因违反《淘宝规则》《天猫规则》《天猫国际服务条款规则》《飞猪规则》导致出现以下情形的，将被限制参加营销平台活动：近 365 天（含）严重违规（虚假交易除外）扣分达 12 分
开店时长	店铺开店时长在 90 天及以上

【想一想】聚划算、淘抢购、天天特价活动报名的准入条件有哪些差别？

三、 利用站外资源进行推广

站外资源推广是指利用淘宝网以外的其他互联网平台获取流量，如卖家可以通过参与导购类、团购类网站的活动，进而推广、销售商品；再如通过微博、微信、抖音等社交媒体推广商品并获得流量。一般而言，利用站外资源推广可以获得免费流量，也可以通过交换友情链接、广告等付费方式获得流量。利用站外平台不仅有助于商品销售，对于店铺品牌形象的提升也有很大作用。

 ## 1. 导购类网站

导购类网站是指导对网上购物不熟悉的消费者，或是把各大电商网站进行对比后，挑选出一些高性价比的商品导购网站。常见的导购类网站包括什么值得买、MAIGOO 买购网、识货、慢慢买等网站。

以什么值得买（见图 5-5）为例，该平台是集导购、媒体、工具、社区属性为一体的消费决策平台，包含好物榜单、商品百科、消费众测、新锐品牌等子频道，是颇具影响力的消费门户网站。

什么值得买不卖货，但作为第三方导购平台，把来自不同电商的优惠商品信息汇总起来。促销活动、打折商品、限量抢购等信息，在什么值得买都能看到。"双 11"抢购、"黑五"海淘节更是什么值得买的拿手好戏，超多优惠信息一次性满足消费者。同时，什么值得买还提供大量购物攻略，手把手带消费者一起抢神价、捡白菜，享受低价。在什么值得买还有大量的网友原创内容，记录生活，也乐于辛辣点评，甚至还有一些领域的专家达人。

什么值得买好物频道，旗下包含好物榜单、社区、海淘、百科等独立子频道，致力于搭建决策性的消费决策内容平台，努力通过各子频道内容，帮助消费者迅速选购心仪商品

图 5 – 5 什么值得买网站首页

及品牌。"好物榜单",是什么值得买旗下基于商品百科衍生的新型内容形态,包括品类选购榜单及销量排行榜单。内容类型涉及品牌新品、时效热点、选购参考、购物场景、新奇好物等多种内容类型,专注于以轻量化、结构化内容形态,更好地帮消费者迅速选购心仪商品及品牌。"商品百科",是由什么值得买用户分享、品类共建的优质商品百科全书。其收录淘友们听过、见过或者使用过的,愿意向更多人推荐的优质商品。致力于当消费者选购商品时,通过搜索或分类、标签筛选,帮消费者迅速找到心仪商品。

 2. 返利类网站

返利类网站是网站与淘宝开店商家达成协议,凡是买家通过合作平台前往商家成功购买商品,淘宝开店商家根据商品金额支付给合作平台一定的费用的网站。目前主要合作形式为 CPS 盈利模式。主要网站包括返利网(见图 5 – 6)、返还网、券妈妈优惠券网、给惠网、卷皮网、易购网等。现有的返利平台质量参差不齐,在选择返利平台过程中,需要选择有实力、信誉好的大平台,以确保自身利益。

以返利网为例,该公司是上海中彦信息科技股份有限公司旗下电子商务平台,成立于 2006 年,是国内领先的全场景导购平台,已与国内超过 400 家商城 & 平台、逾 5 万家品牌商户合作,包括天猫、淘宝、京东、苏宁易购、携程、华为商城、爱彼迎、亚马逊、聚美优品、苹果官网等知名电商平台,同时亦和美团、饿了么等生活服务平台开展了合作。返利网(截至 2020 年 6 月 30 日)拥有累计注册人数超过 2.6 亿人次,年活跃用户超过 4 000 万,影响 6 亿中国消费者。作为商家,可以参加返利网提供的超级返和清仓闪购等活动(见图 5 – 7),可以利用网站的弹窗广告、App 焦点图、超返限量区广告位、超返品牌区广告位、PC 全站通栏等广告位进行产品宣传。

图 5 - 6　返利网站首页截图

图 5 - 7　返利网商家报名系统截图

 3. 社交类网站

　　社交类网站是指淘宝开店卖家以个人关系网络为核心开展的关系营销，重点在于建立新关系、巩固老关系，以支持其业务的发展，包括微博、微信、贴吧、知乎等平台。

（1）微博推广。

微博是一个公开的社交平台，通过微博可以达到实时发布和显示信息的目的。微博用户数量非常大，可以通过微博进行推广。

①注册和关注店铺。

使用微博进行推广时，首先需要注册一个微博账号，然后引导买家关注店铺微博，通过微博不时为买家推送各种活动信息，吸引其前来购买。在注册微博时，微博名称最好设置为店铺名称，也可在其中添加店铺的类目和品牌等。此外，微博的个性域名最好与店铺相关联，如店铺名称的全拼等。这样设置一方面能使微博粉丝一目了然地看到微博品牌，记住店铺名称；另一方面关键词对搜索引擎友好，搜索品牌关键词排名将更靠前。

在注册微博的过程中，微博会引导用户进行个人标签设置。在设置网店推广微博的个性标签时，卖家可选择与自己的商品、行业相关的标签。设置好标签后，微博通常会主动推荐标签相同的用户，通过该推荐可拓宽社交圈，与性质相同的微博进行友好互动。

微博设置是微博注册中非常重要的一个环节，特别是对于需要推广品牌的官方微博而言。一般来说，微博设置中包括个人资料、个性设置等内容，在个人资料中可以对店铺进行简单描述，展示网店的属性和文化，为店铺建立起良好的形象，还可添加店铺的链接，方便粉丝直接进入。图5-8所示为一个推广微博的主页内容。

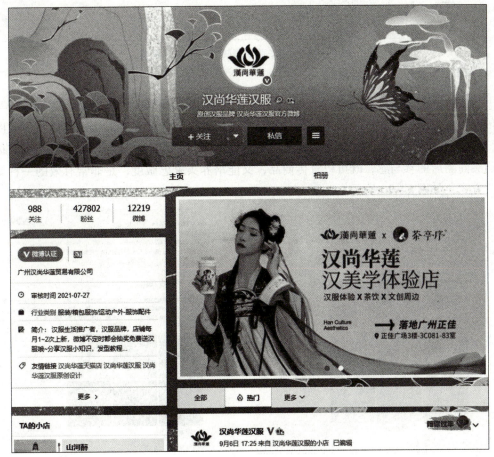

图5-8 汉尚华莲汉服微博首页截图

②转发抽奖。

转发抽奖是指通过店铺的官方微博与粉丝进行互动，从转发当前微博的粉丝中抽取一名或几名用户赠送奖品。转发抽奖是一种十分常见的推广方式，通过转发抽奖不仅可以将店铺或活动推广至粉丝的粉丝，扩大影响范围，还可累积更多的粉丝，吸引更多的关注量。转发抽奖一般都是以"关注＋转发"的形式实现的，如图5-9所示。

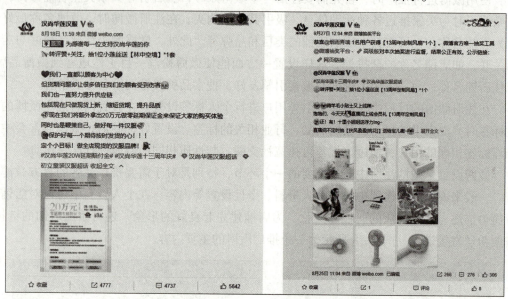

图5-9　汉尚华莲汉服转发、关注、抽奖

③晒图有奖。

晒图有奖是指通过店铺官方微博策划和组织的一种活动形式，其内容为通过邀请买家上传商品图片并@官方微博的方式让买家参与到活动中来，官方再对参加活动的买家图片进行评比和投票，选出人气最高的商品图片，颁发相应的奖品。晒图有奖可以使买家体会到购买商品后的参与感，既可以宣传商品，又能培养买家忠诚度，是非常有效的一种微博推广方式，如图5-10所示。

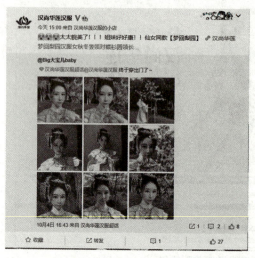

图5-10　用户晒图及互动

④发布话题。

发布话题是指在微博上发布特指某个描述对象的主题，如"秋天来了"等。通过微博平台发布话题后，话题将以超链接的形式进行显示，单击该话题即可打开相关话题页面。当然，微博用户在搜索相关关键词时也可搜索到该话题信息。一般来说，活动、品牌名等都可以设置为专门的话题，官方微博要有意识地引导粉丝针对话题进行讨论，这样不仅可以起到醒目话题的作用，当话题的发送量达到一定数量时，官方微博还可对话题进行推送，展示给更多的微博用户查看。因此，店铺官方微博在发布微博时尽量带上相关话题。图 5－11 所示为带话题发布的微博内容。

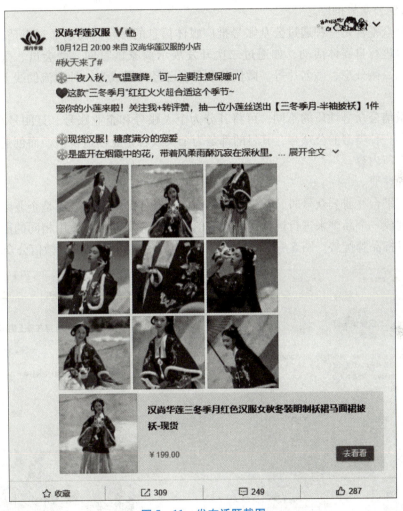

图 5－11　发布话题截图

（2）微信推广。

微信是当下人们使用较广泛、依赖度较高的 App，因此以微信为渠道开展网店推广的商家越来越多，甚至有些商家直接将微信渠道作为客户私域流量运营的最佳选择。尽管腾讯对淘系链接进行了部分限制，但依旧无法阻挡商家的热情，尤其是淘系陆续推出的淘口令、微海报等推广工具可谓是商品微信推广的"神器"。一般而言，商家在微信端推广主要借助于微信公众号、微信群、微信号、微信朋友圈四种形式。借助微信公众号进行品牌宣传、新品发布；借助微信群实现对客户分类维护、新品发布、活动预热；借助微信号实现与客户一对一的沟通交流、售后服务等；当然目前在微信体系内应用最为广泛的就是淘客通过微信群和微信朋友圈助力商家开展的推广。

1）微信朋友圈推广。

微信朋友圈是微信推广中比较常见的一种方式。图片、活动、店铺宣传等都可以发送到朋友圈中进行推广，但是朋友圈中的内容一般只能由微信好友查看，局限较大。为了扩大商品在朋友圈的影响范围，店铺可以通过策划活动、会员营销等方式，引导和邀请买家添加店铺的微信号，再通过淘宝网制作手机宣传海报，发送至朋友圈增加点击量。

2）微信公众号推广。

微信公众平台是一种通过公众账号推广媒体信息的平台。商家通过申请微信公众号，在公众号里进行自媒体活动，如通过二次开发展示商家微官网、微会员、微推送、微支付、微活动、微分享、微名片等。微信公众平台已经发展成为一种主流的线上线下互动营销方式。

按照微信公众号性质的不同，可将其分为个人账号和企业账号、订阅号和服务号等，但不管是哪一种类型的公众号，其目的都是为个人或者企业创造价值，而创造价值的前提则是做好推广内容。

①账号注册。

在微信平台注册公众号时，首先需要明确该公众号是个人账号还是企业账号。一般应将账号规划成一个品牌来进行运营，即在微信、微博等媒体中都使用相同的账号名称，从而更好地发挥品牌优势。图5-12和图5-13所示为汉尚华莲品牌的微信公众号。

图5-12　汉尚华莲品牌的微信公众号截图1　　图5-13　汉尚华莲品牌的微信公众号截图2

②内容编写。

微信推广的内容一般为图文结合的形式，文字要求排版整齐，图片要求精致美观，内容要具有可读性，可以吸引用户阅读。例如，以知识分享的形式做推广，可引起用户的兴趣，拉近与用户的距离，同时策划的店铺活动也可通过微信公众号进行宣传。内容编写完成后，可以同时发布到其他的自媒体上。

③用户互动。

在微信公众号中，可以设置"进店购买""教程干货""每月活动"等菜单，并在菜单中分别设置相关的子菜单，为用户提供相关服务等。此外，发布内容后会收到部分粉丝的回复，此时需要多与粉丝进行互动，对粉丝的问题进行选择性的回复，以维护粉丝关系。对于部分类似的问题，可以设置自动回复或关键词回复。在回复中将相关文章信息添加进去，粉丝阅读时可以直接回复关键字，既能查看对应的文章，又能查看历史文章，如图 5 – 14 和图 5 – 15 所示。

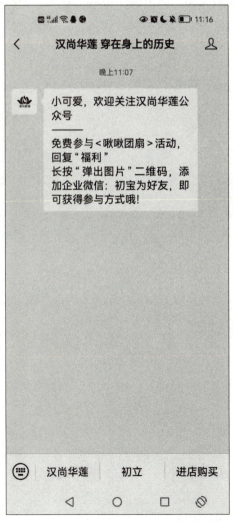

图 5 – 14 汉尚华莲品牌的微信公众号截图 3

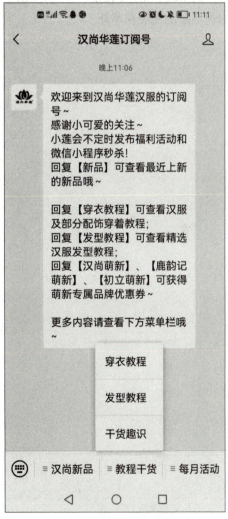

图 5 – 15 汉尚华莲品牌的微信公众号截图 4

（3）抖音短视频推广。

短视频缩短了商家与用户之间的传播路径，具有极强的变现能力，很多商家纷纷开展短视频营销，其中抖音平台成为短视频领域的中流砥柱。一般认为，商家可以通过抖音短视频广告、抖音商品橱窗和抖音直播进行店铺推广。其中抖音短视频广告包括信息流广告、开屏广告、TopView 广告等几种形式。另外，还有抖音挑战赛、固定位广告、搜索广告、贴纸等创意、互动类的广告形式，将内容分发与商业营销相结合以助力企业在抖音内形成完整营销闭环。

（4）"头条号"推广。

"头条号"是主要的信息流投放媒体之一，致力于帮助企业、机构、媒体和自媒体在手机端获得更多推荐和关注的机会，实现品牌传播和内容变现。

除了常规的站外推广方式和新兴短视频、直播领域的抖音、快手、映客推广等外，还有传统的 Email 推广，论坛、问答系统的线索推广。总之，只要有客户出现的地方，就存在推广的手段、推广的价值。今后随着互联网环境的变化，网络推广形式、方式、手段还会出现不断的发展和革新。

自评自测

一、单选题

1. 由于中国网民的浏览习惯是"从左至右、从上至下"，因此在制作信息流落地页图文类组合元素时，尽量选择（　　）。

A. 左图右文、上文下图形式
B. 左文右图、上图下文形式
C. 左图右文、上图下文形式
D. 左文右图、上文下图形式

2. 不同的匹配方式有不同的特点，设置（　　）可以实现精准引流。

A. 定向匹配
B. 精准匹配
C. 广泛匹配
D. 固定匹配

3. 信息流广告的核心是（　　）。

A. 原生体验
B. 互动性强
C. 成本低
D. 个性化推荐

4. 创意的好坏直接决定了能否吸引用户点击至网店（　　）。

A. 搜索词
B. 内部详情页
C. 推广计划页
D. 售后服务

5. Facebook 广告系统采取的是下列哪种竞价方式？（　　）

A. 广义第二价格竞价
B. 密封第一价格竞价
C. VCG 拍卖
D. 密封第二价格竞价

6. 以下不属于淘宝站外推广的方式是（　　）。

A. 微信朋友圈发布店铺信息
B. 短信群发
C. 微博发布店铺活动
D. 微淘广播

二、多选题

1. 在 SEM 推广中，关于标品关键词策略描述正确的是（　　）。

A. 商品的同质化严重
B. 标品类目的关键词较少，大都是属性词或者品牌词等短词
C. 标品类目关键词出价时可以通过提高精准长尾词的出价，抢占精准流量
D. 标品的推广费用相对而言要比非标品的高

2. 下列关于 SEM、SEO 的描述正确的是（　　）。

A. 自然搜索结果排名的 SEO 推广效果是有限的
B. SEO 工作需要较长的时间才能看到成效
C. SEM 可以指导 SEO 的关键词策略
D. SEM 可以通过竞价的方式快速获得流量

3. 卖家新建了直通车标准推广计划，并为推广宝贝选择好创意图片，接下来就可添加关键词。则卖家可通过以下哪些方法添加直通车关键词？（　　）

A. 生意参谋相关词搜索
B. 流量解析推广词下载
C. 淘宝搜索框下拉词
D. 直通车系统推荐词

4. 以下关于视频信息流广告的特点，说法正确的是（　　）。

A. 转化效果好，推广成本低于 SEM

B. 游戏类、功能性产品推荐使用

C. 可展示的信息较多，表现力更强

D. 绘声绘色，能够向用户展示沉浸式体验内容

5. 微博推广营销方式有（　　）。

A. 邀约刷单　　　　　　　　　B. 抽奖活动

C. 网红、明星转发　　　　　　D. 粉丝互动

6. 站外推广方式有（　　）。

A. 钻展　　　　B. 直通车　　　　C. 微信　　　　D. 微博

课中实训

实训一 直通车实训

任务1 时间地域设置

1. 任务背景：小帅经营了一家网店，在"6·18"来临之际，为了提升店铺内产品的整体销量，增强行业竞争力，小帅决定进行直通车推广，目前需要进行时间地域投放设置。

2. 任务分析：目前各电商店铺竞争相对激烈，又由于推广资金有限，可选择部分商品进行推广，并合理分配推广资金。为了实现推广投资回报率最大化，可以根据不同地区和时间段的点击率转化率指数设置详细的推广地域与推广时间策略。

3. 任务目标：1）能够分析推广时间、地域等推广结果数据；2）能够选择合理的时间、地域进行广告投放。

4. 操作步骤：

1）分析"数据分析"中的"点击率转化率指数"；

2）选择优质时间段进行推广时间投放设置，详见图1；

图1 投放时间设置界面

3）选择优质地区进行推广地域投放设置，详见图2。

4）在"1+X"的考证实训系统完成相应任务。

任务2 关键词添加

1. 任务背景：小帅是一家网店的推广负责人，店铺内某商品的展现、点击率与成交数据较好，具有一定的爆款倾向。为了更好地打造爆款，小帅决定对该商品在给定的推广资金范围内进行直通车推广。为了更好地进行关键词的管理，控制花费，小帅对该商品单独建立一个标准推广计划，并进行关键词添加。

□华北地区	□北京	□天津	□河北	□山西	□内蒙古
□东北地区	□辽宁	□吉林	□黑龙江		
□华东地区	□上海	□福建	□山东	□安徽	□浙江
	□江苏				
□华中地区	□河南	□湖北	□湖南	□江西	
□华南地区	□广东	□广西	□海南		
□西南地区	□四川	□重庆	□贵州	□云南	□西藏
□西北地区	□陕西	□甘肃	□青海	□宁夏	□新疆
□其他地区	□台湾	□香港	□澳门		

图 2　投放地域设置界面

2. 任务要求：商品推广策略的核心是与同行业卖家竞争最大流量入口，使商品达到行业曝光热度最大化。因此，直通车推广关键词应选择合适的关键词，以引入大量的精准流量。

标品类目的关键词较少，大都是属性词或者品牌词等短词，且关键词的竞争度相对较大；精准度较高的长尾词虽竞争较小，但几乎没有流量。因此，在进行爆款商品的推广关键词添加时，侧重于热门属性词、核心词、品牌词等高竞争词的选取。

非标品类目的关键词较多，关键词的竞争度相对较低，因此，在添加关键词时，可以偏向于行业内的属性词、短词或品牌词等热搜词，适当增加精准长尾词来实现精准引流，并降低关键词的平均点击花费。

3. 任务目标：①通过关键词添加任务，掌握选取具有产品相关性关键词的方法；②根据任务背景及要求，完成高搜索人气、高点击率、高转化率、低竞争指数关键词的选择。

4. 任务操作：①请根据"数据分析"中的"商品信息"，从下方左侧的关键词列表中搜索相关关键词；②选择符合要求的相关关键词；③检查所选关键词，确认无误并提交。如图 3 所示，在"1+X"的考证实训系统完成相应任务。

任务 3　创意编辑与优化

1. 任务背景：小帅是一家网店的推广负责人，在前期的操作中，小帅对推广商品进行了时间地域设置、关键词的添加等操作。考虑到创意的作用，小帅决定对创意进行编辑与优化。创意图片经过前期与美工同事的交流，制作完成，在直通车推广时，最重要的就是经常进行创意标题的编辑。接下来，小帅开始对推广商品的创意标题进行编辑与优化。

2. 任务分析：小帅可以从两个角度进行创意的编辑。第一个角度是根据商品信息进行创意的编辑，保证买家看到的创意信息与最初的购买需求、商品的详细信息相同。第二

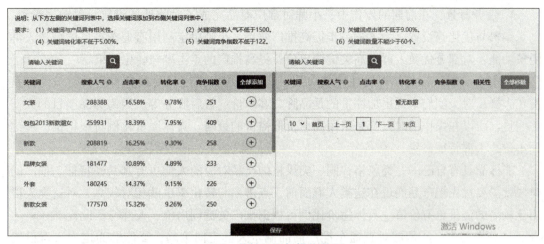

说明：从下方左侧的关键词列表中，选择关键词添加到右侧关键词列表中。
要求：(1) 关键词与产品具有相关性。　　(2) 关键词搜索人气不低于1500。　　(3) 关键词点击率不低于9.00%。
　　　(4) 关键词转化率不低于5.00%。　　(5) 关键词竞争指数不低于122。　　(6) 关键词数量不能少于60个。

关键词	搜索人气	点击率	转化率	竞争指数	全部添加
女装	288388	16.58%	9.78%	251	⊕
包包2013新款潮女	259931	18.39%	7.95%	409	⊕
新款	208819	16.25%	9.30%	258	⊕
品牌女装	181477	10.89%	4.89%	233	⊕
外套	180245	14.37%	9.15%	226	⊕
新款女装	177570	15.32%	9.26%	250	⊕

关键词	搜索人气	点击率	转化率	竞争指数	相关性	全部移除
			暂无数据			

10 ∨　首页　上一页　1　下一页　末页

保存

激活 Windows

图3　关键词添加操作界面

个角度通过创意的优化来增加关键词与宝贝的相关性，进而提高关键词的质量分。在进行创意优化时，可以围绕推广的核心词、属性词或品牌词等关键词进行创意的优化，通过提高关键词与推广商品相关性的方法增加质量分，提高商品的竞争力。

3. 任务目的：①能够根据商品特点制定合理的创意优化策略；②能够结合商品信息与推广关键词进行创意的优化。

4. 任务操作：①请根据"数据分析"中的"商品信息"及推广关键词进行创意标题编写；②将不符合要求的创意关键词进行删除、替换；③将符合任务要求的创意标题进行提交。如图4所示。

说明：根据商品信息和下面的关键词编写创意。
要求：(1) 创意必须与产品具有相关性。　　　(2) 创意长度不低于5个关键词。
　　　(3) 关键词质量分提升1分及以上。

百驼真丝连衣裙春夏新款杭州大牌直筒桑蚕丝　　　　　　　　　　　　　　　　　　　　编辑

关键词	原质量分	新质量分
夏季女装	5	5
品牌女装	6	6
裙子夏季学生	5	5
裙子夏季	5	5
韩版女装夏装新款	6	6
裤裙夏女韩版	4	4
雪纺裙子夏季	5	5

激活 Windows
转到"设置"以激活 Windows。

图4　创意编辑操作界面

任务4　人群溢价

1. 任务背景：在前期的操作中，小帅对推广商品完成了时间地域设置、关键词设置、创意编辑与优化等设置，为了进一步提高推广效果，小帅决定利用直通车推广的精选人群溢价功能，对部分优质人群提高关键词出价，提高推广的点击率与转化效果。

2. 任务分析：标品外观属性比较一致，从某种层面来说只要顾客有相关需求的都是潜在人群，对买家们来说更加注重的是品牌、客单价、售后服务等。因为标品类目的人群不明显，所以在操作的时候都是采用高出价低溢价的策略。具体溢价比例可根据推广关键词出价、人群特征设置。

非标品具有自己的一类风格，同一类风格的产品对应的人群也有其共性特征，推广的时候就需要优先把产品展现在这类人群面前，点击率与转化率也就相对较高，对这类人群出比较高的溢价更有价值。具体溢价比例可根据推广关键词出价、人群特征设置。

3. 任务目标：①能够对直通车推广商品制定人群定向策略；②能够为定向人群设置合理的溢价比例。

4. 任务操作：①根据"数据分析"中的"商品信息"，选择合适的人群；②根据任务要求，设置合适的溢价，如图5所示。

说明：店铺为获取更多精准流量，通过数据分析选择合适的人群进行合理出价。
要求：（1）选择合适的人群进行溢价。
　　　（2）为确保推广效果，溢价后关键词排名需提升5名之内。

关键词：假两件连衣裙　　　出价：4元　　　排名：87

人群	实际溢价		关键词排名	建议溢价	潜在买家权重
时尚女性	0	%	87	10%	8.15%
休闲男性	0	%	87	15%	4.22%
数码达人	0	%	87	20%	2.46%
电玩达人	0	%	87	10%	3.11%
美食达人	0	%	87	10%	4.12%

保存

激活 Windows
转到"设置"以激活 Windows。

图5　人群溢价操作界面

任务5　标品新品/滞销品 SEM 推广

1. 任务背景：在"618"来临之际，为了提升店铺内产品的整体销量，增强行业竞争力，运营主管决定对店铺内商品在给定的推广资金范围内进行一个周期的直通车推广，实现部分新品商品的促销。

2. 任务分析：标品类目买家搜索词较少，竞争相对激烈，又由于推广资金有限，可选择部分商品进行推广，并合理分配推广资金。为了实现推广效果最大化，还可以设置详细的推广地域与推广时间策略，针对不同的推广商品，要进行关键词的添加、匹配方式设置、出价，为了降低推广成本，提高推广效果，还可以进行创意的编辑与优化、人群溢价。

3. 任务目标：①能根据网店商品与推广目标，合理分配推广资金、设置推广地域与时间，制定并实施推广策略；②能根据推广策略，制定关键词策略，完成关键词的添加、匹配方式设置、出价；③能进行创意与人群定向策略的制定与实施；④能分析推广数据，提出优化方案。

4. 任务操作：①根据任务目标搭建推广计划，完成推广计划名称、推广计划类型、推广限额、推广时间和地域设置；②根据任务目标搭建推广单元，进行宝贝选择，完成关键词添加；③根据任务目标进行创意编辑与优化操作，并进行人群溢价设置，最终完成直通车推广任务，如图6所示。

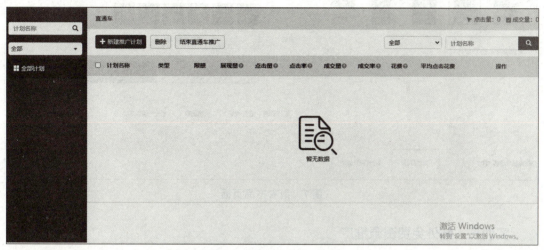

图6　综合实训操作界面

实训二　平台活动招商规则对比

1. 任务背景：小李在江西亮朵旗下的亮朵家居专营店做产品运营，其负责的雨衣如图7所示，最近想报一个活动，目前的产品销量如图7所示，他在报活动的时候有些犹豫，不知道参加什么活动，请大家帮忙分析。

2. 任务分析：亮朵家居专营店是一家老店铺，首先要分析店铺是否符合活动报名的基本要求，在满足基本要求的情况下，通过分析三个活动的招商规则，找出三个活动招商时的不同之处，并针对雨衣链接的现在流量、销量和所处的阶段选择合适的活动进行报名。

3. 任务目标：帮助小李找到合适的平台活动。

4. 任务步骤：①查看店铺基本信息，是否符合活动报名要求；②对比三个活动报名的不同要求，看该链接符合哪些活动的报名要求；③在符合要求的平台活动中选择一个合适的活动。

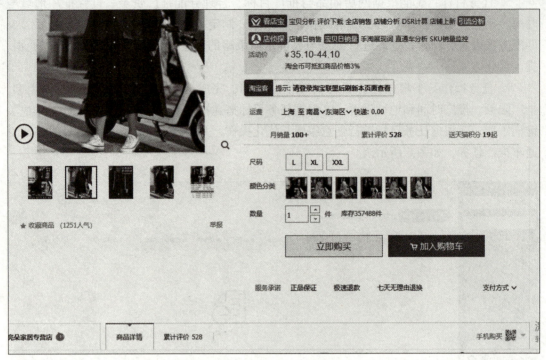

图7 雨衣产品页面

实训三　站外免费资源推广

任务描述:

1. 寻找几家利用站外推广（微信、微博、抖音等）效果较好的店铺，分析它们的推广优势，并填写表1。

表1　站外推广店铺名称的推广优势

店铺名称	主要站外推广平台	推广内容概括	推广优势

2. 结合小组运营产品（如女装），申请开通新浪微博，提交微博账号截图。

3. 发布微博内容并@好友，让好友收藏店铺和宝贝。

4. 根据店铺最近活动（如上新、促销等），设计微博内容。

5. 制作产品展示视频，并投放微博视频。

 **实训项目评价**

学生自评表

序号	技能点自评	佐证	达标	未达标
1	能够完成直通车计划的设置	能够利用实训平台完成直通车操作并取得 60 分以上		
2	能够熟悉平台活动并掌握招商条件的不同	统计出不同活动的招商条件，并找出不同之处		
3	能够利用站外资源推广产品	能通过微博、抖音等完成产品的图文或者视频推广		
序号	素质点评表	佐证	达标	未达标
1	创新意识	能够在直通车推广的操作上找到除了课本之外的其他方法		
2	协作精神	能够和团队成员协商，共同完成实训任务		
3	自我学习能力	能够借助网络资源自主学习更多产品推广的相关的知识		

教师自评表

序号	技能点自评	佐证	达标	未达标
1	能够完成直通车计划的设置	能够利用实训平台完成直通车操作并取得 60 分以上		
2	能够熟悉平台活动并掌握招商条件的不同	统计出不同活动的招商条件，并找出不同之处		
3	能够利用站外资源推广产品	能通过微博、抖音等完成产品的图文或者视频推广		
序号	素质点评表	佐证	达标	未达标
1	创新意识	能够在直通车推广的操作上找到除了课本之外的其他方法		
2	协作精神	能够和团队成员协商，共同完成实训任务		
3	自我学习能力	能够借助网络资源自主学习更多产品推广的相关的知识		

课后提升

案例一 1年2亿元！新品牌colorkey珂拉琪是这样走红的

在眼下的中国市场，新品牌和新品类不断涌现，并快速崛起，这些具有互联网"基因"的品牌只用了3~4年的时间，就走完了传统品牌5~10年甚至更长时间才能走完的销售额增长和公司价值增长之路。

而在近两年的彩妆市场，凭借互联网崭露头角的品牌层出不穷，主客群在18~25岁的新锐国货彩妆，受到消费者的追捧、KOL的力推，同样也受到资本的青睐，发展潜力不容小觑。

在众多瞩目的新锐国货彩妆当中，colorkey珂拉琪（简称珂拉琪）无疑是代表之一，这个发力于2019年3月的彩妆品牌，不到一年时间，销售额便达到2亿元。成立仅1年多时间，珂拉琪快速实现增长，是如何做到的？

打造极致性价比的潮酷彩妆

正式创立珂拉琪之前，品牌创始人李琴娅已经从事彩妆行业超过20年，在考察市场的过程中，李琴娅经常发现年轻的女孩会买一些劣质的化妆品往脸上抹，这让她感到痛心，萌生出打造一个高品质且让年轻消费者都为之心动的国货彩妆品牌的想法。

"我想让消费者知道国货彩妆也可以很潮很酷，年轻女孩能以可负担的价格买到极具性价比、高品质的彩妆产品，国货彩妆一点都不输外国彩妆大牌。"

于是，为Z世代的酷女孩打造潮酷彩妆的珂拉琪由此诞生了。2019年3月，珂拉琪正式发力，仅用了6个月时间，就持续打造了多个爆品，三色彩虹卸妆油、爆水粉膏、空气唇釉受到消费者欢迎，引发行业热议。

值得一提的是，空气唇釉一面市就引发争抢，上线仅1天销量就突破17 000支，目前该唇釉累积售出逾400万支，成为珂拉琪的王牌产品。不仅如此，该空气唇釉还以月销超75万支的成绩，成为天猫唇釉类目TOP1。

在李琴娅看来，珂拉琪受到消费者欢迎的第一要素是产品力。她告诉记者，在研发生产方面，珂拉琪整合了全球顶级的彩妆供应商莹特丽、韩国科丝美诗、韩国蔻斯恩、韩国KOLMAR、日本TOSHIKI等行业龙头企业。

不仅如此，珂拉琪的核心团队来自彩妆、时尚、设计行业各个领域，有行业钻研数十年的彩妆师、品控专家、供应链专家，而她本人也有着超过20年的化妆品行业从业经验，深知彩妆行业的门道。

李琴娅团队通过借助规模化的数据库，精准的用户洞察，预测未来的色彩趋势，开发出"95后"消费者喜爱和愿意尝试的产品。以品牌明星产品空气刷粉底液为例，产品迎合了当下粉底液逐渐替代气垫的大趋势，把刷头融合进产品包装，解决用户在上妆工具方面的使用痛点，开创了工具粉底液全新品类，如图8所示。据了解，该产品的空气无痕刷头采用了定制进口PBT竹炭纤维毛，拥有99 800根直径0.07毫米的刷毛，刷头密实细腻，可以轻松快速完成上妆。

图8　珂拉琪产品

除可圈可点的高品质产品之外，极致性价比也是新锐国货的一大特色。从爆品价格分布来看，珂拉琪的价格集中在 59~109 元，偏低的大众价格降低了购买决策门槛，更易于激发用户的消费。

以品牌新品花木兰空气唇釉（见图9）为例，产品在天猫的活动售价为 59 元一支，第二件 29 元，定制 9 色给消费者提供了更多的选择。

目前，该新品月销量超过 60 万支，来自生意参谋截至 2020 年 3 月 22 日的近 30 天销售数据显示，该唇釉产品已成为天猫唇釉类目 TOP1。

来自 CBNData 的数据表明，近一年，唇釉在"95 后"人群中热度正在升温，不仅如此，近 3 年间，"新锐线"在线上"95 后"唇釉消费人群中的消费占比提升了近 1.5 倍，"新锐线"唇釉正逐步打开"95 后"女性市场。

李琴娅表示，将持续打造品牌的王牌产品，根据年轻消费者群体的洞察，打造更多更有质感、更具色彩的唇釉产品，让年轻消费者买唇釉就想到珂拉琪。

图9　珂拉琪花木兰空气唇釉

全渠道种草，占领用户心智

研究表明，中国新一代消费者注重颜值，敢于尝鲜，追求个性化和自我品位表达，愿意在情感消费和情绪消费上投入更多。

珂拉琪自成立之始就将品牌定位于见证新生代个性力量的潮酷彩妆品牌，为 Z 世代的酷女孩提供有态度的彩妆产品，并在情感层面喊出 "Dare to be different" 的品牌口号，倡导年轻女孩不贴标签，敢于做自己。

李琴娅表示，珂拉琪深受消费者欢迎的第二要素是迅速抓住用户变化。在她看来，近几年新生代消费者的消费习惯发生了天翻地覆的变化，她们不再相信品牌的单向传播，更相信身边朋友、KOL 的软性推荐。

了解到这波消费者的心态变化，珂拉琪抓取社交媒体的流量风口，迅速占领年轻消费者喜爱的社交平台，以抖音、小红书、B 站为核心的社媒平台矩阵，通过图文、短视频等内容种草触及消费者，引发她们对产品及品牌的兴趣从而形成销售闭环。

在新冠疫情期间，珂拉琪放大了线上投放占比，以垂直达人拍摄短视频，加强短视频和直播带货，通过高频的用户互动，牢牢抓住线上消费者。

在新冠疫情期间珂拉琪一直占据着彩妆周榜 TOP10，品牌唇釉单品就创下了 1 000 万/天的销售额。来自生意参谋的数据显示，截至 2020 年 2 月 24 日的近 30 天，珂拉琪空气唇釉在唇釉类目累计销售排名位居天猫第一。

除全渠道种草推广之外，珂拉琪也通过跨界合作，推联名定制彩妆，在 KOL 直播间进行推广，同时签订明星代言人，快速提高品牌认知和品牌声量。

近期，珂拉琪联合迪士尼重磅推出花木兰限量彩妆系列，并邀请品牌大使蒋一侨出镜，展现 "双面木兰妆"（见图 10）。"我们希望每一个特立独行的女孩用狂热的心燃烧世界，让自己变得更酷更美。" 李琴娅如是说道。

图 10　珂拉琪宣传图

据悉，珂拉琪与迪士尼跨界合作推出了花木兰眼影盘和唇釉。眼影盘的包装设计灵感，来源于《花木兰》电影中的扇子、木兰花等元素，用以传递花木兰 "忠、勇、真"

的品格。倡导现代女性"飒出真我，双面美力"，其宣传图如图11所示。

图11 珂拉琪产品宣传图

事实上，珂拉琪作为中国潮妆品牌致力于打造特立独行、充满冒险精神的潮酷女孩形象与"木兰精神"有天然的契合度，花木兰彩妆系列也受到消费者欢迎。

单渠道切入，向全渠道布局

在品牌成立初期，大多新锐品牌会优先切入单个渠道进行运营，待运营成熟后，再逐步布局其他渠道，珂拉琪也同样如此。

从线上天猫平台出发，目前珂拉琪已基本覆盖包括天猫、京东、云集在内的主要销售平台。不仅如此，珂拉琪也借助入局美妆零售的新物种走向了线下，开辟出另一条赛道。

目前，珂拉琪的线下分销渠道覆盖了全国11个城市的苏宁极物、WOW COLOUR、奥买家等。李琴娅表示，珂拉琪将持续探索新的销售渠道，保持极高的敏锐性，进入有潜力的新渠道。

虽然具备互联网"基因"，但李琴娅不将珂拉琪完全定义为网红品牌。在她看来，"网红"具有两面性，一方面，能迅速抓取互联网流量，具有被炒作卖点是"网红"的一个优势。但另一方面，网红品牌的流量也代表着转瞬即逝。

李琴娅表示，珂拉琪想打造的是具有生命力的"网红品牌"，是长线的"网红品牌"。希望通过数据及用户洞察更了解中国消费者的喜好，无论是从品质、色彩，还是产品研发，或潮流趋势上，都能更契合Z世代年轻消费者对彩妆产品的需求，不断开发出极具社交属性的彩妆产品，能一直被年轻消费者追捧。

案例二 直通车测图测款：如何规范操作测高点击率的图？

首先预算方面，直通车类目的PPC决定着测图的预算，测图需要足够点击量而不是花费，图片的数量不固定，如果比较着急就提前准备图片多一点。每天多拉一点流量来测试，关键词出价可以高一点，PPC也相对高一些；然而在相同的预算下，能不能把PPC做低，点击量做大，决定性因素就是点击率，点击率就是直通车的门槛，跨过门槛了低PPC

就很简单!

投放平台，只开移动平台站内关键词，站外不开。看图片的点击率一定要分开看。将PC段端和手机端结合在一起的点击率是没有参考意义的。测图的时候要特别注意，而且在平时看这个图片的点击率时，也要区分渠道。只有这样点击率才有参考意义。

地域的设置，其实也跟测款一样，开启大部分地区，偏远地区和同行多的地区关闭，如果说流量来得很快，但是又不能降价，也可以通过关闭相关的地区来减小流量的速度。

分时折扣的设置，0~8点不投放，9~24点设置为100%，和一般的测款设置也是一样的。

淘宝直通车测图测款六个注意事项：

第一，一个计划里只放一个宝贝来测试，如果宝贝过多，账户里面的计划不够用，建议单独分出几个计划专门去测款和测图；

第二，创意的操作，测图时主要操作就是更换创意，所以这一块重点来讲，创意分配方式一定要用轮播，就是多个图片轮流来展现，看哪个图片的点击率更高，测图就是为了找到点击率更高的图片，表现不好的图片直接删除，添加新图片的时候一定要创建新创意。

第三，创意只删除不用编辑，不然很容易引起误判，创意标题不影响点击率。创意图片的选择：

展现大于1 000：删除点击率1%或以下的；

点击量达到50：删除表现差的，添加新创意测试；

所有创意都差不多：删除三个，添加新创意测试；

如果点击率还是低于行业平均，就只能去做新的素材来进行测试。点击率如果是高的可以进行创意养分。

第四，出价方面的问题，图片点击率很差时，出价尽量高一点，位置卡高一些，保点击率防止权重下掉；图片点击率高时，可以适当拖价，但是点击率一定不能掉。

第五，匹配方式适用广泛，如果点击率极差，可改为精确。

第六，精选人群的操作，全部统一溢价积累数据量，后期表现优质的加溢价，有利于养质量分，我们的目的是测图，不要过分去依赖人群做点击率以免引起误导。

参 考 文 献

[1] 李军. 网店运营管理与营销推广 [M]. 北京：清华大学出版社，2018.

[2] 葛青龙. 网店运营与管理 [M]. 北京：电子工业出版社，2022.

[3] 简玉刚. 网上开店实务 [M]. 大连：大连理工大学出版社，2014.

[4] 蓝荣东. 网上开店与创业 [M]. 南京：南京大学出版社，2015.

[5] 彭纯宪. 网上开店实务 [M]. 北京：机械工业出版社，2012.

[6] 黄文莉. 网上开店实务 [M]. 北京：机械工业出版社，2016.

[7] 王立锋. 网店运营实务 [M]. 北京：人民邮电出版社，2016.

[8] 段文忠. 王邦元. 网店运营实务 [M]. 合肥：中国科学技术大学出版社，2016.

[9] 夏青松. 网上开店 [M]. 北京：北京邮电出版社，2017.

[10] 淘宝大学. 网店推广 [M]. 北京：电子工业出版社，2012.

[11] 淘宝大学. 网店客服 [M]. 北京：电子工业出版社，2011.

[12] 孙东云. 网店应该这样推广 [M]. 北京：电子工业出版社，2015.

参考文献